现代传播丛书

电视节目制作

Television Program Production

第二版

黄慕雄　林秀瑜　编著

暨南大学出版社
JINAN UNIVERSITY PRESS

中国·广州

图书在版编目（CIP）数据

电视节目制作/黄慕雄，林秀瑜编著．—2 版．—广州：暨南大学出版社，2018. 1（2019. 8 重印）
（现代传播丛书）
ISBN 978 - 7 - 5668 - 1939 - 0

Ⅰ. ①电…　Ⅱ. ①黄…②林…　Ⅲ. ①电视节目制作　Ⅳ. ①G222. 3

中国版本图书馆 CIP 数据核字（2016）第 222177 号

电视节目制作（第二版）
DIANSHI JIEMU ZHIZUO（DIERBAN）
编著者：黄慕雄　林秀瑜

出 版 人： 徐义雄
策划编辑： 史学英
责任编辑： 颜　彦
责任校对： 刘雨婷
责任印制： 汤慧君　周一丹

出版发行： 暨南大学出版社（510630）
电　　话： 总编室（8620）85221601
营销部（8620）85225284　85228291　85228292（邮购）
传　　真：（8620）85221583（办公室）　85223774（营销部）
网　　址： http：//www. jnupress. com
排　　版： 广州良弓广告有限公司
印　　刷： 佛山市浩文彩色印刷有限公司
开　　本： 787mm×960mm　1/16
印　　张： 18. 75
字　　数： 356 千
版　　次： 2012 年 8 月第 1 版　2018 年 1 月第 2 版
印　　次： 2019 年 8 月第 6 次
定　　价： 48. 00 元

总 序

1982年4月，美国传播学奠基人威尔伯·施拉姆教授（Wilbur Schramm，又译宣伟伯）首次踏上中国土地的第一站是华南师范大学。施拉姆教授在华南师范大学举办了为期七天的讲习班，把传播学和教育传播理论带入了中国。之后，他一路北上，5月驻足中国社会科学院新闻研究所，作了传播学专题演讲，并与有关专家学者进行了深入研讨，由此开启了传播学在中国的发展。

华南师范大学于1983年创办了新中国第一个教育技术学（电化教育）本科专业，由此开始了对教育传播学、教育电视、影视传播学人才的培养。1998年教育技术学专业获批博士学位授予权，2002年获批国家级重点学科，2007年获批教育部第一批高等院校特色专业，拥有从学士、硕士、博士到博士后的完整人才培养体系。该专业培养了一大批优秀的毕业生，许多学生毕业后成为省市广播电视台的频道监制，高校“电视节目编制”课程教师，高校电教中心与电教馆的电视编导与制作人员，他们是各单位、各部门电视节目编制和教育资源开发的业务骨干。

在此基础上，华南师范大学于2002年创办了传播学专业，属我国第一批传播学本科专业，2005年获批硕士学位授予权，2010年获批广东省特色专业；2003年创办了广东省第一个摄影专业，建有华南影像信息技术培训中心；2009年设立新闻学专业。

经多年的教学、科研实践，华南师范大学教育信息技术学院目前已建成信息传播国家级实验教学示范中心、广东省人文社会科学重点研究基地——信息传播与文化创意产业研究中心、广州市人文社会科学重点研究基地——新媒体与文化创意产业研究中心等。在课程与教学团队建设上，“教育电视节目编导与制作”被评为国家级精品课程，“教育电视节目编导与制作”团队被评为国家级教学团队，“广播电视节目制作”被评为广东省精品资源共享课，“教育传播学”被评为广东省精品课程。

基于这些平台，我们一直开展对新闻传播学新型人才培养的实践和研究；我们开设了相关的新闻传播学课程，积累了丰富的教学经验；与传媒机构密切合作，参与新闻传播业务。本丛书的出版是作者在多年的教学实践中，紧跟信息时代媒体技术、新闻传播理论的发展脉搏总结而成。一直以来，新闻传播学的发展往往建立在技术的革新和应用的基础上。进入信息时代以后，在新技术的推动下，网络电视、数字电视、手机电视、移动电视、楼宇电视、手机报纸、新闻网站、网络电台等数字化新媒体不断成熟，日益显现出它们在新闻传播中的重要作用。

随着新媒体时代的到来，由于新媒体的交互性、数字化、用户中心化等特性，新闻传播的社会影响力越来越大。一方面，新闻传播产业化道路不断开掘和发展，对一专多能、富有创新性的新闻传播人才的需求日益增大；另一方面，随着大新闻大传播概念的提出，跨国公司、国内企事业单位对新闻传播人才的需求也逐步增加。近年来，很多高校顺应新闻传播行业发展的需求，都开设了新闻传播学专业，培养专门的新闻传播学人才。

这些高校与我们一样，在教学、科研的实践中，都曾经出版了相关的系列教材，但为了适应新闻传播理论的更新、传媒技术的变革及新闻传播业务的演变，我们认为有必要联合起来，重新梳理新闻传播学各门课程的知识点，编写更加适应时代需要的教材，以提高新闻传播学人才培养的质量。

一直以来，我们与兄弟院校，特别是广东省的兄弟院校有着密切的联系，多次共同商讨新闻传播学专业建设、教学改革、人才培养及科学研究等。本次出版“现代传播丛书”，我们联合了多家兄弟院校一起编写，大家相互交流、各尽所长、互通有无，以求将大家多年来在教学和科研上的经验融入本丛书当中，呈现给读者优质的教学资源。

“现代传播丛书”首次出版《广播电视概论》《电视节目编导》及《电视节目制作》三本，主要是广播电视方面相关的教材。新闻传播学其他相关的内容后续会相继出版。

《广播电视概论》主要内容包括广播电视的发展历程、广播电视传播、广播电视节目策划与制作、广播电视节目系统、广播电视制度与运营等。

《电视节目编导》主要内容包括选题策划、分镜头稿本创作、场面调度、影视艺术蒙太奇、新闻类与纪实类电视节目编导等。

《电视节目制作》主要内容包括电视节目制作过程中的电视用光、电视摄像、后期编辑与合成等。

本丛书力争体现以下特点：①理论与实践相结合。在阐述理论、原理的同时，也注重培养学生运用知识的能力。②设定明确的学习任务，带着问题开展学习。③强调对新理论、新技术的研究和实践。

本丛书适合作为大专院校新闻传播学、广播电视编导及教育技术学等专业相关课程的教材，也可以作为广大新闻传播学、广播电视编导及教育技术等从业者、爱好者的实践参考资料。

黄慕雄

2017 年 6 月

目 录

第一章　电视节目制作概述

学习目标

- 熟练掌握电视节目制作的流程并明确每个阶段的工作任务
- 了解电视节目的基本制作方式
- 了解节目创作人员的构成和岗位职责
- 了解节目创作人员的素质要求

第一节　电视节目制作过程

从过程角度来讲，电视节目制作是一项涉及诸多环节的复杂工作。因为电视节目的制作需要根据不同的节目内容和形式的要求，采用有效的制作流程和方法，同时配置各种技术手段，加强制作节目的计划性，并根据节目的具体要求对具体问题进行具体的分析处理，只有这样才能提高节目制作的质量和效率。电视节目制作的工作内容和流程随节目类型、节目难易程度、制作人风格的不同而各有差异，为了使每个阶段的任务和目标更加清晰、明确，本节把这一过程分为三个阶段：前期筹备阶段、素材创作和搜集阶段以及后期制作阶段。

一、前期筹备阶段

从选题策划到开拍之前的这一阶段称为前期筹备阶段。前期筹备工作的好坏是节目成功与否的第一要素。前期需搜集节目相关信息，调查受众收视情况，拟定节目选题，事先制订出翔实的计划，让节目制作组的相关工作人员都能完全了解和把握自己的工作范围和职责要求，并且能根据实际情况设想工作过程中可能遇到的困难与瓶颈，从而制定解决方案或者预备第二方案，这样就可以在最短时间内达到预期工作效果，提高节目制作质量。该阶段的工作流程如下图所示。

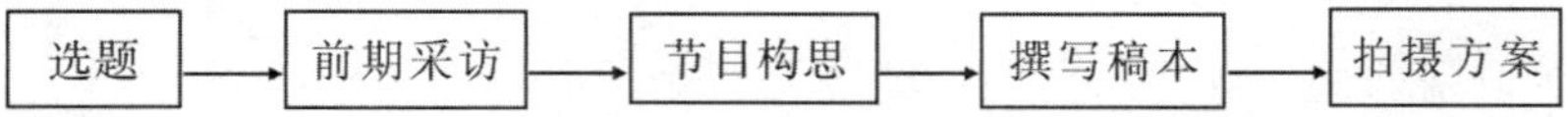

前期筹备阶段工作流程图

1. 选题

选题即选择主题。主题是表现在节目中的核心价值和中心思想，是创作者对客观事实或材料的认识、判断或评价。它是电视节目的灵魂和统帅，是节目创作中所应遵循的基本出发点。只有主题明确，才能使创作者在创作中始终保持清晰的思路，及时纠正偏差与失误。

主题的产生主要有两种方法：一是在创作之初就设定明确的主题，然后根据这个主题来选材和安排结构；二是在创作之初仅有一个开放的、模糊的，甚至虚化的主旨和范围，必须在创作中使之不断丰满、逐渐成形。

选题确立后，应当形成节目的第一份方案：选题综述。它主要包括选题依据或理由、主题阐述、可行性分析，以及对选题预期目标的估计等。

2. 前期采访

前期采访是指为构思而进行的信息采集活动，目标是通过采访使创作人员掌握相关背景材料，熟悉所要表现的人物和事件，搞清事件的来龙去脉，获得丰富的感性认识，从而进一步发掘主题。采访的主要工作方式包括查阅文献、访问调查和现场勘察等。采访工作关系到节目的构思与规划，是节目制作中非常重要的环节，因此要重视采访工作，加强采访工作的科学性。

3. 节目构思

节目构思是创作人员在对选题有了明确的把握并且掌握了大量材料后的重要环节，在该环节中创作人员需要进一步整理材料，理清思路，形成节目的初步框架和总体风格。它是对电视节目的总体设计，从宏观上决定着电视节目的走向，主要包括选择内容、确定结构、树立风格和确定综合处理方式等。

（1）选择内容。选择内容即从宏观上决定选用哪些方面的内容来表现主题。根据制作节目的动机、节目想要达到的预期效果来对占有的材料进行过滤、筛选，从而更好地表现人物，反映事件，突出主题。

（2）确定结构。结构即布局，是按照主题要求对具体材料的组织和安排。这是一个明确叙述思路，形成节目框架的过程。创作人员应该根据节目特点灵活运用多样化的结构形式，主要包括顺序式、交叉式、板块式结构，此外还有时间结构、空间结构和时空交叉结构。

（3）树立风格。风格即电视节目表达类型的特征。风格的不同决定了内容性质和结构方式的不同，如纪实风格节目大多会选择按时间结构顺序来组织内容。

（4）确定综合处理方式。电视是诉求于视听感官的媒体，画面与声音的有机结合是其特点。画面中包括光、色、线、形等可视元素及多种表现技巧，声音又有同期声、音乐、效果声和解说等不同的形态，每种元素、技巧和形态都有自己的优势。如何把它们优势互补、综合处理，充分体现电视节目的特点，需要创作人员在构思阶段认真考虑，特别是重点段落和高潮部分。它是运用电视化的表现手法进行初步设计，如利用现场光线和同期声表现现场气氛或事件的真实性，利用画面基调与音乐的节奏营造某种特殊的气氛等。

电视节目的制作不仅是一门技术，更应该是一门艺术，它是来源于生活但又高于生活的。节目风格的树立要求对观众进行分析，了解其收视心理，根据受众对象来确定，所以创作构思也是建立在对占有材料的深入分析与对受众收视的深入调查的基础之上的。节目构思后应形成相应的具体文案，为电视节目的后续创作提供工作蓝本。

4. 撰写稿本

通过上述工作，我们明确了电视节目的主题、主要内容、结构层次、风格样式和综合处理方式等，接下来就是在此基础上细化构思，即从微观上以电视的思维方式对初步构思进行细化，最终解决“拍什么、怎么拍”的问题，形成对于拍摄录制具有指导作用的电视脚本。

电视脚本即指导摄像师拍摄的稿本，也是文字形态的电视节目。不同类型的电视节目使用不同的描述方式，形成了不同类型的电视脚本。常用的脚本有拍摄提纲、文字稿本和分镜头稿本。

（1）拍摄提纲。拍摄提纲是以提纲的形式对节目所涉及的关键画面、资料、采访对象和采访问题等进行的设计和说明。其作用在于对节目的拍摄地点和主要构成做预先的规划。拍摄提纲通常包括画面内容、采访和说明三个部分。画面内容部分主要列出所需拍摄的关键对象，有时也简要地注明某些特定的拍摄要求；采访部分主要说明采访的对象及采访的主要问题；说明部分则主要指出本段节目要表达的核心内容。

（2）文字稿本。文字稿本也是一种非常方便实用的脚本形式，由画面内容和文字说明两部分组成。画面内容大致列出需要拍摄的对象或场景，文字说明则是对画面内容的说明、补充或延伸。

（3）分镜头稿本。一部电视片通常由若干个段落构成，段落由若干个场面或句子构成，每个场面或句子又由若干个镜头组成，镜头是组成电视节目的基本单位。分镜头稿本就是以镜头为单位，对电视节目的视听形象进行准确描述的稿本，它规定了每个镜头的景别、运动方式、时间长度，以及场景和场景之间的转换方式、镜头和镜头的组接方式，还对解说词、音乐、音响进行了设计。一个完整的分镜头稿本一般包括镜号、机位、景别、技巧、时间、画面内容、解说词、音乐、效果、备注等内容。

5. 拍摄方案

拍摄方案不仅包括制订播出计划，确定节目长短、播出时段和频率、播出的范围，而且要对节目的整个运作过程，包括制作节目所需人员、场地、设备、经费等各个方面进行周全的考虑。这一阶段涉及拍摄的具体事项，包括拍摄场地选择，场景布置，导演、制片、摄像员、服装、美工、化妆人员、剧务、演员等的配置，前期制作需要的设备及规模等。这些计划和准备工作的完成是整个节目制作前期的重要阶段。

二、素材创作和搜集阶段

当按照既定的节目设置计划协调一致地完成各项准备工作后，就进入中期的素材创作和搜集阶段。这一阶段的主要工作目标包括前期摄制和对现有影音素材的搜集。不同节目类型有其不同的制作方式。对于重要节目以及大型节目的制作，这两个主要目标尤其显得重要。本书以大型直播晚会的拍摄为例，阐述这个阶段需要完成的工作。

（1）确定摄制程序、计划。导演和编导应该根据晚会主题、内容确定摄制程序、拍摄计划，主要是对时间、地点、人物、设备等有清晰的把握。对摄制计划的制订应该以分钟或秒钟为时间单位，按节目序列号或分镜头脚本来对同一场景或地点的所有镜头进行归类管理、统一计划。

（2）召开摄制会议。拍摄计划制订后，召集各个制作部门如制作组、摄像组、美工组、照明组、音响组、后勤组等召开会议，各个部门根据各自的职能特征对拍摄计划进行细分，制作组还需要根据经费对演出人员的吃住行等有基本安排。

（3）影音素材的搜集。根据前期阶段摄制计划的安排，音响组要做好音响素材的搜集工作，如歌手演唱所需要的歌曲背景乐、小品相声里需要的各种音响、个别节目中需要展示的背景资料、记者采访的外景资料等。这些影音素材的齐备与否是整场节目能否顺利进行的关键。

（4）布置和排演。布置节目现场和进行预演是节目正式播出前必不可少的一步。设备的调试，摄像机的检查，灯光、服装、化妆、布景、道具的协调与配合都是决定这一阶段成功与否的重要因素。这个阶段要求晚会导演与具体节目的创作人员、主持人、摄像师从节目形式内容、表现主题、观众心理等各个方面共同商讨，排练阶段可以针对发现的问题探讨解决方案。预演完成后进入彩排及带机排练阶段。此时，灯光、舞美、布景，主持人及演员化妆、服装等都是按照既定的表演程序进行，同时摄像机也按既定安排进行同步录制，导播编导对录制画面进行同步处理，整个节目完全按照播出要求进行，此时录制的节目磁带可以作为正式现场直播时的播出备份，以防节目现场临时出现状况。

（5）现场正式拍摄及录制。进入晚会最后阶段，现场表演与拍摄按照预先计划进行，导播在切换台进行场记、时间标志、图像切换播出。

现场拍摄和录制的节目磁带可以收入素材库保存，可以作为后期编辑材料。

三、后期制作阶段

后期制作阶段要审看素材，编辑素材，制作特技，叠加字幕，配录解说词、效果声、音乐，混录解说词以及进行音调音量处理；成片后送审，根据负责人意见修改、制作播出带，复制存档；节目最终播出后，进行收视率的调查，收集观众、市场的反馈意见等。

（1）素材编辑工作。首先检查拍摄镜头的内容与质量，选出所需的镜头与片段，摘要地记下场记。然后确认编辑方式，搜索并确定素材磁带段落的入出点与播出母带的入出点，对选定的素材段落进行组合与插入，最终形成一个完整的节目。

（2）特技与字幕制作。根据需要加上特技效果、片头片尾画面；根据节目内容及形式定位选择字幕的字号、字体，叠加字幕。

（3）音像混录。将配音的解说词、音乐、效果声与图像画面进行混合录制，同时进行音量、音调、音色的调整与处理。

（4）审看播出母带。节目监制与主创人员共同审看并评定节目是否实现了原定的目标，提出修改意见。播出母带经修改后复制存档以备播出。

（5）节目播出后的收视调查。包括节目的收视率、市场占有率、节目评价等的调查。

总之，电视节目制作是一个相当复杂的过程，节目制作人员需要熟练把握各个工序，根据节目类型、节目定位、制作规模等因素具体问题具体分析，使制作工序更加合理，从而提高节目效率与质量。

第二节　电视节目制作方式

方式是方法与形式的统称，电视节目的制作方式是从另一个角度对电视节目制作过程的描述。由于电视节目的兼容性、复杂性，制作电视节目的方式也是多样的，可根据不同的分类角度分成不同的类别。目前主要有以下五种分类方法：按制作环境分类，可以分为 EFP、ESP 和 ENG 三类；按制播的同步性关系分类，可以分为实况直播、实况录播两类；按记录的载体分类，可以分为影片制作、录像制作和电脑制作三类；按机位的数量分类，可以分为单机制作和多机制作两类；按电视信号的形式分类，可以分为模拟方式、全数字方式和混合方式三类。本书主要对第一种分类方法进行具体阐述。

一、ENG 方式

ENG（Electronic News Gathering）即电子新闻采集，它是一种针对新闻事件突发性强的特点，采用便携式摄录设备进行迅速采集、制作的方式。ENG 方式常用于新闻片、纪录片、电视剧的制作，但它所获取的素材还需要在电子编辑设备上进行剪辑，分为前期拍摄和后期编辑两个阶段。与电缆通信、微波通信、卫星通信技术相结合，可以用便携式摄像机与发射装置传送系统连接，实现新闻直播，提高时效性。因此，ENG 方式通常具有以下特点：

（1）前期拍摄，后期编辑。采用 ENG 方式制作的最大好处是前期拍摄的工作可以精细地、机动灵活地完成，如摄像、照明、美术、服装、化妆，以及表演者的操作和表演等都有可推敲的余地。后期编辑时可对镜头、效果声、解说词等诸因素反复精雕细琢，以求得最佳效果。

（2）灵活机动。ENG 方式多为单人单机，摄像机比较轻巧，摄像师可以在发生突发性事件时以最快速度奔赴现场。由于 ENG 具有摄录同步的特点，它可把电视记者在新闻事件现场的采访、报道直接声形并茂地展现在观众面前，提高播报新闻的时效性，并且能拍摄到第一手的珍贵资料。

二、EFP 方式

EFP（Electronic Field Production）即电子现场节目制作，它是以一整套设备联结为一个拍摄和编辑系统进行现场拍摄和现场编辑的节目生产方式。EFP 是电视技术迅速发展的产物，它是一种适用于“野外”（准确地说是“台外”）作业的电视节目生产方式。它必须具备的技术条件是一整套设备系统，包括两台以上的摄像机、一台以上的视频信号（图像）切换台、一个音响操作台及其他辅助设备（灯光、话筒、录像机运载工具等）。

EFP 方式通常适用于一些发生时间、地点相对集中，场面较大，较为重要且不能重复的事件，如大型的体育比赛、文娱晚会等。该系统包括两台以上摄像机，工作时可将摄像机设置于拍摄现场的不同位置，摄像机通过电缆与导播切换台连接，从而构成制作系统。不同位置的摄像机分别把各自摄取的电视画面送到导播切换台前的监视器上，供导播人员选择。导播人员一方面通过监视器观察画面，另一方面通过对讲耳机同摄像人员联络并调度镜头的运用。导播人员利用导播切换台，根据事先的计划或临时决定来选择和输出图像。输出的图像信号和现场声音信号用录像机录下来用做日后播出，或者由专门的电视传输设备准确无误地传回电视中心直播。前者为实况录像节目，后者为实况直播节目。该制作方式主要有以下优点：

（1）多机拍摄，即时编辑。这是它的根本特点。一般需要两台以上的摄像机从不同角度拍摄画面，同时利用导播切换台进行切换，即时编辑成节目。

（2）现场感强烈。它在事件发生现场，在多机位拍摄的同时，不间断地完成制作。不论现场直播还是现场录播，设置过程与事件发生发展同步进行，因此有很强的临场感、参与感，能最大限度地反映现场的气氛。

（3）效率高。事件的发生、拍摄、编辑同步进行，事件的开始即是节目制作的开始，事件的结束也就是节目制作的结束。节目的制作过程同事件（或节目）的发生、发展没有时差。

（4）机动性强。整套制作系统通常装在一辆特制的车上，可以很方便地把制作设备运送到现场，完成一些突发性事件的录制。该车有完善的电源供给、信号处理、音响系统、通信联络等设备。现场使用时，以转播车为中心，将摄像机移至车外合适位置，用电缆相连起来就可以工作。

由于使用两台以上摄像机进行现场摄制，又经过现场切换，因此 EFP 提供的视频信号是连续不断、一次完成的，这样可以大大简化节目制作的工艺，但是需要摄制整体的协调一致。摄像机提供的画面应当有变化，包括不同对象、景别、角度、技巧、节奏的变化和穿插，这不仅需要精心策划、精心准备，还要有应急预案；这不仅需要依靠导演精明、高超、娴熟的指挥和调度，而且对全体现场操作人员提出了很高的要求。

三、ESP 方式

ESP（Electronic Studio Production）即电子演播室制作，主要是指使用演播室系统在演播室内进行节目制作。其设备组接与电子现场节目制作基本相似，但在质量要求上要高一些，一般有高质量的摄像机、录像机、编辑机、切换台、特技和字幕动画制作系统、照明系统、音频控制系统以及波形监视器和矢量示波器等监测设备，这些设备都为保证制片质量服务。因此说，演播室是制作高质量电视节目的基地。

ESP 方式融合了前面介绍的两种制作方式的长处，既可以先拍后编，也可以及时编辑；既可以单机摄像，也可以多机拍摄。因此，它成为电视台自办节目的主要手段，目前主要应用于访谈类、娱乐类及新闻直播节目的制作，其最主要的优点是有良好的制作环境。演播室中良好的灯光环境、声音环境，容易创造的现场环境、表演气氛等，都为节目的高质量、高效率制作提供了保障。演播室内除了有良好的制作环境外，设备质量也是同类型设备中配备最好的，这为节目的高质量制作提供了保障。

但是由于ESP方式经常需要拾景和排练，演播室经常会被占用，因此需要对演播室进行科学而又规范的管理，同时需要通过改进电视布景、道具的搭置工艺来提高设置和导播效率，更好地缩短演播室制作周期。

四、虚拟演播室的制作

虚拟演播室（Virtual Studio）是近年来随着数字视频技术、计算机技术以及色键技术的不断发展而出现的新一代视频制作设备，是一个只有演员和道具，不需要实际场景的演播室。虚拟演播室制作是用计算机三维动画软件创作的三维虚拟布景来替换真实的演播室布景，并将主持人图像与三维虚拟布景进行合成的制作技术。它的出现使电视节目制作方式发生了很大的变化，从面世到现在，已在全世界范围内得到广泛应用，目前我国各电视台也基本配备了虚拟演播室。

虚拟演播室技术是融合了计算机技术和传统制作技术的新技术，它具有传统的演播室所无法比拟的优越性。

（1）创意自由。虚拟演播室拓展了创作人员的想象空间，虚拟场景可以是对真实世界的模拟，也可以是想象中的虚幻世界，不受真实条件约束。场景的大小、布局、材料、道具、动画等只要符合节目的要求便可随意设定，不受时间、空间、距离的限制，只要有充分的想象力，创造无处不在。在虚拟演播室中，不存在的、稀有的或常见的场景都可以出现在节目中。

（2）置景轻松，换景方便。不同于传统的置景，虚拟演播室制作场景主要利用现有的多种三维动画软件，可以轻轻松松地制作出各种逼真乃至乱真的三维场景。在小演播室中也能拍摄出大场面、大气派和令人新奇的节目。虚拟演播室同时具有及时更换场景的能力。当考虑节目格局时，制作人员不必过于拘泥于场景的限制，可方便地更换虚拟场景，使各档栏目连续录制，提高了演播室的利用率。虚拟场景能随时修改，反复利用，场景转换方便、快捷，效率非常高。

（3）节省人力物力资源，减少费用，实现资源的优化配置。应用虚拟演播室系统，电视节目制作部门不需要高额的布景搭建费用，不占用演播室制景、拆景时间，也不需要额外的设备和维修费用，且多个场景可重复、循环使用，没有重复建设的费用，无须花费大量的时间和人力、物力就可以制作出丰富多彩的节目。该系统具有极高的性价比，有利于实现资源的优化配置。

（4）升级方便。虚拟演播室是基于计算机技术进行运作的。由于计算机的软件、硬件在不断地升级换代，虚拟演播室也可以根据需要随时更新软、硬件系统，以满足电视制作和观众的要求。

五、电视制作方式的新发展

随着数字时代的到来，数字技术已经渗透到经济社会的每一个领域，电视也不例外。电视从模拟向数字的转变相应地为电视节目的制作方式注入了新鲜血液。其中高清演播室、3D电视成为业界的新宠儿。

1. 高清演播室

我国已有的高清演播室搭建方式主要有以下几种：

（1）双主机切换系统：该系统采用由一个控制面板同时控制两个主机的方式，一个为高清信号通道主机，另一个为标清信号通道主机。除信号源之外，相当于形成了高清、标清两套分离系统。其优点是高清、标清信号可同步切换，同时获得高清、标清信号，不存在由上下变换而引起的信号延时（或延时减半）和转换损耗；缺点是采用双切换主机增加了系统的运作成本和维护复杂程度。

（2）纯高清加上下变换系统：这是对上一种方式的简化。该系统从信号源输出，经切换台处理，只有一个高清信号通道，形成了一个“高清岛”，在通道最终输出端加入下变换产生标清信号。其优点是系统相对简单，造价低，易维护。但由于在输入端进行了上变换，在输出端加入了下变换，系统必须着重考虑由上下变换所引起的视音频信号的延迟差异、变换模式等问题。

（3）高标清兼容切换台系统：这是对第二种方式的改进。该系统采用高标清兼容切换台，一台切换台主机同时具有高清、标清两套处理系统，切换台设置为高清状态时进行高清制作，设置为标清状态时进行标清制作。它对于纯粹的高清或标清制作技术问题，都可以较好地解决，但在同时录制高清、标清信号时，需要将高清信号进行下变换以得到标清信号，将面临与第二种方式同样的问题。其优点是在使用一种格式时，系统操作简单。缺点是由于高清、标清信号同时接入切换台，导致切换台输入端口和系统布线量成倍增加，高清、标清同播时，延时问题依旧难以解决。

（4）多分辨率同步制作切换系统：该系统以多分辨率同步制作切换台为核心，其独特的格式融合（Format Fusion）技术使所有的标清、高清信号源无须上下变换即可直接进入切换台，实现高标清信号的同步混合切换，可完成高清、标清信号的双版同时输出，具有较高的实用价值。

2. 3D 电视

3D 电视是三维立体影像电视的简称。三维立体影像电视利用人的双眼观察物体的角度略有差异，因此能够辨别物体远近、产生立体的视觉这个原理，把左右眼所看到的影像分离，从而令用户无须借助立体眼镜即可裸眼体验立体感觉。

目前的 3D 拍摄主要有两种方式——双机立体支架的拍摄方式和双镜头一体式的摄录方式。双机立体支架的拍摄方式需要将两台摄像机调整到同样的感光度和颜色反应，否则拍摄出来的 3D 效果将会对人眼合成造成困难。双镜头一体式的摄录方式需要感光元件在感光度和颜色上严格一致。双镜头应遵从60 ~ 70 mm的人眼距离，水平和垂直方向也需要严格保证一致。双镜头在变焦、光圈、聚焦上都用同一系统，记录时使用内同步，确保记录的信号能够达到完全一致。

索尼公司推出的 3D 立体图像处理器 MPE－200（3D 魔箱）和 3D 现场制作切换台 MVS－8000X 组建了大型 3D 演播室直播系统，MPE－200 立体图像处理器在安装 MPES－3D01 立体图像处理软件后，能帮助用户根据内置的波形监视功能来分析 3D 图像，进行更精细的三维画面调整，使 3D 摄像机支架的机械调整时间大为减少，3D 视频拍摄的工作流程更加简单化。MVS－8000X 是世界上第一台支持 3G 单链路的制作切换台，应用这款切换台搭建 3D 系统可摒弃以往的 dual－link 的连接方式，使系统结构大为简化。此外，HDC－P1、PMW－EX3、PMW－10MD 等多个 3D 摄像机可以与相关配件组成 3D 演播室系统。

松下公司推出了一系列 3D 拍摄制作设备，其中最引人瞩目的就是 AG－3DA1MC。它是世界第一款紧凑型的 3D 双镜头全高清摄录一体机。它的镜头、机头和记录单元集成一体，使用了双镜头、双感光元件、汇聚点调整、双记录单元等新技术，使得 3D 制作拍摄更加便捷。而 BT－3DL2550MC 3D 监视器和 AG－HMX100MC 3D 数字视音频切换台提供了 3D 全工作流程解决方案。艾崧公司特别推出了 3D 立体制作与传输工具，该工具在前期进行 2 路输出信号的双通道处理，以及镜像/翻转、同步锁相、彩色校正，在后期 Side－by－Side 展开为完整的 3G/HD/SD 信号，其特点是可在普通设备上进行 3D 监视。佳能公司推出了 3D 节目制作和转播使用的 HJ22ex 镜头，为 3D 系统提供解决方案。佳能生产的 HJ 系列、KJ 系列（IASE 型）旋转编码器，可保证拥有 HJ 系列、KJ 系列的用户具有相应的 3D 系统。

第三节　电视节目创作人员

一、节目创作人员

现在的电视节目制作是一件庞大的工作，需要各种人才结合，相互辅佐，发挥自己的专业技能，分工合作，同心协力，才能够制作出令人拍掌叫好又有水准的精良节目。在此以一般电视台或较大的制作体系为准，略为介绍一般制作节目的工作成员及其任务。关于电视节目制作工作成员，习惯上有很多种分法，在节目录制现场出现的称为现场工作人员，而提供其他技术或行政方面援助的称为幕后工作人员。直接以工作内容与器材的操作来区分也十分恰当，可分为不掌管器材的制作执行人员、设计人员、演出人员，掌理器材的工程人员与助理执行制作人员。

1. 制作执行人员

制作执行人员包括监制、制作人、执行制作、导播，其中监制与制作人多不会出现在录制的现场，而导播则必须时时刻刻参与一切的录制工作。

监制，一般都由电视公司或制作单位最高的领导人来担任，也可以由节目部门的主管来担任。其主要职务是对节目的一切人员及制作负有监督辅导的职责，及管理所有节目的经费预算、人员运用、进度的掌握、广告经营、开销、节目品质等。总之，监制是整个节目制作经营及管理最重要的决策者。

制作人受监制指派负责制作特定的节目，是领导整个节目制作的核心。他必须依照所编列的预算与进度，组织该节目的工作小组，协调场地设备及器材，细心推动节目制作的各种工作。从确定节目最初的设计、方向，提出企划，争取预算，编写脚本，寻找演员，到正式录制、控制经费等，都是制作人的责任。

执行制作的主要工作是辅佐制作人完成节目，传达制作人的指示。对于一切的决议，执行制作都应加以执行，因此执行制作的工作十分忙碌。只有执行制作把烦琐的事情都处理好了，制作人才能够专心思考整个节目的走向及发挥更好的创意。

导播的主要工作是将剧本或脚本转换成具有声音、动作、影像及各种效果的电视节目。导播是将剧本变成电视节目的执行人，是节目声音与画面最重要的创造者，是摄影棚与副控室中的指挥官，因此导播的权威必须受到制作人以及全体工作人员绝对的尊重。

2. 企划与设计人员

企划与设计人员主要包括编剧以及美术设计、场景搭设、道具、服装等其他与美术相关的工作人员。属于幕后的工作人员，不会在荧幕前出现。

编剧受制作人的邀请，负责的主要工作是电视剧本的写作。

美术设计，受导播的指示，负责一切电视节目中的场景图绘制、布景设计、道具设计、服装设计、人物造型设计、图片设计等。有关美术的部分，都是美术设计该负责的。这通常属于指导及构想监督，而实际另有专门搭设制作布景的人员、化妆师及掌管道具的人员等，所以又称为美术指导。

3. 演出人员

节目的演出人员，涵盖的范围包括：除了戏剧中的演员之外，综艺、座谈或新闻等节目中应邀出现的来宾、现场观众、主持人、播音员、播报员等。其中主持人因为节目内容的不同而有不同的才华表现，大体而言主持人要口齿清晰、反应快、风趣、具有强烈的幽默感，职责是使节目按照原定流程顺利地走下去。演员则根据剧本及导演的不同要求，扮演节目中各种角色，或说故事、歌唱、表演特殊才艺、模仿、示范等。演员的主要工作是对剧本中的角色作详细的揣摩，做出最符合导演要求的表现。播报员一般是在新闻性、体育性的节目中对内容做出详尽报道的人，对于社会大众有相当的权威性和影响力。播音员负责幕后旁白的宣读，通常不在荧幕上出现，或是担任综艺节目中戏剧的讲解人。

4. 工程人员

工程人员是电视制作最直接的参与人员，如视频工程师、技术指导、摄影师、灯光师、动画制作师、视觉特效师、成音师、视讯师、录影师、剪辑师等。工程人员由导播指挥，负责切换视讯以及处理声音信号。节目录制的整个过程，从摄影棚录制到后制阶段，工程人员都十分重要。

视频工程师：监视各个信号源的图像亮度和色彩，并对其进行必要的调整。

技术指导：负责在拍摄节目时，待在副控室中，操作控制画面选择器、影像播送信号按钮以及特殊效果产生器的技术人员。

摄影师：在节目的拍摄过程中操作、控制摄影机的人员。摄影师必须随时根据导播的指示，拍摄所需要的画面。一个摄影师应对所使用的摄影器材的作用与调整方法有非常清楚的认识，详细了解各种摄影机的运动方式。选用最好的角度、最适当的构图去捕捉导播要的画面，是摄影师最重要的工作。

灯光师：负责灯光的搭设、调整与控制的技术人员称为灯光师。灯光师通常配合美术指导及导演的指示，在研究剧本后，画出一份灯光脚本，标明在某场景时，为了配合时间及剧情气氛的营造，应在哪个方向架设灯光才显得合理；还在节目制作前，指挥灯光助理架设各式各样的灯光器材，包括各种灯具、灯架、线路的隐藏，发电机、各种滤纸的使用等。

动画制作师：电视制作中，可以由人工绘制，用录像编辑制作动画，也可以用计算机制作动画。动画制作师负责按照画面中的图像、符号运动的轨迹和节奏的要求，把每一动作时态画成一幅动画稿，每幅动画稿拍一帧或几帧。

视觉特效师：视觉特效师负责创造图像和处理真人拍摄范围以外的各种镜头。特效往往运用真人镜头和计算机生成图像的合成创造虚拟的真实场景，但这有风险，是代价高昂而且无法捕捉在胶片上的。视觉特效的制作越来越多地出现在大预算电影中，也被利用动画和合成软件的业余电影摄制者所使用。

成音师：电视是一项综合声、光的媒体，因此有关成音的部分，其重要性不亚于电视的画面部分。成音控制工程师领导所有的成音人员，负责操作成音控制台，以及各种信号的选择及音质与音量的控制。麦克风操作员也属于成音人员之一，负责现场录影时麦克风的操作与架设。

剪辑师：现行的电视节目制作，为了丰富影片的内容及增加其可看性，对于其他资料片及外景节目带的使用越来越多。节目在棚内录制之后，需要更完备的剪辑与配音工作。剪辑师需在导播、助理导播或执行制作的相互配合下，根据原来的剧本，用某种适当的逻辑、顺序将拍摄到的各个片段组合成一部完整的节目。

5. 制作人员

制作人员的主要职责是辅佐导播或执行制作，是最直接参与节目录制与各项行政协调的人，制作人员的工作内容与整个节目的成败有很直接的关系。

现场指导：现场指导的主要任务在于辅佐导播在录影现场传递一切命令，可以说是导播的现场代言人。在录制节目之前，现场指导帮助通知各工作人员录制以及排练的时间、地点，对一切灯光、布景、道具做最完善的检查，协助导播完成各项录影准备工作。在录制棚内节目时，导播在副控室中透过耳机将一切命令传达给现场指导，现场指导运用各种手势及口令调度人员、指挥现场。在节目录制完毕后，现场指导详细检视各项器材及电源开关后，方可离开。

助理导播：顾名思义，助理导播负责协助导播，进行有关节目录制的一切工作，可以称为导播的左右手。助理导播应不断记录下导播对节目内容与工作人员的指示，随时随地提醒导播各种注意事项，或帮助导播搜集资料、剪辑影片、录制节目背景音乐等。在节目录制时，助理导播帮忙计时，在剧本上详细注明各种状况，也负责如通告、联络、存档、记录之类的行政工作。总之，助理导播应担负起提醒与协助的角色。

制作助理：助理导播协助导播，制作助理自然是协助制作人，是制作人的副手，遵从制作人的指示与要求进行跑腿或联络，有时也在录制现场担任剧务之类的工作。

二、电视创作人员的素质要求

素质是人的先天与后天因素相结合而产生的一种稳定的、潜在的、长期起作用的基本品质、基本观念、基本能力。电视节目制作人员的良好素质不仅能保证电视产品的高质量、高效率，同时也有利于提高整个电视机构队伍的水平。《中共中央关于加强社会主义精神文明建设若干重要问题的决议》中明确指出："造就一支高素质的宣传思想文化教育队伍，是建设社会主义精神文明的迫切需要。"因此，在接纳电视制作人员加入电视从业队伍之初，就应对其进行素质考核和要求，选拔优秀人才，录用高素质人才，从源头抓起，从而保证电视从业队伍的高素质与高水准。

随着电视技术的发展，电视设备的高度集成和功能的增强，往往需要一个人掌握多方面的知识，独立完成多方面的工作。电视台需要"T"型人才，即一专多能，具有综合素质。具体来讲，主要包括思想政治素质、知识素质以及心理素质。

1. 思想政治素质

电视从业人员的思想政治素质与其在社会生活中的位置、政治生活经历有密切关系，它是随着个人的成长，在长期社会实践中逐步形成、发展和成熟的。但是，电视节目制作人员一旦加入电视行业，尤其是政府电视机构，就要和全体从业人员一起肩负着建设和传播社会主义精神文明的使命，就必须具备这个团队应具备的政治水平和政治素质。对电视节目制作人员提出政治思想素质的要求是对党和人民、对这个团队的纯洁与一致负责的表现。

2. 知识素质

知识素质是指个人做好本职工作必须具有的一定知识水平，包括基础知识与专业知识。对电视节目制作人员知识素养的要求是电视队伍最基本的要求，也是电视行业得以发展与进步的前提。基础知识是指电视制作人员应具备作为电视从业人员应掌握的一般文化知识，包括文学历史、地理、自然科学、哲学理论等方面的知识。电视行业涉及的内容既广又新，既触及社会各个层面，又始终站在社会发展的前端。电视行业的特点要求其从业者必须做一个广学博识的"杂家"，同时还要不断更新、提高、学习新的知识。基础知识水平不仅是电视制作人员完成本职工作的基础，同时也体现了一个人的文化底蕴和文化品位。电视节目制作人员应熟练掌握与其工作岗位相关的专业知识。因为电视行业的特殊性，以及电视行业内越来越细化的分工，要求各工种工作人员在了解和熟悉电视基础理论之外，还必须熟练掌握与本工种相关的专业理论知识。比如，现在的灯光师除了要熟悉灯光的种类及使用，具备电学、光学、色彩学的专业知识外，对于微电脑控制灯光的新科技，也应该有完整的操作训练，才能够跟得上时代；而对于摄影机的光学特性及各材质在灯光下的表现也要熟悉，如统一光源色温，与道具组沟通避免使用反光太强的物体等，要与各组配合，才能使剧情气氛表现得更为生动。

3. 心理素质

所谓人的心理素质是指人在感知、想象、思维、观念、情感、意志、兴趣等多方面心理品质的修养。它是一个内容非常广泛的概念，涉及人的性格、兴趣、动机、意志、情感等多方面的内容。之所以要讲心理素质，是电视行业的特点使然。电视制作是团队作业，各个工种默契合作、紧密配合才能完成一个作品。这就要求电视节目制作人员无论是负责灯光还是音响，都必须具有团队精神，而团队精神就是心理素质的一种。对于记者、主持人来说，心理素质更为重要。记者在面对阻力或者困难时是否能坚持到底、排除干扰取决于个人的心理素质。主持人面对无数观众时，尤其是直播过程中出现意外状况时，能否临危不乱，也取决于其心理素质。当然，应变能力是可以通过培养与锻炼逐步完善的。此外，心理素质还包含个人的责任心，这也是作为电视节目制作人员不可或缺的素质。

思考题

1. 电视节目制作的主要过程有哪些？
2. 电视节目制作的基本方式有哪几种？
3. 虚拟演播室的优点表现在哪些方面？
4. 如何看待电视节目制作方式的新发展？
5. 电视制作人员应具备哪些基本素质？

第二章　电视用光技术

学习目标

- 学习光的基本属性，了解电视照明在电视制作中的重要任务
- 了解电光源、照明灯具、灯架装置和调光设备在电视照明中的作用

第一节　电视用光的基础知识

一、电视用光的目的和任务

电视艺术创作能在平面上将被摄体的立体空间关系，以及立体感、空间感、质感很好地表现出来。所以，电视用光的目的是完成画面造型，将画面的平面结构转化为视觉上的立体结构，表现纵深感，描绘物体的立体形状，表现物体的表面结构及质感。

电视用光是实现电视技术同时又表现电视艺术造型的必要条件。在电视节目制作中，电视用光就担负着几个方面的重要任务：满足在摄录技术上对照度的要求、利用光线完成画面的艺术造型、再现环境气氛与时间概念。

首先，满足在摄录技术上对照度的基本要求。照明必须提供足够的照度，这样摄像机才能够正常工作，才能如实拾取和重现拍摄的图像。

其次，利用光线完成画面的艺术造型，突出强调主要场景和主要人物，这同时也是画面构图的需要。要化画面的平面结构为视觉上的立体结构，表达深远的空间感、纵深感，描绘物体的立体形状，表达物体的表面结构及质感。这是电视照明所担负的一个主要任务。如果只要求电视照明满足技术上的一些要求，而忽视其艺术上的作用，实际上是抹杀了电视照明的意义和本质。

照明在突出主要场景和主要对象时能够发挥其优势，利用光影、明暗和色调的配置，以及照明范围的大与小、入射角度的高与低、照度的强与弱等，来增强画面的形式表现力，并在造型上起着揭示、隐蔽、突出、夸张、修饰和弥补的作用。

最后，再现环境气氛与时间概念。环境气氛的表现和特定光线照明效果的运用，可给观众强烈的时间概念。如一个场景内不同时间的拍摄可以利用人工照明模拟和再现其特定光线的变化，增加画面视觉语言的说服力。不同剧情、不同场景、不同人物、不同情绪特征，要采用不同的照明方式与方法。在充分体现内容的基础上，力求用光线语言解释事物的本质，塑造人物形象并揭示人物丰富的内心世界，帮助人物进行表述，使光线与表演相辅相成，起到互补作用，使完美的照明形式与剧情内容趋于和谐统一。

二、光的基本属性

为了熟练地使用手中的照明设备，利用光线来描绘出电视观众能接受的独特的电视画面，首先要了解光的基本属性。

1. 光的本质

光是一种能量形态，它可以从一种物体传播到另一种物体而不需要任何物体作为媒介。关于光的学术解释大致分为三种，即辐射学、波动学和量子学，而对光的描述用波动学来解释则最为恰当。

人们早已证实，光的本质是电磁波，而人们可见的光波则是电磁波频谱中很小的一个波段，它的波长范围在380nm到780nm，波长小于380nm的波又分别称为紫外线、X射线和伽马射线，而波长大于380nm的波则分别称为红外线和无线电波。在可见光的光谱中，从波长380nm到780nm，人们眼睛的颜色感觉是紫→蓝→绿→黄→红。紫外线的波长范围在1nm到380nm，红外线的波长范围在780nm到1mm，紫外线和红外线又分别称为紫外辐射和红外辐射，它们都不能被人眼感觉到。波长小于320nm的紫外辐射对生物组织有害。

2. 光的传播速度

光在同一媒介中沿直线传播，在不同媒介中，光的传播速度是不同的，在真空中的传播速度为30万千米/秒。光在媒介中的传播速度 = 波长×频率。光在真空中的传播速度与光在媒介中的传播速度之比值称为该媒介的折射率。

3. 光的频率

光每秒钟波动的次数，也可以定义为光每秒钟通过某一固定点的波数。不同波长的光，其频率是不同的，而同一波长的光在不同媒介中的频率是固定的，但同一种光在不同的媒介中的波长是不同的。

4. 光的镜面反射定律

光在相对于其波长为光滑的界面上所产生的反射为镜面反射。在镜面反射的情况下，入射线、反射线和过入射点的界面法线位于同一平面内，入射线和界面法线的夹角与反射线和界面法线的夹角相等，并分别位于法线的两侧。

5. 光的折射定律

光线穿过光滑界面进入第二种媒介时，其传播方向遵循以下规律：入射线、折射线和过入射点的界面法线位于同一平面内。假设入射线和界面法线的夹角为B_1，折射线和界面法线的夹角为B_2，入射光线所处的媒介的折射率为n_1，折射光线所处的媒介的折射率为n_2，则入射线和折射线分别位于界面法线的两侧且$n_1 * \sin(B_1) = n_2 * \sin(B_2)$。

6. 光的全反射

光线由高折射率媒介进入低折射率媒介，当折射线的折射角B_2达到90°时，入射

线的入射角 B_1 就被称为折射临界角。如果光线的入射角大于折射临界角时，就不会有折射光线了，此时光线被全部反射，这种现象称为全反射。光纤照明就是利用光的全反射原理设计的。

第二节　电视照明的基本设备

一、电光源

1. 电光源的特性参数

电光源的主要性能参数除一般反映光源性能的参数（如光通量、发光强度、照度、亮度、色温、显色性、显色指数）外，还有发光效率、光源寿命、起动与再起动性能等。

（1）光通量。光通量是指光源在单位时间内向周围空间辐射并引起视觉的能量。因为人眼对不同波长（λ）的光的感受灵敏度不同（对波长为 550nm 的黄、绿光最敏感），所以光通量不仅与光源的辐射强弱有关，还与光源光谱的光效率函数有关。光通量等于光源的辐射功率与光谱光效率函数（又称相对视见率）的乘积，单位为流明（lm）。1 流明相当于波长为 550nm 的单色辐射，其功率为 1/680 瓦的光通量。

（2）发光强度（光强）。发光强度是指光源在某一特定方向上单位立体角内辐射的光通量，单位为坎（cd）。

（3）照度。照度是受照体单位面积上接收的光通量，单位为勒（lx）。晴朗满月夜的地面照度为 0. 21 勒。

（4）亮度。亮度是光源在给定方向上单位投影面积上的发光强度。单位为坎/平方米。无云的晴空，其平均亮度为 0. 5 × 104 坎/平方米，40 瓦荧光灯表面的亮度为 0. 7 × 104 坎/平方米。

（5）色温。当光源发光的颜色与黑体加热到某一温度所发出的光的颜色相同时，这一温度为光源的颜色温度，简称色温。不同光源的色温值不同，如白炽灯的色温为 2 300 ~ 2 800K。常见光源的色温如表 2 – 1 所示。

表 2－1　常见光源的色温

光源	色温（K）
晴天光源自然光	11 000～20 000
阴天天空自然光	6 500
日光色荧光灯	6 500
白色荧光灯	4 500
暖白色荧光灯	4 500
白炽灯	2 300～2 800
卤钨灯	2 900～3 200
高压汞灯	5 500
高压钠灯	2 000～2 100
金属卤化物灯	5 000～6 000

（6）显色性。显色性是光源显现被照物体颜色的性能。同一颜色的物体在具有不同光谱功率分布的光源照射下会显出不同的颜色。

（7）显色指数。显色指数是物体的颜色在待测光源的照射下与在另一相近色温的黑体或日光参照光源照射下相符合的程度。颜色失真少则显色指数高，光源的显色性好。国际上规定日光参照光源的显色指数为 100。常见光源的显色指数如表2－2 所示。

表 2－2　常见光源的显色指数

光源	显色指数（Ra）
自然光	100
日光色荧光灯	77～80
白色荧光灯	65
暖白色荧光灯	65
白炽灯	95
卤钨灯	95
高压汞灯	30～40
高压钠灯	20～30
金属卤化物灯	65

（8）发光效率。发光效率简称光效，是指电光源每消耗 1 瓦功率所发出的光通量，单位为流明/瓦（lm/W）。

（9）光源寿命。光源寿命分为全寿命、有效寿命和平均寿命。全寿命指光源不能再启点和发光时所点燃的时间；有效寿命指光源的发光效率下降到初始值的 70% ~ 80% 时共计点燃的时间；平均寿命指每批抽样试验产品有效寿命的平均值。

（10）起动与再起动性能。电光源的起动随不同光源有不同的要求。通常与电源电压、起动时的温度以及配套电器等有关。

2. 各种类型的电光源

电光源可分为热辐射光源、气体电光源及激光电光源等类型，电视照明中常用的灯有热辐射类和气体放电类。热辐射类如普通白炽灯、卤钨灯。气体放电类如金属卤化物灯、氙灯、荧光灯等。

（1）热辐射类。白炽灯：这是电光源中最早出现的光源，也是我们平时所说的普通钨丝灯，如图 2 – 1 所示。由于它的显色性好，寿命较长，额定功率范围大，且价格比较便宜，所以是电视照明中较为理想的光源。但在实际使用中，这种灯用得很少，因为它有许多不足之处。比如，浪费的电能较多；色温较低（一般为2 300 ~ 2 800K），而且随着应用时间的延长，色温会越来越低；钨丝具有达到一定温度会升华的特性等。

图 2 – 1　白炽灯

卤钨灯：最常用的电视照明光源。它是在常用的钨丝灯的基础上充入少量的卤素或卤化物，利用卤钨循环原理而制成的。在一定温度下卤素与蒸发到玻壳上的钨化合，化合成的卤化钨是气体，随着灯内气体的对流，卤化钨又扩散到灯丝附近，由于灯丝温度很高，因此卤化钨又分解为卤素及钨，钨又回到钨丝上，大大延长了灯泡的寿命。卤钨灯发光色温高且稳定，一般在2 900 ~3 200K，发光效率高，体积小，寿命比同功率的白炽灯长3 ~4 倍。其透光性好，可见光全部能透过。卤钨灯是目前电视节目制作中使用最广泛的一种光源，如图2 –2 所示。

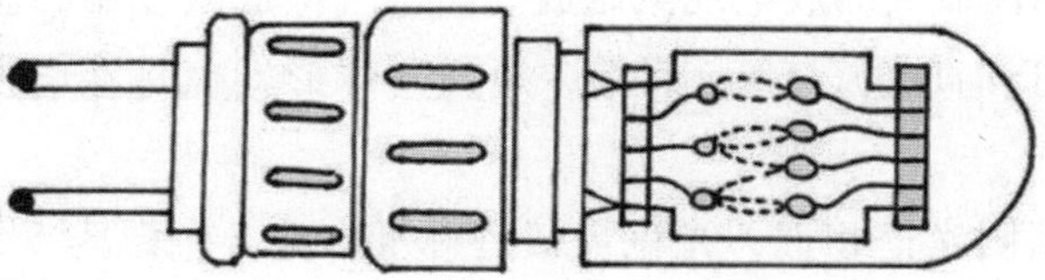

图2 –2　卤钨灯

卤钨灯一般由石英玻璃制成，它的透光性要比普通玻璃强。卤钨灯的缺点是耐震性差，灯丝易断，灯泡不能用手拿。因为接触到体酸的石英玻璃表面在使用时易脆碎和发热，另外，手上的汗水能使石英玻璃的通透性在高温作用下变差。这不仅影响光热量，而且妨碍灯泡散热，影响使用寿命，所以在使用前应使用棉纱蘸酒精将灯泡擦干净。常见的卤钨灯有石英碘钨灯管（散光灯、新闻灯）、石英卤钨灯泡（聚光灯、回光灯）。

（2）气体放电类。金属卤化物灯：这是20 世纪60 年代发展起来的第三代电光源产品，如图2 –3 所示。它是由汞灯演变而来的，灯腔内充有卤盐（铟、铊、碘化钠等），使汞蒸汽浓缩，金属的卤化物利用电极之间通过电流形成的电子束与气体分子碰撞激发产生光线。金属卤化物灯在参与整个发光过程中，绝大部分能量被转换成可见光，仅有很小部分能量转换成热量，从而有很高的发光效率，同时增加了红光和黄光成分，使光色接近白炽灯。这种灯的优点是光线好，光谱与太阳十分接近，色温为5 000 ~6 000K，其显色性与效率都较高，是电视外景拍摄的重要光源之一，可作为太阳效果光。

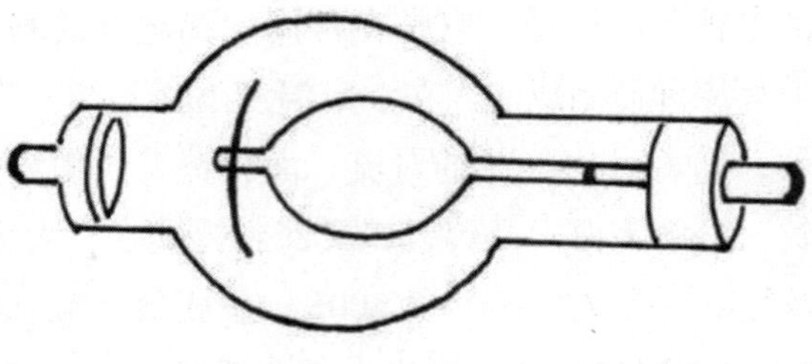

图 2－3　金属卤化物灯

氙灯：氙灯是一种惰性气体灯，如图 2－4 所示。氙灯是在石英泡壳（或灯管）内充入氙气，利用超高压氙气的放电现象制成的新型气体放电光源。氙灯分成长弧（球形）氙灯、交流氙灯和直流氙灯等。目前，短弧（球形）氙灯在电视照明中得到较好的开发应用。

其光谱成分与太阳光谱相似，光色最接近标准白光。色温为 5 500K，显色性好，启动点燃瞬间，光输出即达到稳定输出的 80%，非常适合用作舞台追光灯、投影灯、聚光灯具的光源。

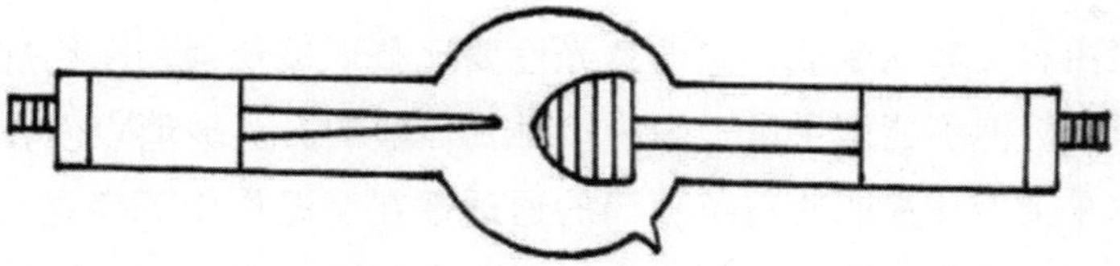

图 2－4　氙灯

荧光灯：主要指三基色荧光灯。三基色荧光灯并不是家庭用的荧光灯管，是 20 世纪 70 年代出现并应用于彩色电视照明的一种光源，因其光谱能量分布曲线是由红、绿、蓝三原色组成而得名。它的外形和家庭用的白色荧光灯是一样的，如图 2－5 所示。

三基色荧光灯色温为 3 200K，平均寿命在 1 000 小时左右。它发出的光比较柔和，发光面积大，常用于小型演播室的基本照明。由于三基色荧光灯是一种低温光源，所以不会由于高温而影响演播室的摄像工作，可以减小演播室的空调容量，起到节能的效果。

图 2-5 荧光灯

（3）LED 灯类。LED 即发光二极管，是英文 light emitting diode 的缩写，如图2-6所示。LED 的基本结构是一块电致发光的半导体材料芯片。LED 灯泡无论在结构上还是在发光原理上，都与传统的白炽灯有着本质的不同。

LED 灯色温为 3 000～6 000K，发光效率为70～100 流明/瓦，显色指数为70～90，平均寿命可达 10 万小时，使用寿命为 5～10 年。

LED 灯相比于荧光灯、白炽灯、卤钨灯和高强度气体放电灯等传统光源，有节能环保、寿命长、免维护、光效高、光色纯正、颜色丰富、响应速度快、能瞬间启动和再启动、固态光源防潮震动、无有害光辐射、光源点性好、便于设计时的光学控制和发光体小等优点。同传统的光源相比，LED 光源也存在着一些还没有解决的问题，如应用价格与传统光源相比较高，其发光效率与传统光源也有一定的差距等。但是随着科学技术的不断进步，LED 光源最终将会进入通用照明市场，其势必会成为社会的主导光源，带领我们进入一个全新的照明时代。

随着 LED 灯的应用，现在的电视演播室灯光系统可能出现配电系统的变化、调光立柜的取消、空调系统的变化、演播室空间的增大、综合布线的变化等情况。

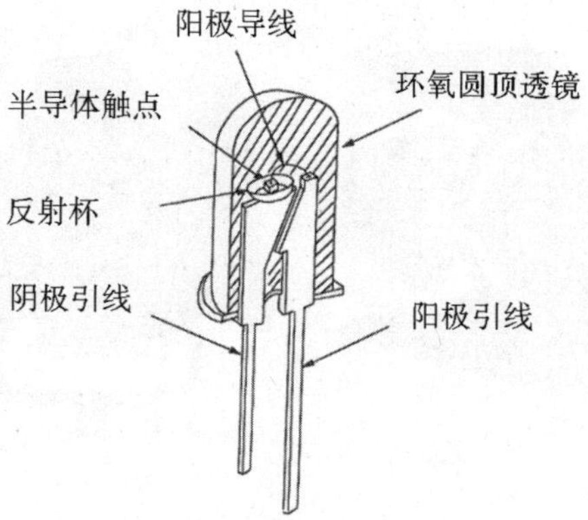

图 2-6 LED 灯

二、照明灯具

各种电光源还要与相应的灯具配合，才能使用。灯具一般分为聚光型灯具和散光型灯具。

1. 聚光型灯具

聚光型灯具投射光斑集中，亮度高，边缘轮廓清晰，大小可以调节，光线方向性强，易于控制，可使被摄物产生明显阴影。聚光型灯具主要在内景照明中使用，如在摄影棚、演播室中模拟无云彩遮挡的阳光直射大地的日光效果，常用作人物和场景的主光、轮廓光。它既适宜作“面上”的场景照明，又适宜作“点上”的具体景物或人物的造型照明，体现照明的重点，突出强调场景或人物的局部。

（1）菲涅耳聚光灯。这是演播室常用的一种灯具，如图 2 – 7 所示。它由灯泡、球面反射镜、活动支架和菲涅耳透镜组成。灯泡的位置始终在反射镜的球面半径位置上，使灯泡向后面发射的光线被镜面反射回来后，仍经过球心向前汇合在螺丝透镜上，从而提高了光线的输出效率。菲涅耳透镜的透射面由多个梯形圆环组成，既能起聚光作用，又能使透镜中间部分变薄，起散热作用。灯泡的位置可以和反射镜一起前后调节，当灯泡在螺纹透镜的焦点上，投射光束是平等光束；当灯泡在螺纹透镜的焦点之内，得到的是分散光束；当灯泡在螺纹透镜的焦点之外，得到的是会聚光束。这种灯具可调整光源的位置，投射光斑可任意放大、缩小，光线可以从聚光到散光连续变化。在螺纹透镜作用下，投射光斑没有交叉干扰，物像清晰，光影质量好，改变挡光片的角度，可以控制灯光的照射范围。演播室常用 DJG 系列聚光灯具与卤钨灯泡作光源，可用于主光、轮廓光、造型光或效果光。

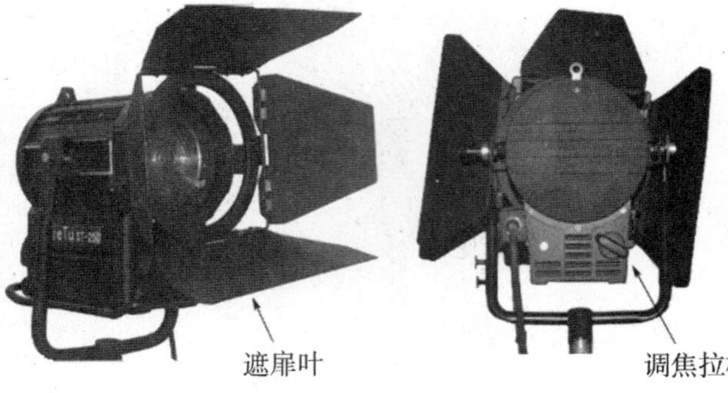

图 2 – 7　手动式菲涅耳聚光灯

（2）椭面聚光灯。椭面聚光灯又称椭球型聚光灯，如图 2 – 8 所示。其由灯泡、椭面反射镜头阑、造型片和凸透镜组成。椭面聚光灯的光源在椭球反射镜焦点的附近，靠灯泡的前后移动调节光束的聚散。光斑形状与光强能用造型片与光阑等控制，可形成各种造型图案，在演播室常用于造型效果光、追光等。

（3）回光灯。回光灯由灯泡、球面反射镜、圆锥形遮光环组成，如图2 – 9所示。这种灯的光质硬、射程远，可以造成亮暗分明的界限，常用作轮廓光，以显示物体的形状、结构、质感。灯泡可前后移动，使光束变大变小：当灯泡在球面反射镜曲率中心上，它的投射光束是分散、放大的；当灯泡在球面反射镜的焦点上，它的投射光束是平行、缩小的。

图 2 – 8　椭面聚光灯

图 2 – 9　回光灯

（4）注光灯。注光灯是小型聚光灯，是一种反射式灯具。其灯具前不带聚光镜，靠调节灯泡后的抛物面反光镜来聚光。这种灯具的光线范围不大，但是光线明亮，结构简单，通常和灯架配合使用，可装在一个手提箱里，使用方便，适用于外景照明。注光灯可配合卤钨灯和镝灯使用。它小型、轻便，通常由数盏灯具与灯架配套装在手提箱内。

（5）筒子灯。筒子灯，又称 PAR 灯，也是一种反射式灯具，如图 2－10 所示。其反射镜采用抛物面反光镜，但它的通光口径与镜深之比值要比回光灯的小，具有更大的包容角，光源采用指型石英卤钨灯。筒子灯结构简单，使用方便，具有较强的聚光能力，投射光束的光度较高，能产生较强的光束效果，可用于效果光，塑造光柱、光幕等光影造型。

图 2－10　筒子灯

（6）追光灯。电视节目制作所用的追光灯是一种强有力的特效聚光灯，主要用来模拟戏剧舞台效果，如图 2－11 所示。追光灯通常用来追逐舞蹈演员、滑冰运动员或在幕前表演的单个演员的动作等。在小型演播室内，也可用椭面聚光灯来模拟追光灯的效果。

2－11　追光灯

2. 散光型灯具

散光型灯具是一种漫反散式灯具，投射光斑发散，亮度低，边缘模糊，散射面积大，光线没有特定方向，柔和均匀，不产生明显的阴影。常用于辅助光、基础光、背景光，与聚光型灯具形成互为补充的关系，以减小场景中的亮暗反差。散光型灯具有新闻灯、四联散光灯、天幕散光灯、顶光散光灯、外景散光灯、三基色荧光灯等。

（1）新闻灯。新闻灯常用于现场采访与外景摄像，以弥补光线的不足，如图 2 – 12 所示。它最大的特点是重量轻、体积小，另外，因其反射面有许多均匀分布的小坑，故光线能均匀散射。灯具接线采用接插式，使用方便。双联灯设有两个开关，分为先开与后开，可以接成单灯或双联灯电路。它们配用的都是卤钨灯管。

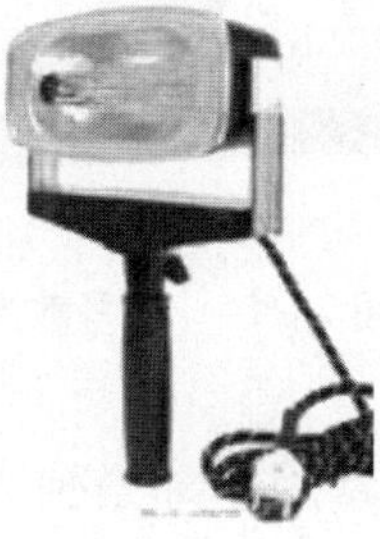

图 2 – 12　新闻灯

（2）四联散光灯。四联散光灯在演播室常用于辅光与顶光，如图 2 – 13 所示。这种灯具光线柔和，使用方便。灯具反射面有许多均匀分布的小坑，照射范围比较广。由于光线散射照在物体上，不易勾出明显的轮廓，使物体造型显得较为平淡。灯具前部还装有四块挡光片，用来调节照射范围的大小。常用的DSG – 3 四联散光灯配用卤钨灯管，它的大小如同一只小手提皮箱。

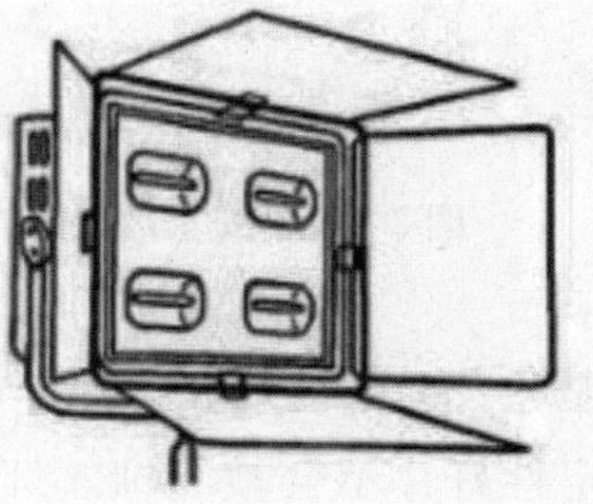

图 2 – 13　四联散光灯

（3）天幕散光灯与顶光散光灯。天幕散光灯在演播室常用作天幕照明。这种灯具的光学系统采用双曲面铝反射器，并经喷砂电化处理，使照明范围宽阔均匀，如图2－14所示。因其角度达120°，能将天幕上下都照亮。灯具前面的插片架用来固定色纸插片夹，用不同的色纸来调整天幕的颜色。顶光散光灯除光学系统采用抛物面反射器外，其外形和结构与天幕散光灯相似，常用于演播室的顶光与场景光。

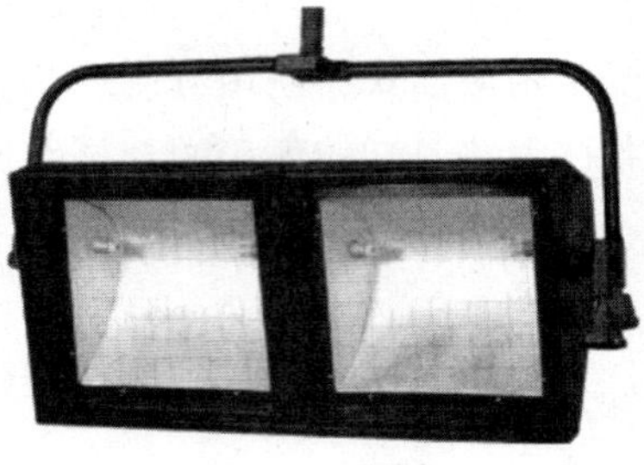

图2－14　天幕散光灯

（4）外景散光灯。外景散光灯常用于外景辅光照明，如图2－15所示。灯体采用防锈合金铝板，强度高、重量轻。反射面采用高纯铝板，经喷砂和电化处理，以增强散射效果。配用管形镝灯，电源触发部分安置在灯体后盖部位，开启方便，利于检修。

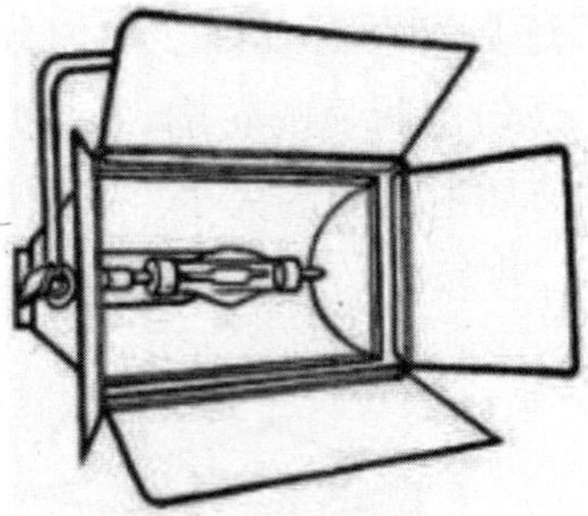

图2－15　外景散光灯

（5）三基色荧光灯。三基色荧光灯之灯箱采用非金属玻璃钢材料制成，电气性能良好，使用安全，且化学稳定性好，不会被腐蚀。灯箱可随意升降，幅度为0.5米，也可以前后俯仰30°。灯箱有三管、六管、九管三种组合形式，均配用40W的三基色荧光灯管。因为三基色荧光灯管的功率不大，所以常把它放在0.5～3.5米高的电教演播室的灯架上，作天幕光、顶光、正面辅光等。如图2－16所示。

图2－16　三基色荧光灯

三、灯架装置

灯架就是照明灯具的支撑装置。根据电视照明的需要，常用的照明灯具支撑装置有以下三种类型：

1. 落地式灯架

落地式灯架主要有两种：地灯灯架和立式灯使用的三脚架。

（1）地灯灯架。为了达到一定的照明目的，有时需要把灯具安装在地上，它一般是用来照亮背景的，如地排灯等。较大的演播室内，天幕前都有一槽沟，这个槽沟就是专门用来放地灯的。

（2）立式灯灯架。立式灯是把所要使用的灯安装在专用的三脚架上组成的。这种专用的三脚架有两种，一种带轮，一种不带轮，如图2－17所示。

图2－17　三脚架

立式灯适用于任何场合，设置起来比较容易，灯光的位置可以任意变动，而且平面角度和高度也可以随意调整。由于携带方便，使用费用较低，所以得以广泛应用。

2. 悬挂式灯架

演播室摄像一般采用悬吊杆将灯具挂在屋顶的灯架上，这样灯具和连接线就不会影响摄像机、吊杆话筒和其他摄录设备的操作。悬挂式灯架上的支架和悬吊杆可分为固定式和移动式，移动式又可分为手动式和电动式。

（1）固定式悬挂灯架。固定式悬挂灯架布光时按具体情况控制任一盏灯的开与关，不必移动灯的位置。这种灯架布光速度快，但装灯数量多，有些灯的利用率较低。

（2）移动式悬挂灯架。移动式悬挂灯架上面设置了一定数量的滑动支架，灯具可沿滑动支架移动，悬吊杆又可以升降，所以灯具的方位和高度可以任意调整。这种灯架用灯数量较少，移动灵活，适合各种复杂节目的制作，但成本较高、维修量较大。

3. 夹子式灯架

夹子式灯架可以根据布光需要将灯具固定在布景的顶端、侧面和各种支架上。这种装置在现场实景拍摄中特别有用，例如可以将灯具夹在暖气管、窗台或者家具上等。夹子式灯架使用简单、方便、效果好。它能提供局部逆光，或照亮其他灯光不易照射到的地方。夹子式灯架如图 2－18 所示。

图 2－18　夹子式灯架

四、调光设备

演播室采用调光设备的主要目的是满足随剧情变化而调节亮度的要求。例如，利用调光设备可以达到清晨或黄昏的变化效果。另外，由于灯丝的冷态电阻比常态小得多，如果给冷态灯泡突然加额定电压，就会产生一个比额定电流大 10 倍左右的冲击电流。采用调光设备可使灯泡的电压逐渐上升，避免产生冲击电流，延长灯泡寿命。制作复杂节目时，要预先对灯光进行编组登记，摄制时按场次预选重演，以提高工作效率。

调光设备的发展经历了四代：第一代为电阻型调光器，第二代为变压器型调光设备，第三代为磁放大器型调光设备，第四代为可控硅调光设备。目前，电子计算机控制的可控硅调光设备在国外已被广泛采用，国内也已研制成功。可控硅调光设备的主要优点是操作简单、灵活；控制台体积小、重量轻，可以遥控；预选简便，使用方便，寿命长；光输出特性可以达到理想程度；能实现灯光的特殊效果变化，如追踪、闪光、跳光的变化等。然而，可控硅调光设备的最大缺点是干扰音频和视频信号。可控硅的导通时间为 1～3 微秒，当可控硅调光设备在导通时，电源的每半个周波产生一个脉冲电流，它含有丰富的高次谐波，通过辐射和电传导干扰其他设备，同时使灯泡产生"嗞嗞"的声音。所以，对可控硅调光设备要采取有效的屏蔽措施，如用隔离变压器与屏蔽线等，以抑制其干扰。

图 2－19　可控硅调光设备

思考题

1. 电视用光的目的和任务是什么？
2. 电光源分为哪几种类型？
3. 演播室常用的照明灯具有哪些？
4. 灯架有哪几种类型？

第三章　电视用光艺术

学习目标

- 学习电视用光的基本知识，了解静态、动态人物布光的方式和布光中的特殊情况
- 学习电视演播室灯光基础和采光的相关知识

第一节　电视布光基础

光，犹如一个美妙的精灵，活跃在电视传播媒介的技术过程和艺术创作之中。在电视节目制作时，人们似乎忘却了光的存在，然而光却无所不在地主宰着电视图像质量的主观评价。

一、电视照明的角度和特点

光的方向取决于光源的位置和拍摄方向，而光源的位置和拍摄方向两者之中只要有一个改变，都可以认为光线发生了变化。为了准确标明光源和拍摄方向的相对空间位置，人们常用一种钟面图来表示。

1. 钟面坐标法

当拍摄方向固定后，任何灯的位置都可以用一个想象的水平钟面和垂直钟面来确定。

两个钟面都以拍摄目标物体为它们的中心点。为了便于对电视照明灯具及布光的光位［即光源相对于照射物（被摄物体）所处的位置］进行分析和理解，人们用“钟面坐标法”来表示光线的方向和名称，见图3－1和图3－2。如6点横（或6H）的光位，即图3－1中的正面光；9点直（或9V）的光位，即图3－2中的逆光。这样只要看到立体光位图上的5点横/4点直等光位符号，便可知道光线的名称、角度和方向了。

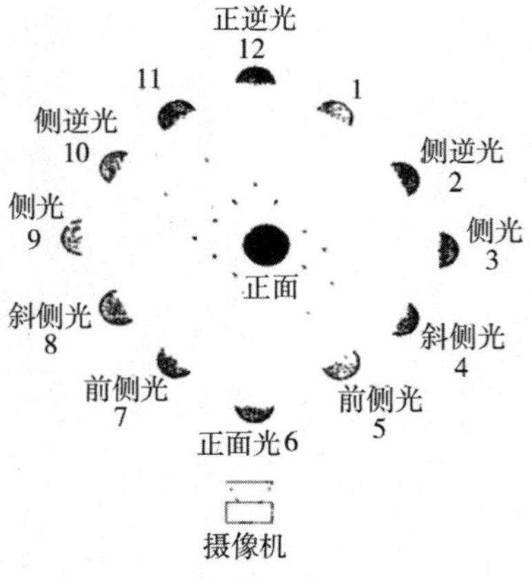

图3－1　钟面横坐标平面图

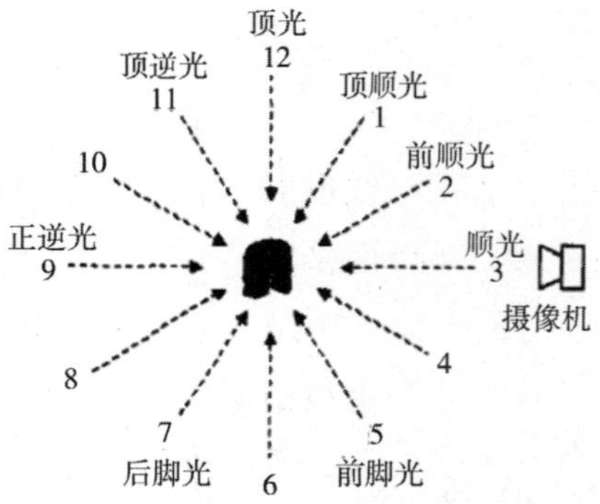

图3－2　钟面直坐标立面图

2. 光位及其特点

按水平方向，光线的角度可分为：顺光（正面光），侧顺光（前侧光），侧光，侧逆光，正逆光。

按垂直方向，光线的角度可分为：顺光，顶光（包括顶光、顶顺光、顶逆光），正逆光，前脚光，后脚光。

虽然我们可以在水平和垂直方向各分出五种光线，但作为具体的画面光线，最后都可归结为顺光、侧光、前侧光、后侧光、逆光、顶光、脚光七种。

（1）顺光。顺光光线投射方向与摄像机拍摄方向一致，且高度接近，也称为“前向光”或“正面光”。顺光可使被摄物体受光均匀，没有阴影，淡化物体表面的纹理、凹凸等，色彩还原度好，但缺乏立体感。

顺光一般被用作辅光，或以小聚光灯制造眼神光。但在表现物体空间感方面尚显乏力，常使画面平淡呆板。

（2）侧光。光线投射方向与摄像机拍摄方向成90°左右。侧光可使被摄物体产生巨大的明暗反差，形成极大的阴影。

这类照明在人像拍摄方面经常使用，一般以直射光构成主光，它能将脸部自鼻尖分为一明一暗，表现人物内心的特殊状态。侧向直射光构成的环境光，能加强空间的纵深感。

（3）前侧光。光线投射方向与摄像机拍摄方向成45°左右。前侧光可使被摄物体产生明暗过渡层次，在表现物体的立体感和质感方面十分有力。也能用阴影衬托出被摄物体受光的亮面，从而显示出深度感。

（4）后侧光。光线投射方向与摄像机拍摄方向成135°左右。后侧光可勾勒物体轮廓，使物体的正面形成较大暗区。如果以直射光构成这个方向上的主光，可使人物产生神秘、恐怖的感觉。用两个后侧光在人物两侧构成双主光，可获得雕塑般的立体造型。

（5）逆光。光线投射方向与摄像机拍摄方向成180°左右，也称为“后向光”。逆光表现出的清晰的轮廓与看不清的细节是逆光造型的特点。以逆光作主光拍摄人物时，能获得剪影的效果。在许多影片中，逆光在恐怖人物出场时使用。

（6）顶光。指由被摄物体上方投射下来的光线，以垂直照射物体的效果最为生硬。在人像造型中，除了邪恶人物外，一般避免使用垂直顶光。45°的后向顶光常被用来修饰头发。

（7）脚光。指由被摄物体的下方投射上来的光线。脚光能造成扭曲的造型效果，在人像造型中，能产生丑化和恐怖的感觉，大多用于恐怖片中。

二、电视照明的基本光型及特点

灯光按照光线的造型效果可分为主光、辅光、轮廓光、背景光、装饰光、效果光和场景光等。布光往往不只是运用一种光型的灯光，而是对各种光型的灯光进行综合运用。

1. 主光

主光是表现主体造型的主要光线，用来照亮被摄物最富有表现力的部位。它在画面上形成明显的光源方向、亮部、阴影和投影，以吸引观众的注意力，起主要的造型作用。由于它塑造了物体的基本形态和表面结构，故又称塑造光。其他光的配置都是在主光基础上进行的，它不一定是最强的光，但起着主导作用，突出了物体的本质属性。

主光一般采用聚光灯进行布光，具有明显的方向性。主光可以位于摄像机的左侧或右侧，水平角度在前侧45°左右，垂直角度在高于人头部，与水平成30°左右。可根据人、物外貌特征所具有的匀称度和比例进行适当的调整。主光的高度与摄像机镜头轴线成5°~45°垂直角。主光的水平角与垂直角的角度越大，被摄物的立体感越强；反之，则造型越平淡。

2. 辅光

辅光又叫补光，用于弥补主光的不足，照亮被摄物的阴影。它使阴影部分产生细腻、丰富的质感，起辅助造型作用。辅光的强弱变化可以改变影调的反差，形成不同的气氛。辅光灯具一般采用1kW 散光灯，一般主光和辅光的光比约为2：1或3：1。光比大，影调硬；光比小，则影调软。辅光的方位在摄像机两侧，与主光相对，水平角度10°~20°，垂直角度0°~20°，或在视点方向上。总之，辅光的亮度和角度，以冲淡主光的影子和避免产生第二个影子为宜。

3. 轮廓光

轮廓光又叫“逆光”或“隔离光”，是从被摄物背后来的光。它使被摄物产生明亮的边缘，勾画出被摄物各部分的轮廓形状，将物体与物体之间、物体与背景之间分开，增强画面的纵深感。轮廓光通常是画面中最亮的光，主光与轮廓光的光比在1：1到1：2。但轮廓光不宜过强，否则会使轮廓“发毛反白”。

轮廓光一般采用回光灯和聚光灯。轮廓光的方位在被摄物的后面，与摄像机镜头轴线成30°~45°，垂直角度为30°~60°。水平角太小，落地灯架会被摄入画面；垂直角太小，光线会射入摄像机镜头，使画面产生光晕现象。

4. 背景光

背景光灯具采用2kW 四联地排灯，其灯位布设在被摄人物的后面，以不被摄入画面为宜。背景光是照亮被摄物背景、布景、天幕的光。它的作用是消除被摄物在背景上的投影，使物体与背景分开，衬托背景的深度。教育电视节目的背景一般是平面，所以，背景光的照度要求均匀分布。背景光的亮度决定了画面的基调：高调画面，背景光亮度可与主光亮度相同或略高于主光，形成洁白明净的背景；低调画面，背景光的亮度要低于辅光，形成深沉的背景；中调画面，背景光亮度在主光和辅光之间，约为主光的2/3，在这样的背景衬托下，主体亮部的背景会显得暗些，主体暗部的背景会显得亮些。画面的基调要根据实际情况来决定。

背景光一般采用天幕灯和散光灯。天幕灯的位置是沿着演播室悬挂式灯架的边缘一字排列，水平放置；角度以均匀照亮天幕为宜。如果用落地式散光灯照亮背景，散光灯的位置在被摄物后面，以不被摄入画面为宜。

5. 装饰光

装饰光用来突出被摄物的某一细部造型的质感，以达到造型上的完美，如眼神光、头发光、服饰光等。

当主光、辅光、轮廓光、背景光依次布局完善以后，应分析被摄物局部的亮度是否合适，层次表现是否完美，如不够理想，就用装饰光修饰这些局部和细节部位。所以装饰光的角度要准确无误才能起装饰作用。装饰光不宜过分强烈，否则会出现过亮的光斑，破坏整体布光效果，要与环境协调，做到合情合理。

6. 效果光

效果光是用人工光源再现现实生活中一些特殊光源的光线效果或特定环境、时间、气候等的照明。如从布景的窗户外投射强烈的灯光，使室内产生窗口投影，再现室外的阳光效果；用遮光板将点燃的碳精灯的光线迅速来回遮挡，产生闪电效果；将粗细长短不同的条形红丝绸绑在风扇的防护罩上，让红丝绸被风吹起来，在灯光作用下形成火焰效果；在一个装有浅水的大盘中放些碎玻璃，轻轻地触动水面泛起波纹，在灯光作用下反射到被摄物上，产生水纹效果等。

7. 场景光

场景光是拍摄大场面才用的。场景光要均匀照亮整个场景，光照度为1 500 ~ 2 000勒，使彩色摄像机无论拍摄哪个角度都能符合色彩还原的基本要求，所以场景光又称为基础光。此时，主光为基础光的1.2 ~ 1.5 倍，辅光为基础光的0.8 ~ 1 倍，轮廓光为基础光的 1.5 ~2 倍，背景光为基础光的 0.8 ~1 倍，其他灯光可按实际而定。

场景光一般采用散光灯。场景光的位置在被摄物的上方，还要大面积均匀分布，使整个场景的照度一样。例如，可将顶光散光灯均匀地、水平地悬挂在演播室的灯架顶上，使整个演播区的照度相同。在此基础上，再综合运用不同造型效果的灯光。

在人工照明时，一般来说，要考虑以下几个要素：一是能正确地表现被摄物的形状和形态；二是要表现出被摄物的立体感、质感；三是画面的影调要适当；四是使用多光源时，要确定一个主光源，画面中应只有一个影子，而且光源本身和光源在光滑面、镜面上的反射光，都不要直接进入摄像机镜头。

三、布光程序

布光要有一定程序，先布什么光，后布什么光，心中要有数；还要避免光线的相互干扰。布光的程序按拍摄场面大小而定。

1. 大场面布光程序

大场面一般先布场景光，再布背景光，后布主体光。此时，要求背景光能反映出布景的三维空间。主体光首先布置主光，确立主体的初步造型；然后配以辅光弥补主光不足之处，改进未被主光照亮部分的造型。为了区分主体与背景，增强画面的空间感，可用轮廓光照明。如果主体的局部细节造型不理想或与整体不协调，使用装饰光加强整体造型与美感。各种光线应与主光和谐一致。如果主体活动范围大，可以用两盏以上的灯做主光、辅光或轮廓光，但要注意光线衔接，避免互相影响。

2. 小场面布光程序

小场面一般先布主体光，后布背景光。因为小场面的主体与背景距离比较近，如果先布背景光，在布主体光时，主光和辅光会投射在背景上，影响原来布好的背景光。因此小场面要先布主体光，然后根据主体光投射在背景上的范围大小、光亮程度，再布背景光。

布光还要根据主体是人还是物，个体还是群体，静态还是动态等具体情况，考虑最佳的布光方案。只要光效理想，灯光用得愈少愈好。

第二节　静态布光

一、单人布光

1. 三维物体布光

运用主光、辅光、轮廓光三种基本光进行照明布置，能将三维物体的立体感、质感和纵深感的基本造型呈现在二维电视屏幕上。这种基本布光方法叫“三点布光”，如图3－3所示。

三点布光的基本方法：

首先，布设主体照明的主光，需要一个强度最大的主光源，它规定了光源的方向，起着主要造型和确定光影格调的作用，是三点布光的第一度光线。

其次，布设主体照明的辅光，用它来辅助主光，把主光没有照亮的区域照亮，或者柔化主光形成的阴影，是三点布光的第二度光线。

再次，布设轮廓光，其作用是把物体与环境间隔开，产生一种深度层次，它是三点布光的第三度光线。

这三种光线的造型效果是相互制约的。如主光强，辅光就要弱，否则会喧宾夺主；主光高，辅光就要低，才能有效地消除主光在垂直方向的阴影；主光侧，辅光就要正，才能有效地消除主光在水平方向的阴影。轮廓光可由主光和辅光的位置决定其高低、正侧。当轮廓光作为隔离光和美化光时，也可以不考虑主光和辅光的位置关系。这三种光线处理得当，可以互相补充。例如，按照人物的运动路线，利用三点布光进行连续布光，使人物运动方向变化时，仍能正确表现其形象。如果处理不当，则会相互干扰。例如，对群体中每一个物体都进行三点布光，光线容易受干扰，会产生多余的影子。

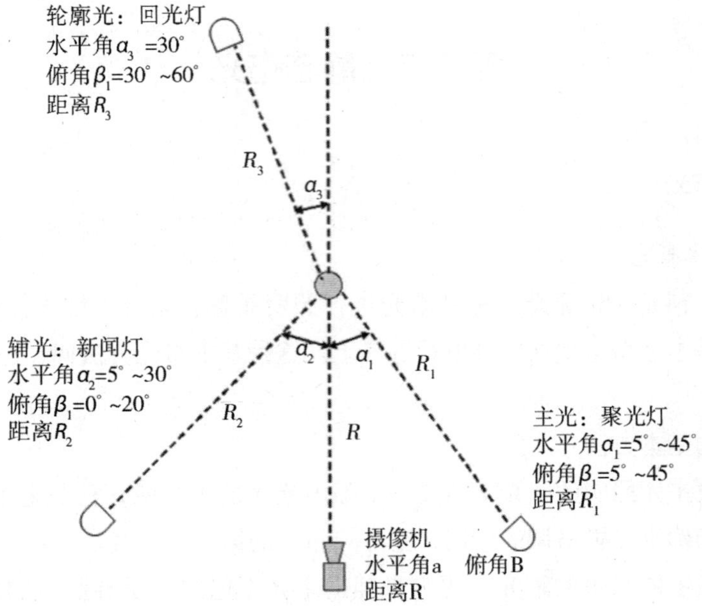

图 3-3　三点布光方法

2. 侧光照明效果的布光技法

侧光照明效果（又称明暗照明效果和直射光照明效果）如同自然光中的侧光照明效果。这种光线组合广泛用于正常脸型的主持人，是最为常见的一种布光方式。灯光配置见图 3-4。主光在 4 至 5 点横/1 点直或 7 至 8 点横/1 点直的光位上，辅光在 6 点横/3 点直的光位上，以紧靠摄像机摄轴线（摄轴线：被摄物体的视线、运动方向与摄像机间相互交流的位置关系所构成的一条无形直线，摄像机的主角度一般只能活动在轴线的某一侧内）为宜。偏离这个位置，容易在被摄物体表面产生不应有的光线投影(有时这是布光失败的主要原因)。主光与辅光的光比小于 2∶1。轮廓光一般在主光灯所对应的那个角度上，即 11 点横/10 点直的光位上，高度应根据不同的拍摄对象的具体情况来定，防止过高或过低，但不能低于主持人的头部，因为轮廓光是用来勾画人物头发、肩膀、形体轮廓的，布置时还应避免过侧、过亮。轮廓光与主光的光比在 1∶1或 2∶1 左右。背景光要根据主体亮度变化而变化，主体亮背景就稍暗，主体暗背景就稍亮。背景光与辅光光比为 1∶2 或 1∶1。

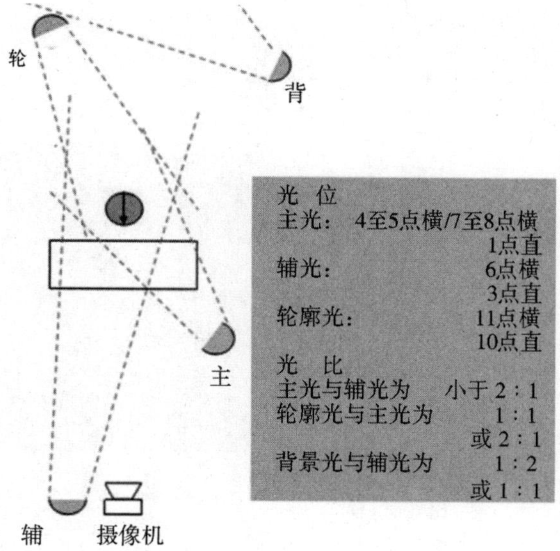

图3－4　侧光照明效果的布光

3. 顺光照明效果的布光技法

顺光照明效果（又称平光照明效果和平调照明效果）如同自然光中的平光照明和阴天、半阴天中的散射光照明。这种光线照明效果很容易产生高调画面效果。灯光配置如图3－5所示。主光灯1和主光灯2一般在6点横/3点直（或接近）的光位上，也就是说紧靠镜头为宜，光比控制在1：1到1：2。轮廓光灯配置在两个主光灯所对应的11点横/10点直的光位上，轮廓光同主光（其中一个）的光比控制在1：1或2：1左右，轮廓光不能过强，否则会使画面的柔和层次受到影响。在顺光照明效果中，也可以没有轮廓光。背景光灯放置在被摄体后面或左右两后侧，背景光的亮度一般比主光的亮度稍强一点或略弱一点为宜，使人物能够与背景有一定的区别。

顺光照明效果可以使画面获得高雅、明净、单纯的效果，使人物的头发、眼睛、鼻孔、嘴角突出；画面上没有明显的明暗反差，明暗柔和。被摄对象的形状、阶调、色调的变化，主要由细微的光调变化面表现出来。

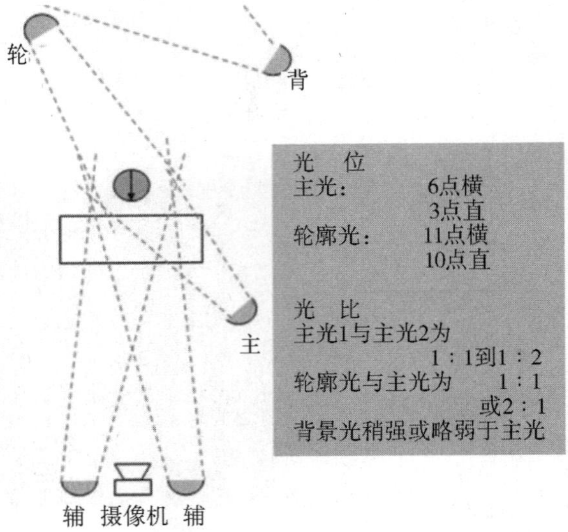

图 3－5 顺光照明效果的布光

4. 轮廓光照明效果的布光技法

轮廓光照明效果即同自然光中的逆光、侧光照明效果一样。轮廓光照明常常产生低调照明效果，给人以庄重、肃穆、安适、忧愁、悲怆之感，有时还有某种神秘之感。主要照明灯（轮廓光灯）在摄像机镜头摄轴相反的 11 点横/10 点直的光位上，有时为了加强照明效果，还用双边轮廓光。主光的首要造型任务是勾勒出人物富有特征的轮廓线条。轮廓光设置的首要前提是应完美地表现人物的轮廓线条，光源的远近、高低、正侧，都会直接给这种表现带来影响。辅光在人物正前方 9 点横/3 点直的光位上，主要任务是衔接轮廓光亮部分与阴暗面的中间过渡，辅光不能随意偏向人物的某一侧，否则脸上会出现第二个投影和形成同主光的夹光效果。

在轮廓光照明效果中，一般轮廓光与人物正面的辅光光比为 3：1 或2：1。有时根据需要还可在 6 点横/3 点直的光位上加辅光 2。辅光 1 与辅光 2 的光比在 2：1 左右。辅光 2 的亮度不能超过人物正面辅光 1 的亮度，否则会产生同轮廓光的夹光效果。

二、双人布光

为两位节目主持人同时布光的方法，已普遍运用于当今的电视节目制作中。布光的方法多种多样，常见的有以下 4 种。

1. 分别布光法

这种方法常用在两位节目主持人距离较大，一个主光很难完成两个人物的主光造型时。布光首先是确定主光的投射方向，一般两人的主光要从某一前侧大约45°的方向投射过去，要防止两人的主光来自不同的方向，造成虚假的主光投射，破坏整个布光效果。主光确定之后，两盏辅光灯在摄轴线附近的位置上投射，并要控制好光线的投射区域，防止相互影响干扰，出现不必要的光线投影，其光线高度与人头齐平或稍高于人头。轮廓光放置在与主光基本对应的角度上，以勾勒主持人的轮廓形态，在演播室内可使用能升降的棚顶灯在人物的正后方作轮廓光。背景光放在与主光同一侧，照亮周围的环境与背景。如图3－6所示。

2. 重点勾勒法

这种方法是针对演播室内以三基色冷光源作底子光照明的布光设计。由于有了一定的基准亮度，不仅是电视台，有时许多电教部门的演播室也采用这种冷光源照明，布光中存在画面影调单一平淡、没有强烈的亮暗反差、画面空间感觉弱的问题。解决和弥补的办法就是采取重点勾勒法。一般是根据创作的需要，加盏主光灯在4至5点横/1点直或7至8点横/1点直的光位上。由于加入了主光，画面中有了光线的投射方向和光比组合，光线效果发生了很大变化。有时还可加轮廓光，光位在主光灯对应的角度上。如图3－7所示。

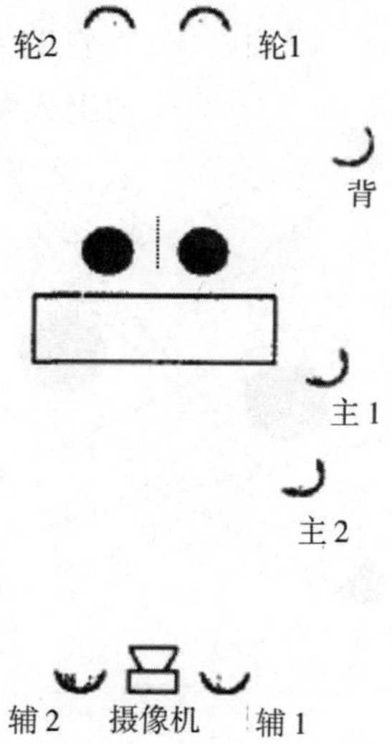

图3－6　分别布光法

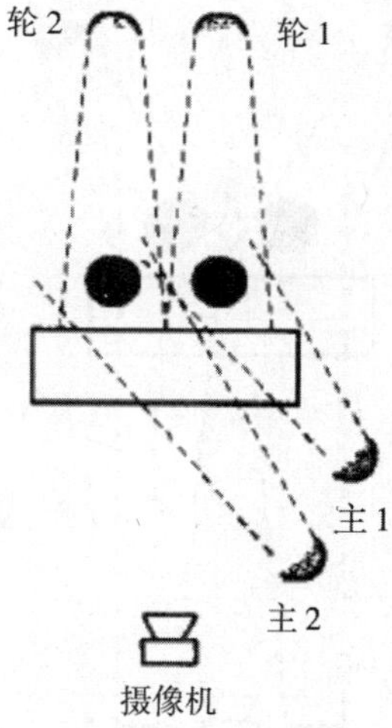

图3－7　重点勾勒法

3. 平调组合法

这种方法适用于正常脸型和稍瘦削的脸型。布光时两个主光位于摄轴线附近，以接近或紧靠镜头为宜，分别照射被摄物，其光线高度与人头齐平，然后分别布轮廓光灯，细致地勾画被摄体外形线条。轮廓光的位置最好在被摄物的侧后方，其光线不能过高、过亮、过偏。在演播室内也可考虑利用放置在人物后上方棚上的轮廓光灯，但要注意角度不能过高。如图 3 –8 所示。

4. 两人的侧面布光法

这种方法应用于以下情况：两位节目主持人以侧面或斜侧面相互交流的形式出现，共同主持一个节目；也可以是一位节目主持人采访一位被访者（当事人、专家、干部等）。相对而坐交流感比较强。区别于两人面对镜头的正面布光形式，此时首先要确定主光的光位，主光 1（人物的轮廓灯）出现在 B 者左侧前方，主光 2 出现在 A 者右侧前方，两个主光的主要任务是勾勒人物的主要立体形态和各自富有表现力的主要线条。人物面向镜头一侧的阴影可让辅光处理。两辅光分别出现在 A、B 两者的正前方，这种布光方法使人物主要的部位（面部和胸部）有了由亮到暗非常细致的过渡层次。根据需要，背景光可加可不加。如图 3 –9 所示。

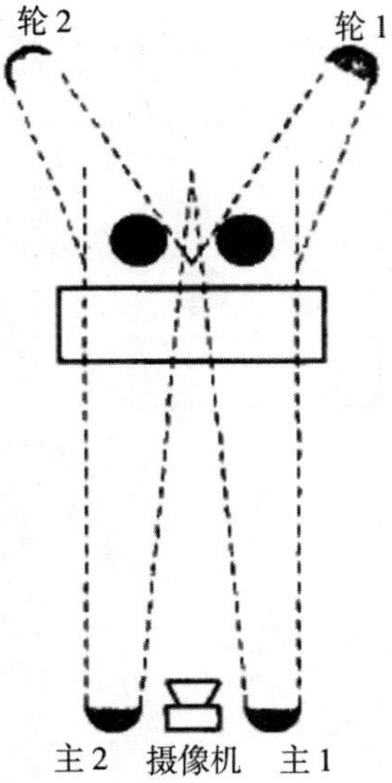

图 3 –8　平调组合法

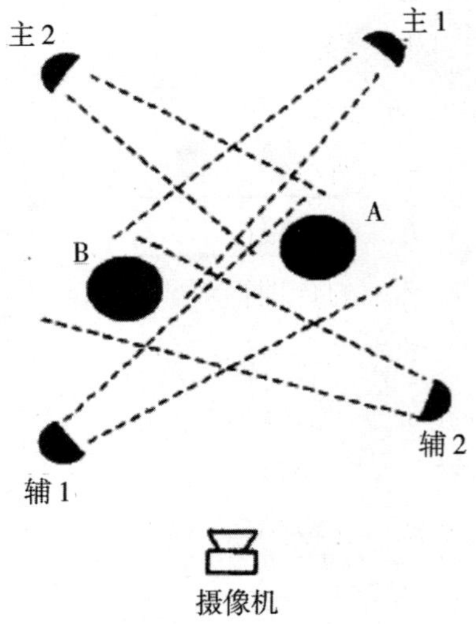

图 3 –9　两人的侧面布光法

三、多人布光和人群布光

由两个以上的人或物组成的相对静态的群体，如交谈的两人、研究的三人、开会的众人、上课的教师和学生、实验设备系统等，可采用分别布光、分组布光、分区布光和整体布光。多人物座谈的布光形式因节目要求不同而各异，常见的布光方式有4种。

1. 分别布光

如图3－10所示，使用棚上5盏轮廓灯分别照射每一位人物，其光位分别在1至2点横/0点直的位置上。在摄轴线附近位置上放置辅光1，主要照射C者，辅光2主要照射D、E者，辅光3主要照射A、B者。布光中要注意整体光线照明的平衡，控制好轮廓光与辅光的光比。由于使用了5盏轮廓光灯，很可能在桌面上出现人物投影，桌面上通常使用灰色台布来避免杂乱的投影。

2. 分组布光

如图3－11所示，采取分组布光的方式，首先使用3盏轮廓光灯分3个区域对8个人物进行轮廓光照射。布光中要注意3个区域光线的衔接，要做到轮廓光高度接近、亮度统一、轮廓线条明显。辅光也同样分3个区域照射被摄人物的面部和胸部。由于人物座位远近有差异，有时辅光照明需要进行适当调整、遮挡，不能过高，防止人物脸部和胸部出现投影。

3. 分区布光

如图3－12所示，分区布光是多人物知识竞赛、群众场面式布光。这种布光方式同以上几种方式比较接近。人物众多的场面要始终把握场景内的整体布光的平衡和灯光各区域及部位的合理衔接。虽然人数较多，但众多人物形成了三大组，布光也是采取分组照明的形式，每组用两个轮廓光灯照射12个人，前面用两盏散射光灯打辅光。人数很多，布光却显得比较简单。如果现场人物座位是阶梯形式的，每个光位还要进行适当调整，尽量使每个人物光效一致，亮暗基本均匀。布光还要考虑现场摄像机改变视点后光调、光位的衔接，尽量保持现场光线的最佳状态。

4. 整体布光

整体布光使用高功效灯具或几盏并列灯具分别作主光灯、辅光灯、轮廓光灯，对拍摄场景进行大面积的三点布光。

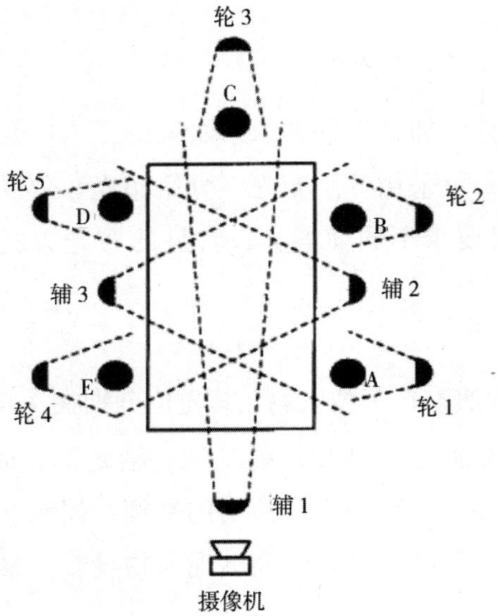

图 3－10　分别布光

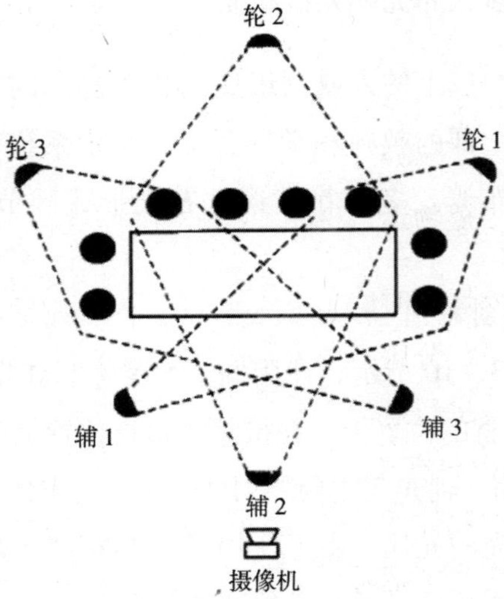

图 3－11　分组布光

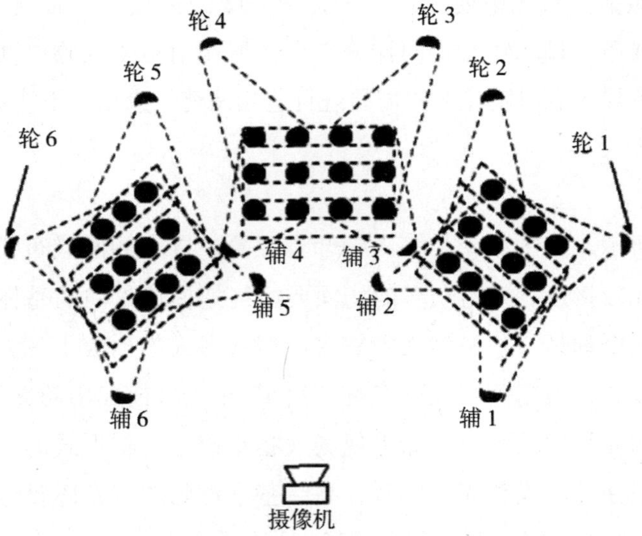

图 3－12　分区布光

第三节　动态布光

动态布光，是指被摄物运动时的布光和摄像机运动时的布光。

一、被摄物运动时的布光

被摄物运动时的布光主要应解决照明效果的一致性和连续性。被摄物运动时可用大面积布光、分区布光或连续布光。此时，被摄物只能在布光的区域内或者按照事先设计的路线进行运动，否则就会失去造型效果。

1. 大面积布光

这是对物体活动的整个区域进行大面积布光，和整体布光相似。例如，一堂优秀教学示范课上，老师一会儿站在讲台旁边讲课，一会儿走到学生当中辅导，可将整个课堂进行大面积布光；又如，舞蹈教师示范表演时，可将整个舞台进行大面积布光，也可采取整体布光。如图 3 – 13 所示。

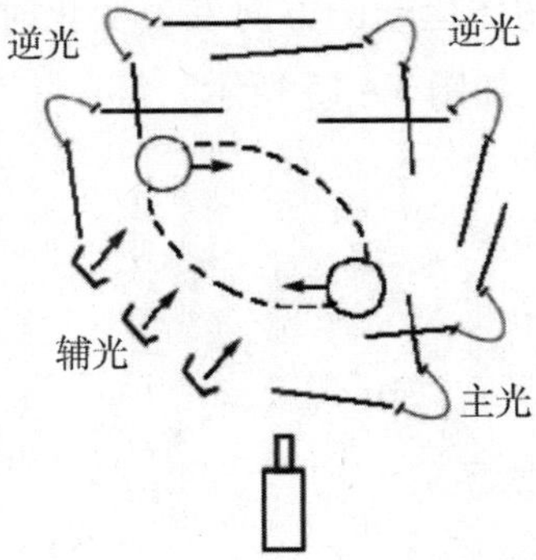

图 3 – 13　大面积布光

2. 分区布光

分区布光，是将物体活动划分为一系列的重点区和瞬时区，物体在重点区的时间比较长，需要有较好的布光效果，可采用三点布光方式；物体在瞬时区很快就通过了，只需适当的照明，其影调反差与重点区相吻合就可以了。

如教师从实验室门口走向实验台旁做实验的过程，可用分区布光。教师在实验台旁做实验是重点区，用三点布光；教师从门口走到台前是瞬时区，可用一盏散光灯作主光，亮度稍暗些，门后用逆光勾亮教师轮廓并使其与背景分离，同时也可以再现从门口射进实验室的阳光效果。如图 3－14 所示。

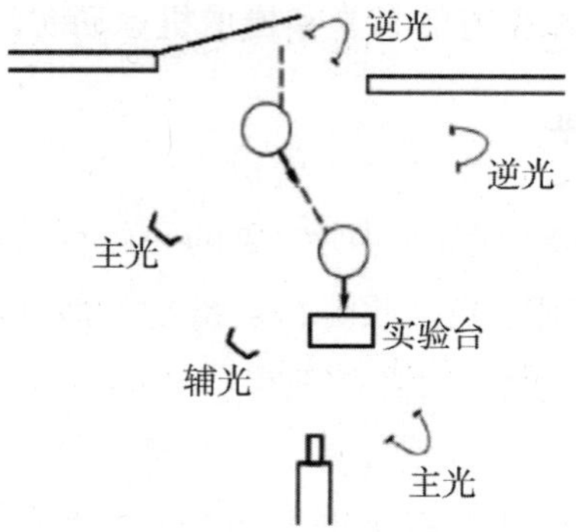

图 3－14　分区布光

3. 连续布光

连续布光，是按照物体活动的路线、环境以及在每一相对位置的活动范围利用三点布光法进行连续布光，使物体运动的方向发生变化时，主光、辅光和逆光的方向不变，保持同一光线造型效果。如图 3－15 所示。

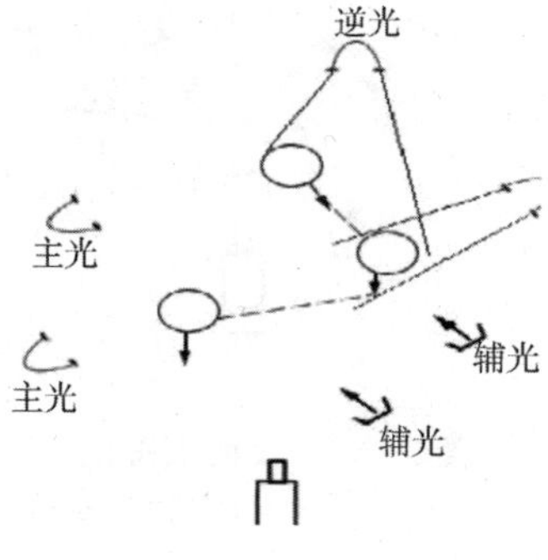

图 3－15　连续布光

二、摄像机运动时的布光

摄像机运动时的布光是指采用活动灯具随着摄像机的移动而移动进行照明的一种布光方式。摄像机运动时的布光是新闻摄像中常用的方法，要求灯光师与摄像师密切配合，灯光师要随摄像机运动不断调整照明的方位、高度和亮度平衡。灯光师还要熟悉摄像内容、路线、方向，使照明效果能够前后一致、连续。

第四节　布光中的特殊情况

一、人工光与自然光混合性布光

混合光是指自然光、人工光或不同色温的光源同时并用的照明光线。外景摄像常遇到这种情况。混合光摄像时要调整、统一色温，以适应摄像机光学系统的色平衡要求。

1. 室内混合光

室内混合光摄像，首先要确定以低色温还是高色温为同一色温。以高色温为同一色温时，人工光要用高色温灯。若用低色温灯，则要根据自然光的色温，在低色温灯前加升色温片，以提高低色温灯的色温，与自然光的色温一致。例如，室内自然光色温为6 500K时，在 3 200K 色温的灯光前加蓝色雷登 82 升色温片，使灯光色温升到 6 500K，与自然光色温相同。以低色温为同一色温时，人工光要用低色温灯，并设法降低自然光的色温。例如，自然光色温为6 500K时，可在门窗的透光处挂上橘黄色雷登 85 降色温片，使室内自然光色温降为 3 200K。

当光源的色温无法统一时，首先确定以哪种光源为主。如以自然光为主，被摄物要尽量靠近自然光的透光处；如以灯光为主，要增大灯光强度，使被摄物主要受光部分的灯光强于自然光，并尽量避开以窗口为背景。然后，根据主要光源选择摄像机的滤色镜，调整白平衡，使画面基本符合色彩还原。

2. 室外混合光

室外混合光摄像，不论以自然光为主，还是以灯光为主，都要以高色温为统一色温。应将低色温灯变为高色温，或直接用高色温灯做室外照明，与自然光混合照射被摄物。

二、特殊物体的布光

由于物体结构质地和表面肌理各不相同，所以吸收光和反射光的能力也不同。因此，根据不同质感对光线的不同反映，我们大致可以把物体分为吸光体、反光体、透明体。这只是比较概括地分门别类，有些产品的质地介于吸光体、反光体、透明体其中两者之间，或是兼由吸光体、反光体、透明体三者组合而成的复合型产品。但是只有对质地简单而基本的物体之布光表现加以探究，才能塑造好复杂的物体。我们根据不同静物产品的质感特点，探究出各类商品的典型布光和拍摄技法的共性和规律，并在此基础上举一反三，追求更加完美的视觉表现。当然这只是为了表现不同质地而采用的不同布光方法，如果是表现静物产品的其他方面，布光方法就应在这基础上再加创作。

1. 吸光体的拍摄

吸光体产品包括：毛皮、衣服、布料、食品、水果、粗陶、橡胶、亚光塑料等。它们的表面通常是不光滑的（相对反光体和透明体而言），因此对光的反射比较稳定，即物体固有色比较稳定统一，而且这些产品通常本身的视觉层次比较丰富。为了再现吸光体表面的层次质感，布光的灯位要以侧光、顺光、侧顺光为主，而且光比较小，这样能使其层次和色彩都表现得更加丰富。食品是比较典型的吸光体。食品的质感表现总是和它的色、香、味等各种感觉联系起来，让人们感受到食品的新鲜、口感、营养等，唤起人们的食欲。

2. 反光体的拍摄

反光体表面非常光滑，对光的反射能力比较强，犹如一面镜子，所以塑造反光体一般都是让其出现“黑白分明”的视觉反差效果。反光体大多是些表面光滑的金属或是没有花纹的瓷器。要表现它们表面的光滑，就不能使一个立体面中出现多个不统一的光斑或黑斑，因此最好的方法就是采用大面积照射的光或利用反光板照明，光源的面积越大越好。很多情况下，反射在反光体上的白色线条可能是不均匀的，但必须是渐变、保持统一性的，这样才显得真实。如果要使表面光亮的反光体上出现高光，则可通过很弱的直射光源获得。

还要注意的是，灯是有光源点的，所以必须尽量隐藏明显的光源点在反光体上的表现。一般通过加灯罩并在灯罩里加柔光布的方式来隐藏光源点。由于反光体具有反射特性，我们还要注意相机和拍摄师的倒影，否则就会出现黑斑。一般会选择一个没有反射到自己的角度取景。当然还有其他方法，比如可以在硫酸纸制作的柔光箱上挖出一个洞，将镜头伸进去拍摄，目的就是尽量将摄影师和相机隐藏起来。

反光体布光最关键的就是反光效果的处理，所以在实际拍摄中一般使用黑色或白色卡纸来反光，特别是对柱状体或球体等立体面不明显的反光体。

3. 透明体的拍摄

透明体，顾名思义给人一种通透的质感表现，而且表面非常光滑。由于光线能穿透透明体本身，所以一般选择逆光、侧逆光等拍摄。偏硬的光质能使其产生玲珑剔透的艺术效果，体现质感。透明体大多是酒、水等液体或者是玻璃制品。

拍摄透明体很重要的是体现主体的通透程度。在布光时一般采用透射光照明，常用逆光位，光源可以穿透透明体，在不同的质感上形成不同的亮度。有时为了加强透明体形体造型，并使其与高亮逆光的背景剥离，可以在透明体左侧、右侧和上方加黑色卡纸来勾勒造型线条。表现黑色背景下的透明体，要将被摄物与背景分离，可在两侧采用柔光灯，这样不但可以将主体与背景分离，还可使其质感更加丰富。

第五节　电视演播室灯光基础

一、电视演播室灯光要求

近年来，高灵敏度的电荷耦合器件摄像机，大大地降低了对照度的要求。但目前电视演播室内摄像机的基本状态和它对照度的要求，还需要我们在场景内保持 1 500 ~ 2 000 勒的基本照度，以实现摄像机对场景内物象记录的基本效果。如果不能达到这种最佳照度，就会直接影响画面质量，有时由于照度过低，会使用大光圈并靠摄像机自身调节以求较理想效果，但结果出现了被摄物清晰度和色彩饱和度下降、景深变小和图像杂波增加等弊端，有时还会出现物像拖尾。

提高场景照度并不意味着越亮越好。这种情况虽不多见，但出现这种情况时，其副作用也不小，如通风、恒温不好的较小演播室难以承受超负荷和高温，有时甚至直接影响工作人员工作。使演播室保持最佳照度的照明方法，通常有 3 种。一是使用散光型灯具自上而下照明整个场景，形成柔和均匀的底子光；二是使用高亮度的硬质光灯具，在灯前加用磨砂玻璃、柔光纸或金属网纱；三是集中一批灯具置于场景上方，将灯光投射在大块磨砂玻璃、塑料布或多向反射的百叶窗格上，造成一种柔和的“天窗”效果，有些演播室最初进行灯具安装施工时就考虑到了这一点。

二、电视演播室灯光的一般配置

在选择灯具方面有两个技术参数需要分别考虑：一是灯具的品种，二是灯具的数量与功率。

1. 灯具品种

现代电视演播室的灯具品种很多，按功能分类可分为普通灯具和电脑效果灯具。

普通灯具包括聚光灯、回光灯、柔光灯（红头灯）、筒子灯（Par 灯）、多头观众灯、天排灯、地排灯和大夹灯等。聚光灯又有手动控制和机械控制之分。普通灯具的功率一般在 1 000 ~ 5 000W。普通灯具根据其安装位置的不同具有不同的用途，可用于演出区或观众区的面光、逆光、侧光、天排光、地排光，也可用于给影片照明的景光，甚至可以用于有特殊要求的效果光等。

电脑效果灯具，一般指的是电视综艺晚会中在电视画面上看到的舞台上或景片上具有多种光束效果的电脑灯、激光灯等新型灯具。电脑效果灯具包括电脑灯、激光灯、追光灯、星光灯以及各式各样的舞台装饰灯。在这些电脑效果灯具中，最常用和最普遍的是电脑灯，它适用于各类综艺晚会或各种专题节目的电视舞台上，可直接放在画面之中成为画面内容的一部分，主要用来渲染舞台气氛、创造绚丽的舞台灯光艺术效果。

现在流行的电脑灯按结构形式来分大致有两种，一种是镜片扫描式电脑灯（moving scan 或 scanner），另一种是摇头式电脑灯（moving head）。但是，不管是哪种形式的电脑灯，工作原理都是基本一致的。电脑灯是由执行组件和控制组件组成的，它每一种输出灯光的变化，即光束的运动、光线的颜色、投射的图案、光强的亮度等，都是由执行电机操纵特定的光学器件完成的。电脑灯的控制是由电脑来完成的，现在普遍采用的控制信号是 DMX512 数字信号。每一盏电脑灯配有一个或几个 CPU，通过 CPU 的处理，把电脑灯控制台（实际上也是一台电脑）给出的体现灯光艺术创作的指令发送给每一个动作电机。这些控制指令是由电脑发出的一组组数字信号，电机的每一个动作变化对应着一个数字编码，输出光束的每一个变化对应着一组数字。这就是所谓的电脑灯。

按灯具品种分类，一般分为以热光源为主的卤钨灯和以冷光源为主的气体放电灯。以热光源为主的设计方案最常选用的是螺纹透镜聚光灯（菲涅耳聚光灯），选择该灯的主要理由是该灯光学性能好和安全可靠。除此之外，还要根据实际需要选配适当的其他灯具。以冷光源为主的设计方案主要选用电视专用三基色冷光源灯，并配用一定数量的聚光灯用于播音员的造型（如果不设聚光灯，播音员的造型将大打折扣）。

当前录制节目一般采用大量景片作为节目演区的背景，很少使用过去常用的白天幕，现在有些演播室已不再设白天幕，当然就没有必要设天幕灯了。这种情况的设计方案，必须有明确的用户要求才可加以考虑。

2. 灯具的数量与功率

灯具数量的多少在很大程度上将影响录制节目场景的大小和复杂程度。当然，灯具数量越多，使用操作灯具越容易到位，相应地布光时间能短一些。灯多的演播室使用起来更灵活、包容性更大。灯具数量多少的确定主要根据以下依据：演播室灯光技术参数确定的具体要求；预计演播室实际节目录制的形式和规模、节目变换使用的频率；同时还要考虑经济承受力和价格比等综合因素。

灯光设备系统的总功率不仅取决于演播室规模的大小，更受设计时所确定的演播室灯光平均照度参数的影响。目前有一种观点认为，由于摄像机的灵敏度越来越高，理论上要求场景的照度也就越来越低，所以设计演播室的平均照度可以取得很低。通过大量的实践，我们认为这种观点并不全面，因为灯光师在布光时不仅要考虑全场的灯光效果和人物造型，同时要保证演区的光比满足摄像机技术上的平衡。比如说，现场景片上设有许多装饰灯，而装饰灯在发光时直接或间接地进入到摄像机镜头内，使图像画面产生大面积的高亮斑，如果装饰灯无法压光减弱高亮斑的强度，这时就需要灯光师对画面中较暗的演区进行补光，以保证摄像机图像的整个画面在技术上达到光比平衡。

严格来讲，演播室灯光设备系统不仅要满足摄像机对灯光照度的要求，更要保证摄像机图像得到满意的画面。所以选择演播室平均灯光照度时，要在满足摄像机对灯光照度要求（这是最低标准）的基础上，保证灯光设备系统能在一定节目规模形式下，对灯光有某些特殊要求的范围内，使摄像机图像能够得到满意的光比平衡画面。这也就是为什么设计人员设计前，必须详细了解演播室将来拍摄节目的范围和内容，以及对灯光的特殊要求。这样才能根据实际情况，具体确定合理的演播室平均照度。

三、电视演播室灯光控制

为了得到较好的照明平衡与光影造型，必须对灯光实行控制，即控制灯光的亮度、照射范围和影子。

1. 控制灯光的亮度

（1）选用不同功率的电光源，功率愈大，亮度就愈大

（2）改变灯具到被摄物的距离，距离愈近，亮度就愈大。

（3）在灯具前加网罩或柔光纸等，使光线软化。

（4）调整聚光型灯具的汇聚与发散，使亮度增强与减弱。

（5）调整调光设备，改变灯光亮度。

2. 控制灯光的照射范围

（1）改变灯具的垂直角，垂直角愈小，光线分布就愈广。

（2）改变灯具到被摄物的距离，距离愈远，光线照射范围就愈大。

（3）改变灯具的挡光片角度，可将光线限定在某一局部区域内。

（4）在灯具前面安装遮光板，可将射向某一特定区域的光线挡住。

（5）调整光阑型灯具的光阑大小，可改变光束的大小。

（6）调整聚光型灯具的汇聚与发散，可使光束变小与变大。

3. 控制灯光的影子

灯光的影子是指物体自身未受光的阴影和在周围物体表面的投影。只有掌握光影规律和消影方法，才能控制灯光的影子进行光影造型，因为物体的影子方向、深浅、虚实、大小、长短都要服从创作意图。

（1）光影规律。光影规律包括：①灯光的方位与影子的方向相反。②灯光愈强，影子愈深。③灯光的方位愈侧，阴影愈多，投影愈斜。④灯光的高度愈高，阴影愈长，投影愈短。⑤当被摄物与背景的距离不变时，灯光距被摄物愈远，灯光在背景上的投影愈实、愈小。⑥当被摄物与灯光的距离不变时，背景距被摄物愈远，灯光在背景上的投影愈虚、愈大。

（2）消影方法。无论在演播室内布光，还是在外景布光，因为用灯较多，有时一个物体会产生几个影子，使造型效果显得脏、乱，并且和人们在日常生活中形成的“太阳只有一个，影子也只有一个”的印象不同。消除多影子有如下方法：①调整灯的方位、高度，变长影为短影，将多余影子移去暗处或画面外，合多影为一影。例如，主光和辅光在背景上都产生投影时，可以使辅光的距离远一点，方位正一点，高度低一点，这样辅光的投影就会被物体本身挡住。②用遮挡方法消去不必要的投影。例如，用小功率的注光灯配置眼神光，要调整注光灯前的挡光片角度，将光线只设到眼睛而产生眼神光，并遮挡照射到人身上的光线，从而避免产生多余的身影。③用大面积的散光照明可以消除影子多而乱的现象。

第六节　采光

一、自然光的属性

1. 室外自然光拍摄

可使用的自然光主要是阳光，它有三种不同的形态，即直射的阳光、散射的“天光”和环境的反光。阳光下所有景物的光效都是由这三种形态的光线所构成的。对自然光这三种形态的认识和把握，是再现和表现画面形象的基础。阳光有着“自然而然”的变化规律和特性，我们在运用自然光进行拍摄时，只能遵循这种客观存在的规律，选择符合创作意图的拍摄地点、拍摄时间和拍摄角度。

在同一地方，随着季节的变化，太阳在空中的方位也发生着变化；在同一季节，随着地理位置的不同，太阳的方位也不同。我们不能改变太阳的方位，只能掌握它的变化规律，选择适合造型表现的时机和光线效果。在一天时间中，太阳的位置不断发生着变化，与地平面形成不同的入射角，大气层的影响也使光线的色温发生着变化。只有掌握好时机，才能拍摄影像。

（1）黎明与黄昏。从东方发白到日出之前为黎明时刻，从太阳落山到天空星星出现之前为黄昏时刻。在这两段时间中，在日出和日落方向，靠近地面的天空较亮，正顶的天空较暗，地面上景物被微弱的天空散射光所照明，普遍亮度较低。这种光线不易表现景物的细部层次，而适合于拍摄剪影效果。黄昏时刻运用人工光补亮地面景物，可以拍出背景层次细腻而丰富的夜景效果。

（2）早晨与傍晚。太阳从地平线升起到15°角的高度之间的为早晨光调，太阳从离地面15°角的高度降到地平线以下的为傍晚光调。在这两段时间中，由于阳光入射角比较低，各种垂直于地面上的物体被照得明亮，并形成长长的投影。如用逆光拍摄，景物受光面与未受光面反差较大。当空气中水蒸气比较多时，天边会形成一层晨雾或暮霭，阳光被大量散射，光线较为柔和，能在被摄物上构成富有表现力的、被天空散射光充分柔化了的明暗变化。

早晨和傍晚时刻，景物色彩丰富，冷暖对比鲜明，是拍摄风景的黄金时刻。早晨和傍晚的差异在于景物的色彩感受不同。傍晚时分，地面在一天的日照之后温度较高，空气中的尘埃和水蒸气更多，对阳光的反射和折射更加强烈，因此阳光的色温较早晨低，景物的色彩较早晨偏暖。而早晨空气比较清新，大气中的悬浮物也大都落于地面，因此阳光的色温比傍晚时要高，从画面看来，景物的色彩也不像傍晚时刻那么“暖”。

这两段时间光线由暗到亮（早晨）或由亮到暗（傍晚）的变化很快，色温也从低色温到高色温（早晨）或由高色温到低色温（傍晚）变化得很快。拍摄时必须抓紧时间，并注意随着光线色温的变化随时调整白平衡。一般日出、日落气氛的镜头都在这一时间段中拍摄。

（3）上午与下午。当太阳与地平面的夹角由15°上升到60°，或从60°下降到15°时，即是我们通常所说的上午和下午。这两段时间中太阳的光线变化不大，色温相对稳定在5 400～5 600K，晴朗天气时，光照充足，地面景物的垂直面和水平面均能得到较均匀的照射，并形成一定的入射角，能较好地表现物体的立体形态和表面结构。这两段时间是外景自然光下拍摄的主要创作活动时间。

（4）中午。太阳由上午的60°角移至下午的60°角这段时间为中午。在北半球夏季这段时间内，太阳近乎垂直照射成顶光效果且光照强烈。地面景物水平面被普遍照射，而垂直面受光很少或几乎没有。这种光线不利于表现人物的面部造型及物体的质感，镜头俯拍时，由于地平面景物均匀反光，画面中缺少影调层次变化。同时由于阳光照射到地面的路径相对短些，光照强烈且散射光少，阴影部分不能获得足够的散射补光，景物明暗反差显著增大。这段时间不是户外拍摄的最好时间。

2. 室内自然光拍摄

室内自然光拍摄，是指在白天利用直射或漫散到室内的自然光线拍摄室内的人物和景物。室内自然光是最明亮、最经济的室内摄像照明光源，同时也是真实地再现白天室内环境和人物活动的有效工具。

（1）室内自然光特征。室内自然光与室外自然光相比，光线照射更复杂、多变，常在同一室内同时出现多种光线效果。室内自然光除了受天气阴晴、地理纬度、季节时间等因素影响外，还普遍具有如下特征：

一是除门窗等开口有部分直射阳光外，大部分空间为散射光和漫射光照明。

二是尽管都是阳光照明，但室内色温偏高于室外色温，并且越是远离门窗的地方，色温越高，呈灰蓝或青蓝色调。

三是室内光线投入的地方不由太阳所处方位决定，而由门窗在室内的方位决定。如果门窗在北边，该房间光源则不在南边而在北边。如果一间房内多处有门窗，该屋内光线呈多光源效果。

四是室内亮度间距大于户外，越是远离门窗，光线亮度减弱越为明显，在同一室内光线亮度可差四五档以上。

（2）室内自然光直接拍摄方法。室内自然光拍摄是用DV拍摄过程中经常会碰到的情况。室内自然光拍摄会因为客观条件的不同而形成不同的处理办法，这就要求拍摄者必须依据具体情况作出相应的光线处理和画面表现。

当室内自然光亮度达到摄像机记录景物的最低照度值时，就可采用直接拍摄的方法。直接拍摄有很多优点，一是画面内无人工光照明，完全现场光效，光线真实、自然；二是室内人物不受光线影响，容易抓拍人物真实的表情和动作。但是，直接拍摄也有一些难以避免的缺点。一般来说，采用现场条件的自然光进行拍摄，除门窗等强光位置外，室内其他部分缺少明亮的光调，画面色调容易偏蓝，并且不够透亮，给人一种“发闷”的感觉。因此，当在室内自然光照明的条件下直接拍摄时，要注意以下几个方面：

一是摄像机镜头尽量避开强光窗口，以防止窗外亮度与室内景物亮度间差距过大而出现室内景物严重曝光不足的现象。避开强光窗口可以有效地减少画面中的亮度反差和亮度不平衡，通过提高室内景物的曝光量相对提高画面中室内景物的亮度。比如，拍摄室内人物应尽量避免对着窗户，因为如果按窗口的强光亮度来曝光的话，人物就会成为剪影，面部表情难以看清；而如果依据人脸亮度控制曝光，那窗口的强光则将因曝光过度而出现大面积“嗤光”。

二是在光线亮度不平衡的室内运用运动镜头时，最好用手动光圈，随着镜头的运动随时调整曝光量，使拍入画面的景物亮度平衡。如用自动光圈，由于摄像机内电三测光系统自动调整曝光量的速度慢于拍摄时镜头运动的速度，画面中会出现忽明忽暗的现象，破坏整个现场的光调气氛。

三是注意选择色调和亮度反差大的物体，拉开画面的影调层次，在室内光线色温较高的地方调整白平衡，减少画面中的蓝紫光调。

（3）室内补光拍摄。当室内自然光亮度达不到摄像机记录景物的最低照度值时，或者室内光线亮度极不平衡、光比差距较大时，可用人工光提高室内亮度或平衡室内光线。人工光源色温大多为3 200K，而室内自然光色温普遍高于5 500K，两种色温的光线交叉照明会使画面中人物与景物色调严重偏色，因此在补光拍摄时首先应注意平衡光线色温。

平衡色温的方法一般是提高人工光色温，将低色温向高色温“靠拢”，就是在人工光灯头前加挂5 500K色温纸，使通过的照明光线色温由3 200K变成5 500K。通过人工光提高室内亮度或平衡室内光线时，还应注意尽量保持室内自然光效气氛。补光时参照窗口光线的入射方向和角度，并通过提高灯位、让人物离开墙壁等方法，尽量减少投影、减少多光源现象。

在室内屋顶较低、四周墙壁反光率较高的情况下，可用反射补光法，即将人工光不直接投射到被摄体上，而是投射到室内天花板、墙壁甚至反光伞上，通过光线的反射再投射到被摄体上，形成一种均匀柔和的照明光线。这种补光法既可以整体提高被摄体的亮度，又不破坏室内原有的光调气氛，是一种理想而简便的补光法。

二、反光板采光操作

反光板是拍摄中的辅助设备，它的常见程度不亚于闪光灯。根据环境需要用好反光板，可以让平淡的画面变得更加饱满，体现出良好的影像光感、质感。同时，利用它适当改变画面中的光线，对于简洁画面成分、突出主体也有很好的作用。

反光板要求反光率高、反光面平，才能得到又强又均匀的照明效果。不同反光特性的表面，可产生软硬性质不同的光线。硬光反光板表面是银箔或金属薄片，软光反光板表面是磨砂、带点或揉皱的银箔、白布或白纸。反射光的强弱决定于反光板的反射率、反射角度、反射面积和反射距离。常用两块反光板组成折合式反光板，灵活地调节反射光的强度。

在外景摄像中，当日光是逆侧光，被摄物的前侧方处于阴影下时，将反光板置于物体的前侧方，可提高其暗部亮度；当日光是侧光，被摄物产生阴阳面，这时将反光板置于日光对侧，可照亮其阴面；当日光是顶光，被摄物上部亮、下部暗时，把反光板放在物体的前下方，以增加物体下部的亮度。

思考题

1. 五种基本光位的特点是什么？
2. 电视照明的基本光型及特点是什么？
3. 三维物体布光的方法是什么？
4. 常用的双人布光的方法有哪些？
5. 常用的动态布光的方法有哪些？
6. 在布光中，消影的方法有哪些？

第四章　电视摄像技术

学习目标

- 了解摄像机的分类和基本性能指标
- 了解摄像机的工作原理和基本构成
- 掌握摄像机调节的技巧，能在实际中完成黑白平衡、聚焦、变焦、光圈调整等基本操作
- 掌握电视摄像的基本操作要领

第一节　摄像机概述

一、摄像机的产生和发展

世界上第一台实用型摄像机是由美国安培（AMPEX）公司推出的。自产生至今，随着电子技术的不断发展，摄像机的发展大致经历了四个重要的发展时期：

第一阶段是20世纪30年代至60年代的电子管时期。这个时期的摄像机以黑白式摄像机为主，采用的是电子管电路，体积大、耗电多、图像质量差，基本上局限于演播室使用。

第二阶段是20世纪60年代至70年代的晶体管和集成电路时期。在这个时期，晶体管和集成电路技术不断发展，光学成像器件也取得较大进步，摄像机的体积和重量减小，性能有较大提升，使用范围也大幅度扩大。彩色摄像机的研制获得较大成功。

第三阶段是20世纪70年代末至90年代初的大规模集成电路时期。这个时期的微电子技术逐渐发展成熟，改进了摄像机的性能和技术指标。摄像机的某些调整控制技术基本实现全自动化，固体器件式的摄像机取代了传统的摄像管式。

第四阶段是20世纪90年代之后的数字化时期。1989年日本松下公司最先推出世界上第一部数字处理摄像机AQ－20机型，开始对传统模拟处理摄像机发起冲击。数字摄像机在图像清晰度、功能多样化、自动化、小型化等方面都表现出极大的优势。随后，数字摄像机逐渐向高清晰度摄像机过渡。

二、摄像机的分类

摄像机种类繁多，可以按照不同的标准进行分类。下面介绍常见的几种分类方法。

1. 按用途分类

按摄像机用途的不同，可分为广播级、业务级和家用级。

广播级摄像机是最高档的机型，主要应用于广播电视领域。这类摄像机技术指标高，图像质量最好，失真程度几乎没有，性能全面稳定，自动化程度高，允许工作范围广泛，即使在恶劣的工作环境中也能拍摄出质量较高的图像。但此类摄像机一般体积大、重量大、价格昂贵。如图4－1、图4－2和图4－3所示分别为三种不同制作方式的广播级摄像机。

图 4－1　广播级现场节目制作摄像机

图 4－2　广播级电视新闻采访摄像机

图 4－3　广播级演播厅摄像机

业务级摄像机，也叫专业级摄像机，是一种中档机型。这类摄像机一般应用于文化宣传、教育、工业、交通、医疗等领域。一般业务级摄像机的图像质量低于广播级的，设备上没有广播级的一些特殊功能设计（如光学滤波器等），但能满足专业要求，体积较小，重量较轻，价格较低廉。如图 4－4 所示。

图 4 - 4　业务级摄像机

图 4 - 5　家用级摄像机

家用级摄像机是家庭文化娱乐用的摄像机，其操作简便、体积小巧、价格便宜。该类摄像机对灵敏度要求很高，自动控制功能很强，方便非专业人士操控使用，适用于图像质量要求不高的地方，能满足一般程度的观看需要。如图 4 - 5 所示。

2. 按信号处理方式分类

按信号处理方式的不同，可分为模拟摄像机与数字摄像机。

模拟摄像机处理输出的是模拟信号，易受干扰，信噪比不高。数字摄像机内部采用数字信号处理方法，输出的是数字信号，可以长期保存和多次复制，抗干扰和噪声能力强，大大提高了电视节目制作质量。因此作为电视节目制作的信号源采集设备的数字摄像机，也在广播电视系统得到越来越广泛的运用。

3. 按摄像器件的种类分类

按摄像器件种类的不同，可分为摄像管摄像机和固体摄像器件摄像机。

摄像管由电子真空玻璃管制成，重量重、体积大、耗电量大、不防震，但清晰度高。广播电视的演播室现在还使用质量很好的氧化铅管摄像机。固体摄像器件用半导体摄像器件作为图像传感器，重量轻、体积小、耗电量小、可防震，清晰度可达到广播级水平。

目前，电视现场节目制作与电视新闻采访用的摄像机都用固体摄像器件摄像机。固体摄像器件有电荷耦合器件（CCD）、电荷注入器件（CID）、金属氧化物器件（MOS）、电荷诱发器件（CPD）等。用不同类型的固体摄像器件装配的摄像机就称为相应的固体摄像机，例如 CCD 摄像机。固体摄像器件摄像机按其装配固体摄像器件的数量可分为三片式、二片式和单片式三大类。例如图 4 - 6 所示的为 3CCD 摄像机。

图 4-6　3CCD 摄像机

4. 按摄像机成像器件的尺寸大小分类

按成像器件的尺寸大小分类，有 5/4、1、2/3、1/2、1/3 寸摄像器件摄像机等。成像器件的尺寸越大，所拍摄的影像质量指标越高，但体积越大，重量越重。

5. 按摄录功能分类

按摄录功能分类，有普通摄像机和摄录一体机。摄录一体机是把摄像机和录像机结合成一体的电视设备，目前，绝大部分的家用级摄像机与电视新闻采访摄像机均为摄录一体机。

三、摄像机的基本性能指标

摄像机质量的优劣可以用性能指标来说明，要选择或使用摄像机必须掌握好摄像机的工作性能，了解它的性能指标。下面将介绍摄像机的几个基本性能指标。

1. 灵敏度

灵敏度是指在同一照度下，摄像机拍摄同一景物得到额定输出时所测得的光圈数值。在标准光照度 2 000 勒、色温 3 200K 的光照下，灵敏度开关在 0dB 增益，所测得的光圈值为 F8.0 以上，F8.0 指的就是摄像机的标准灵敏度。此时使用的光圈越小，F 值越大，灵敏度越高。现代摄像机的灵敏度可达 F13。

2. 信噪比

信噪比是指在标准照度（2 000 勒）下摄像机视频图像信号的峰值与视频噪波的有效值之比。正常情况下，所有电子设备都会产生一定量的噪声，噪声在视频图像上表现为“雪花”式麻点。信噪比越高，图像质量越好，信噪比是区分不同档次摄像机的主要指标。

3. 水平分辨率

分辨率也叫分解力，又称图像清晰度，是指摄像机在屏幕中心范围内分辨出黑白线条的能力。分辨率包括水平分辨率和垂直分辨率，垂直分辨率是由电视制式规定的扫描行数决定的，各摄像机差别不大，因此分辨率通常指水平分辨率。水平分辨率越高，即水平方向上分辨出的黑白相间垂直线条越多，图像清晰度就越高，细节还原越丰富。

4. 最低照度

最低照度是指当信噪比一定，摄像机使用最大增益、最大光圈时，拍摄景物所需要的最小光照度。通俗地说，照度越低，摄像机灵敏度越高，性能越优。

5. 几何失真

几何失真是指摄像机重现图像与原图像的几何形状差异。这一指标主要针对摄像管摄像机而言，CCD 摄像机的几何失真很小，除非使用高档仪器，否则几乎很难测量出来。

6. 重合精度

三片或三管式摄像机重现的彩色图像是由红、绿、蓝三种基本色复合生成的，因此要求三者必须在空间位置和几何位置上保持一致，才能得到色彩还原清晰逼真的图像，否则就会出现色边。摄像机拍摄画面的重合精度越高，摄像机性能越好。对于 CCD 摄像机而言，重合精度均小于 0.05%。

7. 取样结构

现代数字电视摄像机的取样一般都符合 ITU－R601（CCIR601）4∶2∶2的取样规格。也就是说，Y（亮度）信号的取样频率为 13.5MHz，R－Y（红差）、B－Y（蓝差）信号的取样频率均为 6.75MHz。有的数字摄像机采用4∶4∶4的取样格式，甚至4∶4∶4∶4 的取样格式，后者是在亮度、两个色差信号之外，还增加了专用的键信号，供信号处理过程中使用，每种信号的取样频率都是 13.5MHz。这类数字电视摄像机一般都采用不压缩的数字处理方式，信号的码率非常高，同时也对信号处理速度提出了非常苛刻的要求。

8. 量化比特

量化比特是数字摄像机出现后新增的技术指标。CCD 器件产生的模拟信号必须转换成数字信号才能进行数字处理，这一转换和处理的精度对信号的技术质量有很大影响，因此必须加以限定。ITU－R601 建议对演播室数字信号编码规定的最低要求是 8 比特量化，作为信号源的摄像机量化比特数必须高于此要求。目前量化级可分为 8、

10、12、14 比特等不同级别，比特级越大，产生的量化噪声越小。应当尽量选用量化比特级高的数字摄像机，其量化噪声小，运算处理和调整精度高，效果更好。20 世纪 90 年代末生产的摄像机几乎均采用 12 比特 A/D 转换器。

除上述指标外，还有一些指标可以用来判断摄像机的性能，如自动化程度、耐冲击震动的能力、工作环境的温度范围、信号接口的多功能化以及操作的方便性等。

第二节 摄像机的基本介绍

一、摄像机的工作原理

摄像机是将被摄物的光像转换成电视信号的设备，也是电视节目制作最主要的信号源。从能量转变的角度来看，摄像机的工作原理是一个光—电—磁—电—光的转换过程。摄像机主要是由光学系统、光电转换系统、模数转换系统、图像信号处理系统、自动控制系统等组成的。它的工作原理非常复杂，在节目制作前期拍摄的学习中，只需对它有基本的了解即可。

光学系统包括摄像机的镜头、色温滤色片、红黄蓝分色系统等。镜头的作用主要是将景物图像清晰地成像于摄像器件的靶面上。由于彩色摄像机是按3 200K 色温光源设计的，在不同色温光源照射下拍摄同一景物时，电视屏幕上显示的颜色不一样，因此就要使用色温滤色片将不同色温光源进行转换。分色系统可以得到成像于各自对应的摄像器材靶面上的红（R）、绿（G）、蓝（B）三幅基色光像。

摄像机光电转换系统的主要作用是将成像于靶面上的光像转换为电信号，然后经图像信号处理系统放大、校正和处理，并同时完成信号编码工作，最终形成彩色全电视信号（或视频信号）输出。简单地说，就是被摄景物的光信号通过摄像机镜头转换为电信号，再经过数字信号处理单元处理后记录在磁带上，或者直接进行视频输出，还可以通过寻像器和液晶显示器来观察现实景物或观看重放的电视信号。同时，摄像机上的话筒拾取声音信号并将其转变成电信号，与图像信号同时记录在磁带上。

二、摄像机的基本构成

电视摄像机的电子系统复杂，种类多样，性能各异，型号和外观也有较大差异，但基本构成是相似的。不论哪种档次的摄像机，其一般构成部分包括镜头、寻像器、机身、附件等，如图 4－7 所示。

图 4－7 摄像机的构造

1. 镜头

镜头是摄像机的眼睛，由若干组透镜组成，一般为变焦距镜头，如图4－8所示。

图 4－8 镜头的构成

（1）遮光罩（HOOD），是套在摄像机镜头前的常见附件，在拍摄时主要用来遮挡余光，如图4－8①所示。

（2）聚焦环（FOCUS），位于镜头遮光罩之后，用来调节被摄物的虚实，以达到聚焦的目的，如图4－8②所示。在调节聚焦环时，顺时针方向旋转，镜头的焦点前移；逆时针方向旋转，镜头的焦点后移。

（3）变焦环，位于聚焦环与光圈环之间，用来改变视场角的大小，达到改变景别的目的，如图4－8③所示。该环与聚焦环之间的镜头固定部分上标有一组数字，并有一条指示线，用于指示镜头的焦距长短，最大数字除以最小数字，就是镜头的变焦倍数。

（4）手动变焦杆，位于变焦环上，如图4－8④所示。当摄像机手动/自动（MANU/SER）变焦选择开关置于手动（MANU）位置时，转动此杆可以达到手动变焦的目的。如果镜头的电动变焦速度能达到要求，就尽可能使用自动变焦，在需要拍摄急推、急拉，或电动变焦无法做到的镜头效果时再使用手动变焦。

（5）光圈环，位于变焦环与后焦距调节环之间，如图4－8⑤所示。光圈环上有一组数字，一般标注为1.4、1.8、2、2.8、4、5.6、8、11、16、22等字样，是光圈大小的标称值。在其前面有一条指示线，用来指示当前使用的光圈数值。光圈数值越大，通光量越小；数值越小，通光量越大；C为关闭。

（6）电动变焦选择开关（T/W），位于镜头操作手柄的上方，如图4－8⑥所示。当摄像机手动/自动（MANU/SER）变焦选择开关拨至自动（SER）位置时，按此开关的两端，可实现摄远（T）或广角（W）。

电动变焦的速度可由开关选择，也可由按动的力度控制。当变焦速度开关置于FAST或用力按下时，变焦速度快；当变焦速度开关置于SLOW或轻按时，变焦速度慢。在镜头性能有效的范围内，变焦速度的变化是无级的，即变焦速度从最慢到最快的变化是连续可调的。使用时只要掌握好按动此开关的力量，就能得到自己所需的变焦速度。

（7）光圈自动/手动选择开关（A/M），位于镜头变焦开关的前面，如图4－8⑦所示。该选择开关用于选择光圈是处于自动调节状态，还是手动调节状态，A为自动调节，M为手动调节。

（8）光圈临时自动调节按钮（IRIS），位于光圈自动/手动选择开关的前面，如图4－8⑧所示。当光圈调节处于手动状态（光圈自动/手动选择开关拨至M）时，如果按住此按钮，光圈就处于临时的自动调节状态，当把这个按钮松开时，光圈就固定于刚才自动调节的位置，如果需要可再进行手动调节。此按钮可在手动光圈时为摄像人员提供一个参考值。

（9）视频返回按钮（RET），位于镜头变焦开关的后面，如图4－8 ⑨ 所示。此按钮可以用于检查录像信号。在摄录状态下，按下此按钮，可以把录像机记录的信号从VTR传送到寻像器，若有视频线路输入，按住此键时，摄像人员可以在寻像器看到线路输入的视频信号，而不影响正在拍摄的影像。如果摄像机与摄像机控制器（CCU）相连接，按下此按钮可将返回的录像信号从CCU传到寻像器，即可以将导播台上输出的信号反馈到寻像器屏幕上，以便于合成画面的特技制作。

（10）录像机启停按钮（VTR），位于镜头操纵手柄的后面，如图4－8 ⑩所示。摄录一体机，或摄像机与便携式录像机一起连用时，这个按钮可控制录像机的启停，第一次按下为录，第二次按下为停。

2. 寻像器

寻像器是摄像机拍摄时的观察窗，一般为1.5英寸的黑白监视器。摄像人员通过寻像器进行取景和构图，同时还可以通过寻像器显示的提示信息了解摄像机的工作状况。如图4－9所示。

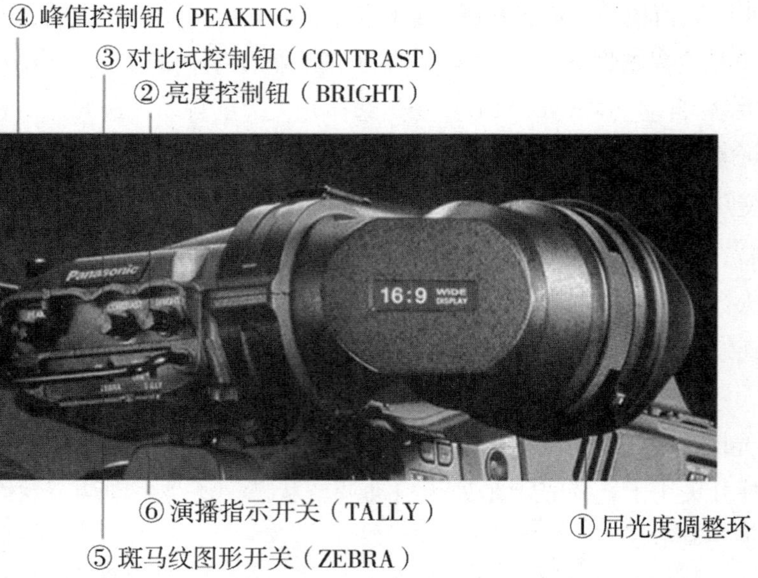

图4－9　寻像器

寻像器主要包括以下几部分：

（1）屈光度调节环，用来调节目镜和寻像器的距离，以便使观察到的图像清晰，如图4－9①所示。

（2）亮度控制钮（BRIGHT），用来调节从寻像器中看到的图像的亮度，但不会影响摄像机的输出信号，如图4－9②所示。顺时针调节时，亮度增高；逆时针调节时，亮度降低。

（3）对比度控制钮（CONTRAST），用来调节从寻像器中看到的图像对比度，但不会影响到摄像机的输出信号，如图4－9③所示。顺时针调节时，对比度增加；逆时针调节时，对比度减小。

（4）峰值控制钮（PEAKING），用来调节寻像器中图像的轮廓，以提高图像的锐度，使聚焦更明显、容易，不影响摄像机的输出信号，如图4－9④所示。

（5）斑马纹图形开关（ZEBRA），用来在寻像器上显示斑马纹图形，为手动光圈的确定提供参考，如图4－9⑤所示。当此开关拨至“ON”位置时，寻像器画面上70%～80%的亮度部分会出现斑马纹图形，可通过它来判断曝光量的大小。斑马纹多，则曝光量大；斑马纹少，则曝光量小。

（6）演播指示开关（TALLY），用来控制记录指示灯，如图4－9⑥所示。当此开关拨至“HIGH”时，记录指示灯的亮度增加；拨至“OFF”时，记录指示灯关闭；拨至“LOW”时，记录指示灯的亮度降低。

3. 机身

机身是摄像机的主体部分，也称主机或机头，载有摄像机的所有元部件。其内部为摄像机器件和各种电路处理系统，一般无须使用者调节；外部有各种功能调节按钮和输入输出插口，不同机型按钮、插口的位置稍有差别，但基本上大同小异。下面以Panasonic AJ－D908MC摄像机为例进行介绍。

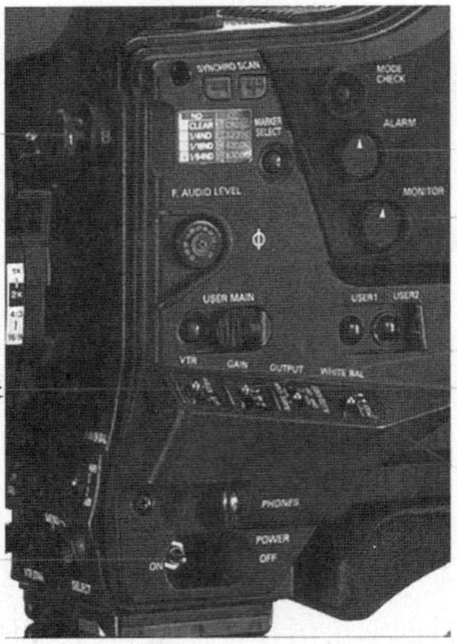

图 4－10　机身左前侧

机身包括以下几个部分：

（1）电源开关（POWER）。电源开关位于摄像机机身左前侧面板的左下角，是摄像机电源的总开关，如图 4－10 ①所示。开机拍摄时要将此开关拨至“ON”的位置，关机时将此开关拨至“OFF”位置。

（2）色温滤色片（FILTER）。肉眼直接观察光源时，所看到的颜色是用色温来度量的，当某一类光源与绝对黑体在某一特定温度下辐射的光有相同特性时，这个特定温度就被定义为该光源的色温。

当拍摄环境的色温不符合摄像机本身的要求时，就不能得到良好的色彩还原，此时，可选择色温滤色片加以补偿。色温滤色片的调整旋钮如图 4－10 ② 所示。

（3）警告音量控制钮（ALARM）。用于调节扬声器或与耳机插孔相连的耳机报警音量，如图 4－10 ③所示。当该控制钮在最低位置时，将听不到声音。

（4）监听音量控制钮（MONITOR）。用于调节扬声器或耳机的音量，如图 4－10 ④ 所示。

（5）录像机节电/待机开关（VTR SAVE/STBY）。此开关位于摄像机左前侧面板的左下方，有 STBY 和 SAVE 两个位置，如图 4－10 ⑤ 所示。当录像机暂时停止录制时（REC PAUSE 模式），使用此开关选择电源模式。

①SAVE：磁带保护模式，磁鼓停在半加载状态。与 STBY 状态相比，电源消耗更少，电池保证的操作时间有所延长。同时，与 STBY 状态相比，在 VTR START（录像

机启停键）按下后需要较长时间开始录制。

②STBY：待机模式，当录像机处于该模式时，VTR START（录像机启停键）按下后，录制立即开始，但当录像机设定在该状态下的时间超过等待时间后，将自动转到SAVE 模式。

（6）增益开关（GAIN）。该开关位于摄像机左前侧面板的左下方，与 VTR 开关并排，如图4－10 ⑥所示。此开关能够同时放大摄像机的图像信号和噪声信号，主要用于在低照度情况下补偿图像的亮度，有多个数值可供选择，数值越大，图像信噪比下降得越多。拍摄期间，此开关根据光照情况选择视频放大器的增益。出厂设置为 0dB、9dB 和 18dB 三档。

（7）输出信号选择/自动拐点开关（OUTPUT/AUTO KNEE）。该开关位于摄像机左前侧面板的左下方，与 VTR 开关并排，用来选择从摄像机单元输出到录像机单元、取景器或视频监视器的视频信号，如图 4－10 ⑦ 所示。此开关有以下三项设置：

① BARS：需要调节视频监视器或要记录彩条信号时，要将此开关置于该位置；

② AUTO KNEE OFF：在 CAM 状态下，开关在该位置时，输出摄像机拍摄的图像，但不启动自动拐点功能；

③ AUTO KNEE ON：在 CAM 状态下，开关在该位置时，输出摄像机拍摄的图像，并启动自动拐点功能。摄像机拍摄处于非常亮的背景前的人或物时，如果根据人或物来调节电平，背景会过白，同时背景中的景物将会模糊不清；启动自动拐点功能，则背景能呈现清晰的细节。

（8）白平衡存储选择开关（WHITE BAL）。该开关位于摄像机左前侧面板的左下方，与 VTR 开关并排，用于记忆白平衡调整的数值，如图 4－10 ⑧ 所示。此开关有以下两种设置：

①PRST（预置）位置：在应急状态下，来不及调节白平衡时，可将该开关拨至此位置；

②A 或 B 位置：当自动白/黑平衡调节开关拨至“AWB”时，白平衡根据滤色片的位置设定自动调节，且将调节值保存在存储器 A 或 B 中。

（9）自动白/黑平衡调节开关（AUTO W/B BAL）。自动白/黑平衡调节开关如图 4－11 ① 所示：

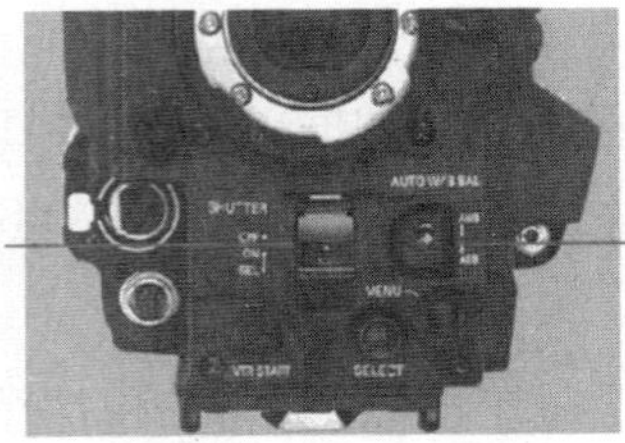

图 4－11　机身前侧

当此开关置于“ABB”位置时，摄像机可自动调节黑平衡，并将调节值自动存储起来。

当此开关置于“AWB”位置时，摄像机可自动调节白平衡，并将调节值自动存储起来。

（10）电子快门开关（SHUTTER）。该开关用来改变电子快门速度，为拍摄的素材在后期编辑时进行慢动作处理提供高质量的运动图像；也可用来在拍摄电脑屏幕时，消除屏幕闪烁现象，使画面稳定，如图 4－11 ②所示。

使用电子快门时将此开关拨至“ON”位置，反之拨至“OFF”位置。置于“SEL”位置时，快门速度和模式显示在设置菜单预置的范围内变化。

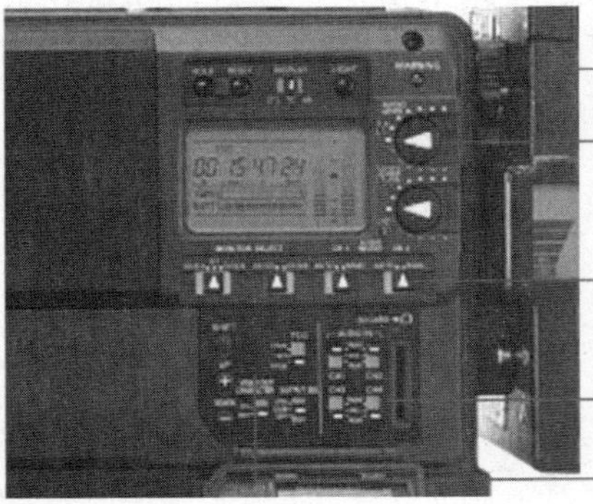

图 4－12　机身左后侧

（11）电池仓，如图 4－12 ①所示，用来安放电池，同时对电池起保护作用。

（12）音频通道 1/2 录音电平调节控制钮（AUDIO LEVEL CH1/CH2），如图 4－12 ② 所示。当此开关设为“MAN”时，音频通道 1 和 2 的音频电平可以用这些控制钮调节。

（13）音频通道 1/2 录音自动/手动电平调节选择器开关（AUDIO SELECT CH1/CH2），如图 4－12 ③ 所示。该控制钮用来选择调节音频通道 1 和 2 的音频电平的方式，AUTO 为自动，MAN 为手动。

（14）音频输入选择器开关（AUDIO IN），如图4－12 ④ 所示。该开关用于选择要录制在音频通道 1、2、3、4 上的输入信号。

置于“FRONT”时，来自 MIC IN 插孔的麦克风输入信号被录制。

置于“W. L.”（无线）时，来自插槽式无线麦克风接收器的输入信号被录制。

置于“REAR”时，来自音频输入通道 1/2 接口插孔的音频输入信号被录制。

（15）音频监听选择开关（MONITOR SELECT），如图4－12 ⑤ 所示。该开关用来选择输出的音频通道，摄像机记录的声音可以从扬声器或耳机中播出。

（16）音频输入通道 1/2 接口（AUDIO IN CH1/CH2），如图 4－13 ① 所示。使用音频组件或话筒时，将其接在此处。

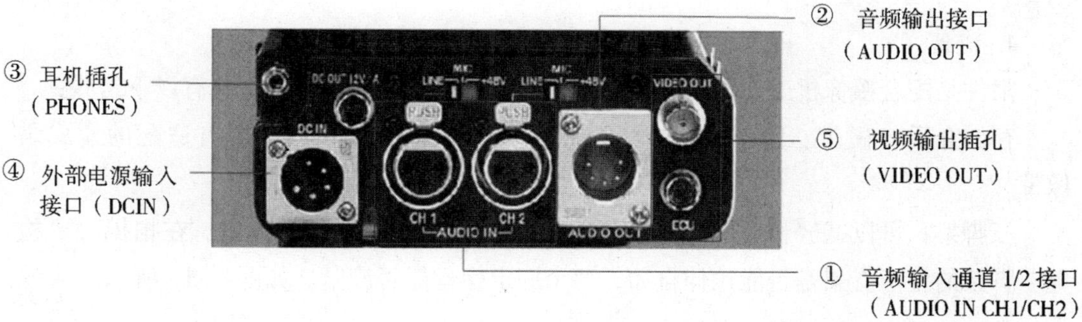

图 4－13　机身后侧

（17）音频输出接口（AUDIO OUT），如图 4－13 ② 所示。此接口可将音频输出到其他音频组件。

（18）耳机插孔（PHONES），如图 4－13 ③ 所示。将耳机插入此插孔，在耳机中可监听声音，此时，扬声器变为静音。

（19）外部电源输入接口（DC IN），如图 4－13 ④ 所示。当主机使用交流电源时，将交流适配器插入此口。用外接电池组时，也将外接电池组的电源线插入此口。

（20）视频输出插孔（VIDEO OUT），如图 4－13 ⑤ 所示。此插孔可与录像机或监视器的视频输入插孔相连接。

（21）锁相入接口（GENLOCK IN）（BNC），如图 4 – 14 所示。摄像机部分要进行锁相操作，或者要将时码锁定到外部时，可将基准信号接入此接口。

图 4 – 14　锁相入接口

4. 附件

附件是配合摄像机工作的装备，有些是必需的，有些则可选。主要有以下这些：

存储介质（磁带、P2 卡、SD 卡、蓝光盘等）：摄像机一般都配有适配的盒式录像带。

三脚架：可以减轻长时间持机拍摄的疲劳，起到很好的稳固作用。在拍摄时要检查三脚架的各个支架是否能拉伸自如，各个固定螺丝能否旋紧。如图4 – 15 所示。

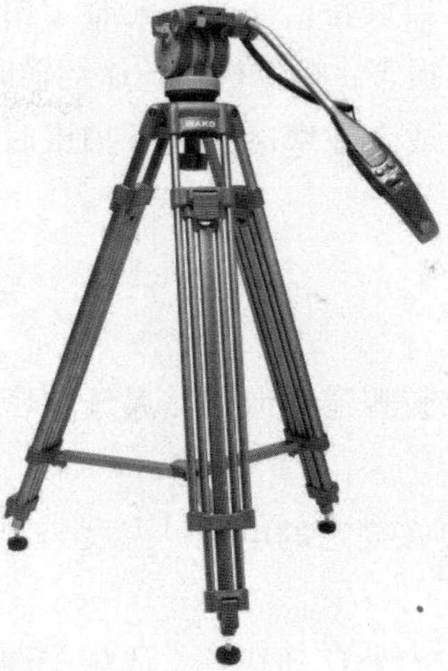

图 4－15　三脚架

各类连接线缆：用来给摄像机提供电源及记录摄像机输出的音视频信号等。

图 4－16　摄像机其他附件

楔板：它是摄像机与三脚架连接时必不可少的附件。

电池：现在的摄像机大都采用蓄电池。在外出拍摄时，要事先检查电量是否充足。

充电器：所有的摄像机都配有充电器。连续、长时间地拍摄时一定要带上充电器，甚至在外地拍摄时还要带上合适的变压器和转换插头。

外接话筒：为了更清晰、准确地录制现场同期声，大多数摄像机都配有外接话筒，常见的有枪式、手持式、别针式及无线话筒等类型。

机箱：摄像机属于精密仪器设备，一般都配有专用的或特别配制的机箱。为了防止撞击和剧烈震动对摄像机的损害，摄像机在长途运输时一定要装箱。

雨罩、棉衣：在雨中拍摄或者在寒冷天气下拍摄时，要给摄像机套上专用的雨罩或棉衣。

三、摄像机的维护和保养

当前，摄像机虽然已经比较普遍，但仍然属于精密仪器设备，比较贵重，因而需要特别注意维护和保养。

（1）摄像机与录像机都要在规定的电压、温度与湿度范围内，在防尘、防震、防磁、防腐的环境下使用。

（2）摄像机与录像机从阴冷处移到热处，或处于潮湿处时，摄像机的镜头与录像机的磁鼓、磁头会凝聚一层露水，此时不要急于擦抹镜头与磁鼓、磁头或开机工作，要先想办法将镜头与磁鼓、磁头的露水吹干，才能开始工作。摄像机有测湿去湿装置，如果机内潮湿，接通电源后摄像机的功能键不起作用，须等几十分钟，待露水烘干才能正常工作。

（3）摄像机与录像机的外壳不能用酒精、苯类溶剂冲洗，只能用干布擦抹。

（4）镜头要经常进行清洁和保养。镜头是摄像机的眼睛，需要特别保护。镜头暴露在机身外面，很容易被灰尘、雨水等弄脏，造成镜头的自动光圈和自动对焦出现不准确的现象。这时，可以用干净的软布或镜头纸轻轻擦拭，也可以用吹风机吹去灰尘，或用干净柔软的刷子轻轻刷去灰尘，而不能用硬纸擦，更不能用手擦。如果镜头被油污或指纹弄脏，可用镜头清洁纸或干净的麂皮蘸上少许镜头清洁液或酒精，由镜片中心向四周以螺旋状轻轻擦拭。

（5）磁头的清洁和保养。在正常的条件下，磁头的使用寿命一般只有1 000小时左右，且极易受损害。当磁头磨损严重时，图像会出现明显的“拉毛”现象。磁带重放时，电平和信噪比也会下降，因而其清洁和保养工作显得尤为重要。清洁磁头时，最好使用干净的软布蘸上清洁液或无水酒精清洗，将皮带靠在磁鼓的圆边上，用水缓慢转动磁鼓，沿磁鼓的水平方向擦拭。不能用棉花、纱布和松散的纤维织物擦拭磁头，以免纱布勾住磁鼓部件造成磁鼓损坏。此外，摄像机在录像、回放、暂停时，都会对磁鼓造成不同程度的磨损，所以录像的回放、暂停时间都不宜过长。

（6）磁带的使用和存放。为了使后期编辑时系统能准确地衔接放机和录机的画面，编辑录像机有一个预卷的过程，一般为5秒钟，因而新磁带在使用前要先打开保护钮，录 1 分钟的彩条加 30 秒的彩场或空画面。每次重新开机拍摄时，第一个镜头也要多拍 5 秒以上的画面。磁带在潮湿和阴冷的环境中存放会产生粘连的现象，而过分干燥又会使磁带产生静电，吸附尘埃或变形，因此，磁带一般存放在温度为 20℃、湿度为 30% ~45% 的环境中为宜。为了避免变形，要把磁带竖放；为了防磁，要放置在远离磁场的场所，不要放在录音机、电视机、电机等电器附近。新磁带或长期不用的磁带发生粘连现象时，可快速进带或倒带一次，把磁带拉开后再使用。

（7）电池的使用方法。除演播厅内的摄像机外，外录的摄像机一般采用蓄电池供电。拍摄外景画面时，拍拍停停，耗电量大，因而需要配备足够的电池，而且最好带上充电器。由于一些蓄电池具有记忆功能，用电不尽就充电，会减少充电量，因而每次充电前，先要把电用完，没用完的也要放掉。电池充满后，不要继续长时间地充电。电池一般应保存在干燥、清洁和通风的地方，若长期不用，也要每隔一个月左右充一次电。

（8）外接话筒的使用和维护。外接话筒是外出采访时所使用的话筒，一般配备有一条 5 米左右的话筒线。话筒在使用之前，要利用指示表进行调试；使用过程中，要注意避免碰撞；长期不用时，要将话筒内的电池取出。

（9）对较长时间不使用的摄像机，要断开电源、装箱放置在常温干燥处。特别是在南方地区的梅雨季节，机器要定期通电，进行驱潮处理。搬运和运输摄像机时，应尽可能地将摄像机放入机箱内，以减轻搬运或运输途中的震动。

此外，三脚架、充电器、镜头盖、背带、楔板、机箱、雨罩等也是摄像机的常用附件，在使用过程中，要根据需要合理使用，切忌野蛮操作。

第三节 摄像机的调节

一、黑白平衡的调节

1. 白平衡的调节

（1）为什么要调节白平衡。

当摄像机拍摄一个标准的白色物体时，根据色度学原理，此时三基色 RGB 信号相等，照理应该在显像端呈现出标准的白色。但在实际拍摄中，当外部照明光线发生变化时，RGB 三只摄像器件的光—电转换特性不一致，使得输出的 RGB 信号不相等，呈现的图像不是纯白的，而是出现了某种颜色的偏向，此时就必须进行白平衡调节。

摄像机的白平衡调节就是为了确保在照明条件发生变化时图像中的白色仍然保持不变，图像的色调保持自然。有些摄像机配备了 ATW（白平衡自动跟踪）功能，会自动跟踪照明条件进行白平衡调整，但受环境影响有时会出现调整错误的情况，这时应当改用手动白平衡调整。

（2）调节白平衡的步骤。

白平衡的调整包括粗调和细调两个过程。所谓粗调指的是根据当时的光源情况选择适当的色温滤色镜，是在大范围内的调整；细调是真正的线路调整，它可以保证正确的色彩还原。

白平衡的调整步骤如下：

① 根据光源情况和照明条件选择合适的色温滤色片，常用光源的色温值如表 4－1 所示。

表 4－1 一些常用光源的色温值

光源	色温（K）	光源	色温（K）
日出、日落	1 800～2 400	标准蜡烛	1 930
中午	5 400～5 800	普通钨丝灯（白炽灯）	2 300～2 800
阴天	6 800～7 500	石英卤钨灯	2 900～3 200
雾天	8 000	三基色荧光灯	3 200
晴天	10 000～20 000	金属卤化物灯	5 000～6 000

注：色温是表示光源光谱成分的一种概念，它是光线颜色的一种标志，而不是指光的温度。电视行业规定，电视演播室照明光源的色温为 3 200K，外景照明光源的色温为 5 600K。

② 将白色物体置于顺光照明光线下。

③ 将摄像机镜头对准白色物体，通过变焦使其充满画面。

④ 按下白平衡调节开关，几秒钟后当寻像器上出现白平衡调好的指示信息时，白平衡调整完成。

当白平衡调节未能正确完成时，将在取景器屏幕上出现一些出错的提示信息。显示出错信息时，可以采取下表中推荐的措施，并尝试再次调节白平衡。与白平衡相关的摄像机提示信息如表4-2所示。

表4-2　与白平衡相关的摄像机提示信息

提示信息	意义	推荐的措施
COLOR TEMP HIGH	色温太高	选择合适的滤光片
COLOR TEMP LOW	色温太低	选择合适的滤光片
LOW LIGHT	光照不足	增加光量或提高增益
LEVEL OVER	光照太强	减少光量或降低增益
UNSTABLE CONDITION	拍摄条件不稳定（在荧光灯、非稳定的摄像机姿态等条件下拍摄）	安装摄像机稳定装置或开启摄像机快门
CHECK FILTER	滤光片选择控制钮的设置位置不正确	检查滤光片选择控制钮

（3）使用预置的白平衡设定值。为了可以随时进行接近正确调整值的拍摄，有些摄像机提供了白平衡设定的预置值，在某些特殊的拍摄条件下，预置值能够比人眼的调整获得更好的效果。使用预置值进行白平衡调整，只需将白平衡开关设定在PRESET（预置）上，然后通过设置FILTER（滤色片）控制色温值。

（4）利用白平衡进行色调处理。调整白平衡可以得到色彩还原正确、形象逼真的图像，但在实际拍摄中，有时为了获得画面偏色的特殊效果，可以有意识地通过改变摄像机的白平衡使色彩失真来实现。如果希望拍摄偏红的暖色调画面，可以用青色的纸代替白纸进行“调白”；如果希望拍摄偏蓝的冷色调画面，可以用黄色的纸“调白”。根据这个规律，了解不同色彩的相互关系，选用不同颜色的纸进行“调白”，就可以进行画面色调的控制，拍摄出想要的画面了。

2. 黑平衡的调节

黑平衡是视频信号电压的参考电平，对于负极性信号，当黑平衡升高时，亮度范围变小，图像影调变软，显得比较柔和；当黑平衡降低时，图像影调就显得比较硬。

在 RGB 三基色视频信号中，如果黑电平的大小不一致，那么彩色监视器所显示的图像中就会出现黑色物体并非纯黑，而是偏向于某种彩色的情况，即使此时的白平衡正确也无济于事。因此，黑平衡的调整应该在白平衡调整之前进行。

黑平衡在正常情况下一般无须调整，在以下情况则需要进行调整：

① 首次使用摄像机。

② 长时间没用后再次使用摄像机。

③ 周围温度变化强烈。

④ 切换至正常（关闭）快门速度或慢快门模式后。

⑤ 在逐行和正常（50i）记录模式之间切换之后。

调节黑平衡时，镜头光圈必须保持遮光状态。最简单的方法是盖上镜头盖，再按下自动黑平衡按钮（ABB）数秒，当寻像器上显示完成信息时，黑平衡调节完成。

二、聚焦和变焦的调节

1. 聚焦的调节

聚焦是指根据被摄物体到摄像机的距离来调整摄像机的焦点得到清晰图像的过程。聚焦有两种方式：自动聚焦和手动聚焦。自动聚焦操作简便，只需将聚焦方式选择开关拨到自动位置，多数情况下自动聚焦都可得到清晰的画面，但特殊情况下，必须利用聚焦环通过手动聚焦方式才能得到清晰的图像，图 4－17 为摄像机调焦使用的聚焦环。下面将介绍三种常用的手动聚焦方法。

图 4－17　聚焦环

（1）测量法：采用测量的方法，测出从镜头至被摄物表面的距离，然后调节聚焦环到相应的距离刻度，焦点一般就对准了。

（2）特写聚焦法：选定机位、角度和画面构图之后，选择构图中的主体推至主体特写或大特写，观察寻像器调整聚焦环使主体清晰，调好后再改变焦距回到原定画面构图进行拍摄聚焦。调整应确保从广角（W）到摄远（T）镜头之间的变焦均能使图像清晰。这是经常采用的一种聚焦方法。

（3）跟焦点法：这种聚焦方法往往适用于运动拍摄时。拍摄前，对准起幅画面调焦点，称为第一焦点；对准落幅画面调焦点，称为第二焦点，记住其在聚焦环上的位置。在拍摄过程中，将聚焦环第一焦点变动到第二焦点，变动焦点速度与被摄主体速度保持一致，以确保画面的清晰度。

2. 变焦的调节

变焦是为了改变视场角的大小达到改变景别的目的。变焦一般有手动变焦和电动变焦两种方式。如图 4－18 所示为 Panasonic AJ－D908MC 的变焦模式选择和变焦开关。

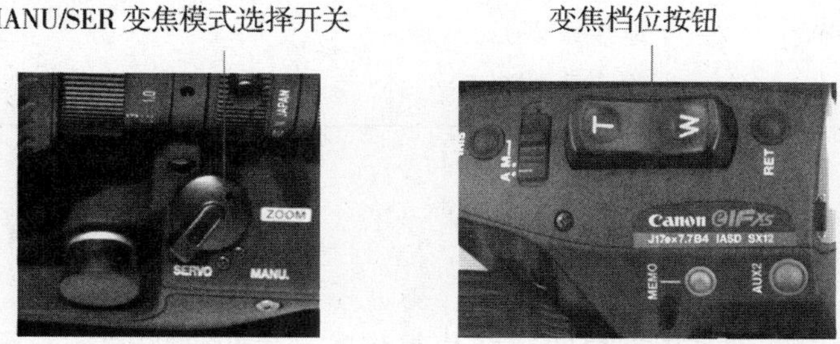

图 4－18　变焦模式选择和变焦开关（以 Panasonic AJ－D908MC 为例）

（1）手动变焦。当变焦模式选择开关在手动位置时，转动变焦杆可以达到手动变焦的目的。变焦的速度由转动的速度决定，当转动的速度快时，变焦速度快；当转动的速度慢时，变焦速度慢。

（2）电动变焦。当摄像机变焦模式选择开关置于电动位置时，按此开关的两端，可将拍摄景别在摄远（T）和广角（W）之间变换。电动变焦的速度可由开关选择，也可由按动的力度控制。

（3）广角、标准、长焦镜头的基本特性。

镜头焦距的变化导致了拍摄视角的变化。依据人眼视角，产生了标准镜头、广角镜头和长焦镜头。变焦距镜头就是指能在这三种镜头间进行灵活变化的镜头。广角、标准、长焦这三种镜头在拍摄相同的景物时产生了不同的透视关系，画面效果也出现了较大差异。

表 4－3 广角、标准、长焦镜头的特性

镜头	视角	景深	透视性	制作中的作用	缺点
广角	宽 大于60°	大	增大画面纵向空间感，加快运动速度	纵向和横向的清晰范围广；便于肩扛拍摄，画面平稳清晰；有利于场面和气势的描写	近距离拍摄景物会产生变形
标准	人眼正常范围	中等	空间比例正常	适合拍摄人物中近景，表现正常的场景内容	
长焦	窄 小于40°	小	压缩画面纵向空间感，减慢运动速度，多层次景物有重叠感	虚实结合，突出画面的主体内容，有“望远”的效果	远距离拍摄很难跟焦，容易晃动

三、光圈的调节

光圈是一个由许多互相重叠的金属片组成的开度可调的圆形光阑，能在一个很大范围内变化镜头的有效孔径，用来控制通光量的多少。光圈的大小用光圈指数 F 表示。F 的标称值通常为这样一组数字：16、11、8、5.6、4、2.8、2、1.4……数字越小，表示光圈越大；数字越大，表示光圈越小。

光圈的调整方法有三种，分别是自动调整、手动调整和光圈临时自动调整。光圈的调整部件如图 4－19 所示。

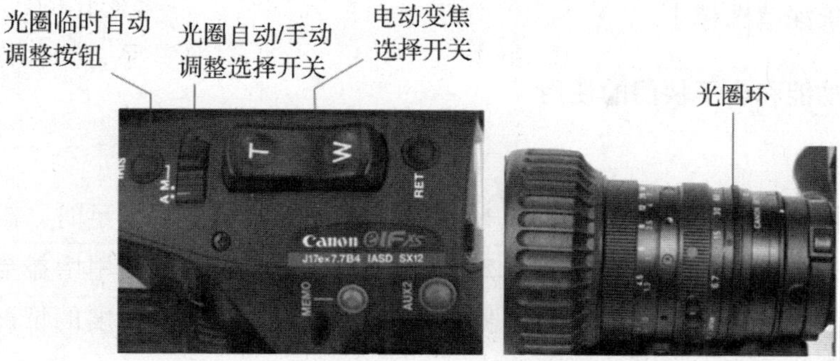

图 4－19　光圈的调整部位（以 Panasonic AJ－D908MC 为例）

1. 自动调整

将光圈自动/手动调整选择开关置于“A”位置时，摄像机会根据被摄物的亮度情况自动调整光圈，这是一般摄像机使用的模式。

2. 手动调整

将光圈自动/手动调整选择开关置于“M”位置时，通过调整光圈环可手动调整光圈。在某些情况下，如以明亮的天空为背景拍摄人物，或拍摄对比度极强的物体时，手动调整光圈效果比自动调整好。

3. 光圈临时自动调整

将光圈自动/手动调整选择开关置于“M”位置时，如果按住光圈临时自动调整按钮，光圈就处于临时的自动调整状态；当把这个按钮松开时，光圈就固定于刚才自动调整的位置。如果需要还可再进行手动调整，此按钮可在手动调整光圈时为摄像人员提供一个参考值。

附：光圈、焦距、拍摄距离与景深的关系。

景深是指在镜头拍摄的画面中能形成清晰影像的景物范围。在电视摄像中，景深是一个重要的因素。利用景深的特性可以增强透视感，达到不同的艺术效果。景深的大小与镜头的光圈、焦距、拍摄距离有着密切的关系。

焦距：在光圈系数和物距都相同的情况下，焦距越短，景深范围越大；焦距越长，景深范围越小。

光圈：在焦距和物距相同的情况下，光圈越小，景深范围越大；反之，光圈越大，景深范围越小。

拍摄距离：在焦距和光圈都不变的情况下，拍摄距离越远，景深范围就越大；拍摄距离越近，景深范围越小。

四、增益功能和电子快门的使用

1. 增益功能

在实际拍摄中，当照明条件不够，光圈开到最大，曝光仍然不足时，需要使用增益来补偿图像的亮度，提高图像的输出效果。但必须注意的是，使用增益会同时放大摄像机的图像信号和噪声信号，导致图像信噪比下降，所以在低照度的情况下，应当先尽量提高被摄物的照度，再使用增益。

一般摄像机的增益分为 0dB、9dB、18dB 三档，但现代摄像机也提供了负增益档位，可以在照明足够的情况下用负增益来提高信噪比。使用者可以根据实际拍摄要求选用合适的增益值。

2. 电子快门的使用

在实际拍摄中，当拍摄快速运动的物体时，图像容易出现模糊的情况。这是因为在一定的时间内物体光像在感光面上会有明显的位移，使得图像中运动物体的边缘变得模糊不清。电子快门的使用，正是为了提高动态图像的清晰度，拍摄到快速运动物体的清晰图像。

电子快门的设置包括电子快门速度、CLS（清晰扫描）和 EVS（增强垂直扫描）功能的设置等。一般说来，运用 SHUTTER（快门）开关设置的快门速度有 5 档，从 1/60s到 1/2 000s。增加快门速度会提高运动物体的清晰度，但设定的快门速度越快，CCD 接受的光量越少，图像越暗，需要通过调整光圈或其他方式来增加亮度。

CLS（清晰扫描）功能是可变电子快门的高科技应用。当拍摄计算机屏幕或投影图像时，图像上会出现水平的条带。这是因为计算机产生图像的垂直扫描频率与视频系统不同，清晰扫描功能可以通过选择垂直扫描频率来减少这种干扰。

EVS（增强垂直扫描）功能可以使垂直扫描清晰度从 450 线提高到 530 线以减轻闪变现象，但是也会增加图像失真度。

第四节　电视摄像的基本操作技巧

一、持机方式

1. 固定持机

固定持机是将摄影机固定在一个支撑点上进行拍摄，利用这种持机方式可以获得最稳定的电视画面。最常用的固定持机方式是将摄像机固定在三脚架上进行拍摄，还可借助摇臂、减震器、轨道车等支撑系统来固定摄像机。

利用三脚架进行固定持机拍摄时，要保证身体和三脚架处于分离状态，不能将身体压在摄像机上。

2. 肩扛持机

肩扛持机是将摄像机放置在人的肩部进行拍摄，这种持机方式是获得运动镜头的常用方式。

拍摄时，首先要将摄像机在肩上放稳，一般右手握紧手柄，进行变焦和录制操作，左手扶着遮光罩或寻像器，进行光圈、聚焦和其他调节设置。进行移动拍摄时，双膝应略微弯曲，尽可能以身体运动代替步伐运动，减少晃动。

3. 徒手持机

徒手持机是指不借助其他任何设备，手持摄像机进行拍摄的一种持机方式。

拍摄时，要尽量利用身旁的依靠物，找一些物体作为辅助支撑，使摄像机保持相对稳定。同时，要注意控制好呼吸并把握好屏息的时间。

二、运动镜头的基本形式

当人们有目的地采用各种方式使摄像机运动时，就会获得一组连续的运动镜头。运动镜头的形式有很多，常见的有推、拉、摇、移、跟、虚、晃、甩等。

1. 推

推是摄像机向被摄主体的方向前进，或是变动镜头的焦距由远至近接近被摄主体的方法。推有两种形式，一是机位推，即摄像机自身由远及近运动；二是变焦推，即在机位不变的情况下，通过变焦环由广角到长焦的转换进行远近的调节。利用这种拍摄方法得到的镜头就是推镜头。

推镜头由于镜头向前推进，景别不断变小，呈现的是从整体到局部、从环境到主体的过程。推镜头落幅上的被摄主体是重点。在推的过程中，要始终锁定被摄主体，注意保持好推进的速度和节奏。

2. 拉

拉是摄像机远离被摄主体，或是变动焦距（由长焦到广角）由近及远离开被摄主体的方法。拉也有机位拉和变焦拉两种方式。

拉镜头由于镜头向后拉出，景别不断变大，呈现的是被摄主体不断变小、融入整体环境的过程。拉镜头是从主体引出环境的过程，可以用来表现主体与所处环境的关系。

3. 摇

摇是指在摄像机的机位、景别、视角不变的情况下，靠摄像师自身身体或是借助设备来改变镜头拍摄的轴线方向，逐渐扩大视野的方法。这是一种类似于人站定不动、转动头部环顾四周的方式。

摇镜头以机位为轴心移动，突破了画面框架的限制，扩大了视野。横摇可以用来展示广阔的空间，表现壮观宏伟的气势；纵摇可以表现高耸的物体。摇镜头要确保起幅和落幅的完整，摇摄过程的速度会影响到观众的心理情绪。

4. 移

移是指摄像机的机位发生变化，边移边拍摄的方法。移有多种方式，包括水平方向的横移、垂直方向的升降、弧线方向的环移和纵深方向的前后移动等。

移镜头的视点灵活、视野开阔，能较好地展示宏大的场面和环境。移镜头与现实生活中人们边走边看的视觉效果类似，具有主观性和真实感。

5. 跟

跟是指摄像机跟随着运动的被摄主体进行拍摄的方法。跟有前跟、后跟、侧跟三种类型。

跟镜头表现的是被摄主体的运动，在拍摄过程中一定要跟准被摄主体，跟镜头的速度要与被摄主体的速度保持一致，保证被摄主体的相对稳定性。跟镜头跟随着主体一起运动，具有一种强烈的现场感和参与感。

6. 虚

虚是指通过调节聚焦环或改变焦点，使画面中原本清晰的景物变模糊或相反的一种拍摄方法。虚一般通过长焦距镜头来完成景物的虚实变换。虚镜头可以增加画面纵深感，突出主体，增强写意性。

7. 晃

一般来说，拍摄的画面必须保持稳定，要避免不必要的晃动。晃是指在特殊的情况下，比如表达颠簸晃动、心情慌乱的感受时，随着画面节奏晃动摄像机的一种拍摄方法。

8. 甩

甩是拍摄一段飞速掠过的影像时所使用的一种拍摄方法。甩的速度很快，它可以没有起幅和落幅，甩镜头一般用作镜头间的过渡。

以上是常见的八种运动镜头的形式。在实际拍摄中，既可以单独使用，也可以综合使用多种镜头的拍摄技法，达到最佳拍摄效果。

三、摄像要领

摄像的操作要领可以简单地概括为五个字：平、稳、匀、准、清。

1. 平

平，是指通过寻像器看到的画面应当横平竖直，画面中的水平线条与寻像器的上下边框平行，垂直线条与寻像器的左右边框平行。

使用三脚架拍摄时，可以通过调整云台位置或三条腿的长度，使三脚架上水平仪的气泡处于中心位置，则三脚架调平。肩扛拍摄时，可以自然界中存在的与地平线垂直的物体作为参照。

2. 稳

稳，是指所拍摄的画面要稳定，减少不必要的镜头晃动，以免影响观众的欣赏感受。

使用三脚架是保证画面稳定的有效方法。肩扛或徒手拍摄时，要借助其他支撑物，控制好呼吸节奏，尽量减少不必要的晃动。有条件的话，移动拍摄时最好铺设专用轨道。

3. 匀

匀，是指在进行摄像机的各项运动，比如推、拉、摇、移等，要保持均匀的速度，不能忽快忽慢，以免破坏画面节奏的连续性。运动镜头从起幅到落幅的阶段都要保持匀速运动。电动变焦、阻尼云台和移动车等都有助于“匀”。

4. 准

“准”包含的意思很多。首先是指运动镜头的落幅要准。运动镜头的落幅一般是突出的重点，应当是构图最佳的画面。除此之外，落幅的时机、聚焦问题都是应当予以注意的。其次是摄像机拍摄的景物范围应当与要求的保持一致，摄像机要能准确地还原被摄景物的色彩，各项指标如光圈、白平衡、聚焦等都应当准确调整。

5. 清

清，是指所拍摄的画面要清晰，最主要是保证主体物的清晰。为了保证画面的清晰，拍摄前要注意保持摄像机的镜头清洁；拍摄时要保证聚焦准确。为了获得聚焦准确的画面，可以采用长焦聚焦法，即先把镜头推到焦距最长的位置调整聚焦使主体清晰后，再拉到所需的焦距位置进行拍摄。

以上是摄像操作的五个基本要领，初学者可以从这五个方面来对镜头优劣进行鉴别，以此作为拍摄的基本要求。

思考题

1. 摄像机的工作原理是什么？
2. 摄像机的主要部件有哪些？
3. 什么是色温？在不同的光源下如何挑选色温滤色片？
4. 调整白平衡的基本步骤是什么？
5. 如何进行镜头的聚焦和变焦调节？
6. 广角、标准、长焦镜头的镜头特性是什么？三者在画面表现上各有什么特点？
7. 如何进行光圈的手动调整？
8. 什么是景深？光圈、焦距、拍摄距离与景深的关系如何？
9. 摄像机上的增益和电子快门有什么作用？
10. 电视摄像的持机方式有哪些？各有什么特点？
11. 电视摄像的拍摄要领有哪些？
12. 摄像机的保养常识有哪些？

第五章　电视摄像艺术

学习目标

- 掌握摄像构图的三要素，并能据此对电视画面做出分析
- 理解电视画面构图的概念和特点
- 知道电视画面构图的结构元素及常用构图方式，能在实际拍摄中合理运用
- 理解电视摄像的场面调度，掌握摄像机机位分布的轴线规则和三角形原理
- 了解电视摄像中用光和色彩的画面造型功能

第一节　摄像构图的三要素

摄像是将日常生活中的事物通过摄像机展现在二维空间的屏幕上，重现的画面是从一定的视角和视点去表现的。采取不同的视点，拍摄得到的画面构图也不同。拍摄时所采取的方向（拍摄方向）、摄像机架设的高度（拍摄高度）、拍摄点到被摄物的距离（拍摄距离）是摄像构图的三要素。

一、拍摄方向

以被摄主体为中心，在同一水平面上选择不同的拍摄角度，便形成不同的拍摄方向。在不同的拍摄方向上会产生不同的构图效果，主要有正拍、侧拍、斜侧拍、反拍等。

1. 正拍

正拍是指摄像机镜头在被摄主体的正前方进行拍摄的方式。正面拍摄可以看到被摄对象的全貌，有利于表现被摄物的正面特征，如图 5－1、图 5－2 所示。

当在正面方向拍摄人物时，可以看到人物完整的脸部特征和表情动作，人物与观众面对面交流，显得亲切自然。一般来说，节目主持人或被采访对象在屏幕上出现时都采用这一拍摄方向。当正面拍摄景物时，有利于表现被摄景物的横向线条，给人一种平稳、庄重、严肃的感觉，因此常用于拍摄雄伟的建筑物或庄严的会场。

图 5－1　景物正拍（正面构图）

图 5－2　人物正拍（正面构图）

但正面拍摄的画面也存在着不足。画面的透视关系不明显，常会缺乏立体感和空间感，显得呆板；在表现动态物体时，人或物的运动空间被压缩，缺乏动感。为了弥补这些不足，可以通过前景的布置和画面主体的运动来活跃画面气氛。

2. 侧拍

侧拍是指摄像机镜头在被摄主体的正左方或正右方，与被摄主体成 90°进行拍摄的方式。正侧方向拍摄的画面具有明显的方向性，有利于表现被摄主体的轮廓特征和人物之间的交流，如图 5－3 所示。

在拍摄双人正侧面的镜头，比如会谈、握手等镜头时，常常采用这个角度使双方以基本平等的姿态出现在屏幕中。侧拍画面比起正拍画面能更好地表现动势，但仍然缺乏透视，立体感和空间感较弱。

图 5－3　侧拍（正侧面构图）

3. 斜侧拍

当摄像机处于被摄主体的非正面、背面和正侧面位置时，形成了斜侧面的拍摄方向，如图 5－4 所示。

图 5－4　斜侧拍（斜侧面构图）

斜侧面方向拍摄时，被摄主体处于一种不对称结构的关系，产生明显的透视变化，能较好地展现画面的立体感和纵深感，起到突出主体、分清主次的作用。比如，在拍摄二人画面时，这一构图可以突出面向镜头一方，画面中人物的主次关系更为明朗。

斜侧拍的画面构图兼具有正面和正侧面构图的优点，既能呈现动感，又具画面纵深感，主次分明，是实际拍摄中运用最多的拍摄方向。

4. 反拍

反拍是从被摄主体的背面即正后方进行拍摄的方式，如图 5－5 所示。反拍所表现的画面视向与被摄对象的视向一致，给人以身临其境的主观参与感，在表现被摄对象主观感觉的镜头中经常被采用。背面拍摄人物，通过背影的轮廓姿态来传达视觉形象，往往更能引发观众的联想与思考。

图 5－5 反拍（背面构图）

二、拍摄高度

改变摄像机的水平高度，可以得到不同的拍摄高度，表现出平视、仰视、俯视的不同构图，带来不同的感受。

1. 平拍

平拍是指摄像机与被摄对象处于同一水平线的一种拍摄方式，拍摄所得的画面为平视构图。平视构图符合人们的视觉习惯，画面真实感强，具有平稳的效果，是纪实节目通常选用的拍摄高度，如图 5－6 所示。

平拍时，画面中同一水平线上不同距离的前后景物往往会相对地重叠在一起，导致画面呆板不够生动、缺乏画面空间透视效果和层次感。

图 5－6 平拍构图

2. 仰拍

仰拍即仰角拍摄，是指摄像机处于被摄体的水平线以下往上拍摄，画面产生一种仰视的效果，如图 5－7 所示。

仰拍使处于前景位置的主体更为突出，能够凸显被摄对象的高度和气势，这样的画面往往带有赞美歌颂的意味。因此，仰拍常用来表现英雄等崇高、庄严的人物。当以天空为背景进行仰拍时，可以起到净化背景、突出主题的作用。仰拍不适宜近距离拍摄景物，会产生画面变形或向后仰倒的感觉。

图 5－7　仰拍构图

3. 俯拍

俯拍与仰拍相反，是指摄像机处于被摄对象水平线以上由高处向下拍摄，画面产生的是一种自上往下、由高向低的俯视效果，如图 5－8 所示。

俯拍角度有利于表现宏大的场景，通过这样的角度可以获得被摄对象的地理位置、空间距离、线条透视等，结合大景别能得到广阔、恢宏的画面感觉。但用俯拍角度拍摄人物时会让人产生对被摄对象的轻视贬低感。

顶拍是俯拍的一种特殊角度，是摄像机垂直向下进行拍摄。顶拍用于物体顶部内容的表达，在体育节目、图表和文字资料的拍摄中经常被采用。

图 5－8　俯拍构图

三、拍摄距离——景别的处理

当拍摄方向和拍摄高度不变时，改变拍摄距离会使画面中被摄体的大小、范围发生变化。而这种在镜头画面内容纳景物范围大小的特性称为景别。景别的改变可以由拍摄距离的改变或焦距的改变获得。景别的选择和变化是画面构图的重要因素，景别的范围可以大致划分为：远景、全景、中景、近景和特写。

为了使景别的划分有个较统一的尺度，景别可以按人的全身在画面中占据的面积划分，如图 5－9 所示。

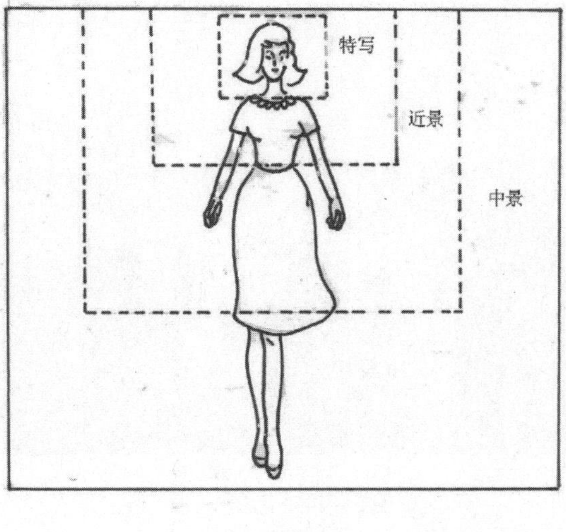

图 5－9　景别划分示意图

1. 远景

大远景是电视景别中表现空间范围最大、视距最远的一种，视野开阔，适合用于表现辽阔的地理环境、广袤的自然景色和盛大的场面，展现宏大气势，如图 5－10 所示。

图 5－10　大远景

远景所包含的空间范围要小于大远景，但它表现了整个人物主体活动展开的大环境，包含较多戏剧元素。远景能充分展示人物活动的环境空间，揭示环境与人物的关系，可以渲染环境气氛、抒发情感、创造某种意境，如图 5－11 所示。

图 5－11　远景

2. 全景

全景是指能表现人物全身形象或场景全貌的画面。全景有比较明确的内容中心和结构主体，主体不管所占面积大小都应成为画面的视觉中心，如图5－12所示。

全景画面突出的是一个整体，能够完整地表现主体人物的形体动作，表现人物与周围环境的关系，展示出一定空间中人物的活动过程。全景常用来拍摄在某一特定环境中的人物，它对人物身份具有规范作用，对人物心理情绪具有烘托作用，是塑造环境中的人或物的主要手段。

全景拍摄时要注意在人物头部上方和脚下方留出一定空间，防止“顶天立地”。

图5－12　全景

3. 中景

中景表现的是人物膝盖以上部分的形象，或是用画面中较大的面积来表现被摄主体的局部。这一景别中人物占有较大的空间，观众能看清人物的形体动作，并比较清楚地观察到人物的神态表情，有利于表现人与人、人与物之间的交流关系。用中景拍摄物体时能表现出被摄体典型的线条、结构和特征，如图5－13所示。

在具体的场景拍摄中，中景常被用作叙事性的描写镜头。中景表现的是场景内具体的动作和情节，是最富有表现力的部分，整体的环境空间下降至次要位置。

图 5－13　中景

4. 近景

近景是表现人物的腰部或胸部以上形象的画面。此种景别人像占据大部分画面，环境变得零碎而模糊。近景画面拍摄人物时着重表现人物的面部神态和情绪，突出对人物神情、动作的描写和内在气质的表达，它的作用相当于文学作品里的肖像描写，所以常用来表现人物的感情、心理活动，与观众产生一种交流感，如图 5－14 所示。

近景画面拍摄物体时注重表现物体的局部特征，展现物体在光照下的造型和质感，观察细致清晰。

图 5－14　近景

5. 特写

特写是表现人物肩部以上部位或被摄物细微特征的画面。特写是视距最近的一种景别，当视距特近时，就称为大特写。特写画面能把表现的对象从周围环境中强调、突出出来，使观众去注意某个关键性细节，诸如惊愕的眼神、欲滴的泪水、颤抖的睫毛、抽搐的肌肉等，造成强烈而清晰的视觉形象，如图 5－15 所示。

特写镜头可以突出人物细致的表情或动作，揭示人物的内心世界；可以准确地描写某一被摄物的细部特征，展现质感、形体和颜色，揭露事物的本质；也可以与其他景别镜头反复使用，使节奏加快，造成紧张激烈的气氛；还可以割裂被摄物与空间环境的关系，用作转换时空的手段。但不宜无节制地滥用特写镜头，一般应和全景结合起来使用。

总之，景别的使用是构图的重要手段，不同景别的画面具有不同的表现力。因此要根据拍摄内容的需要，选择合适的景别，力求摄像构图的准确到位。

图 5－15 特写

第二节 电视画面构图

电视画面构图是电视造型艺术的重要组成部分，是表现拍摄内容的重要形式。对于电视摄像而言，构图创作是一项必备的基本功。

一、电视画面构图的概念和特点

构图一词来源于英语的 composition，是造型艺术的术语。它的含义是对各部分进行组成、结合、配置并加以整理，得出一个艺术性较高的画面。电视画面构图就是在电视拍摄中将被摄主体及各部分造型元素进行有机组合配置，形成具有视觉美感的电视画面的创作活动。

电视画面具有呈现活动影像的特性，这一本质特征使得电视画面构图除了具有摄影的静态构图特征外，还发展了与运动相关的特点。

1. 电视画面构图的运动性

运动性是电视画面与静态的摄影和绘画构图最本质的区别。在电视摄像中，被摄主体的运动、摄像机自身的运动，以及光线、色彩、线条、影调等造型因素的变化，使得画面中被摄主体的位置、画面构图的结构和空间透视关系随时都会发生改变，这就要求电视摄像人员必须对这些运动变化有准确的把握，以获得更好的构图。

2. 组接后的整体性

一个完整的电视节目是由多个画面组接而成的，某一电视画面所表现的内容往往从上一画面延续而来，或向下一画面发展而去。单个镜头的构图可能是不完整的，但一系列的镜头组接后就能形成构图结构的整体性和传情达意的规律性，单个的镜头也能在整体构图中得到解释和说明。

3. 视点多样，构图多变

在电视摄像中，电视画面构图不是在某一个视点上进行表现，而是可以在拍摄过程中不断改变拍摄方向、高度和距离，对同一被摄主体进行多视点、多角度、多景别的拍摄，不断地变换被摄主体的画面形象和画面范围，画面构图的形式结构及组合关系也发生相应改变，从而使得观众获得更多的信息量和更丰富的视觉感受。

4. 画面容量和时长有限

这一特点是由电视画面的时限性所决定的。电视画面通过荧屏放映，观赏方式受时间制约，每个镜头画面展现的时间有限，决定了电视画面的容量必须少而精，电视画面的构图必须简洁明了、主体突出而立意明确。

二、电视画面的结构元素

在电视摄像中，光线、色彩、影调、线条等视觉元素都需要借助形象载体才能发挥其画面表现作用。在电视画面中承担着形象载体任务的元素，即电视画面的结构要素，大致包括主体、陪体、前景、背景和空白等。

1. 主体

主体是一个电视画面的主要表现对象，是思想和内容的主要载体和重要体现者。主体既是表达内容的中心，也是画面的结构中心，在画面中起到主导作用。因此，构图的首要任务就是明确画面的主体。如图 5－16 所示，画面中的“石湾公仔”为构图的主体。

图 5－16　主体

为了突出画面的主体，可以采用直接表现法或间接表现法。直接表现法就是在画面中给主体最大的面积、最佳的照明、最醒目的位置，将主体以引人注目、一目了然的结构形式直接突出呈现给观众。间接表现法一般是以远景表现主体，主体在画面中不大，侧重通过环境烘托或气氛渲染来反衬主体。

在实际拍摄中，常用的突出主体的方法有：

（1）运用布局。首先正确选择和确立主体的位置，之后再确定其他的结构元素，并通过构图设计和构图配置处理好主体与陪体等的关系，使得画面结构主次分明。最常见的运用布局突出画面主体的构图方式有以下几种：

① 中心位置构图。将主体安排在画面的几何中心，即画面对角线相交的点及附近区域，这是画面的中心位置，是观众注意力最为集中处。

② 三角形构图。画面中排列的三个点或被摄主体的外形轮廓形成一个三角形，亦称金字塔构图，这一构图具有稳定、均衡、灵活等特点。

③ 黄金分割构图。将被摄主体安排在黄金分割点的位置上，或是按照黄金分割率分配画面空间，是一种经典的完美构图方式。

④“井”字九宫格构图。将被摄主体安排在画面九宫格交叉点的位置上，使被摄主体自然成为观众视觉中心。

⑤ 线条汇聚构图。将被摄主体安排在画面线条的汇聚点上。

（2）运用对比。通过运用各种对比手段，利用反衬的手法来突出主体，也是在实践中运用广泛的方法。对比的手法多样，比如：

① 利用光线刻画主体形象，使主体与周围其他事物在明暗或色彩上形成对比，以突出主体。

② 通过摄像机对景深的控制，产生物体间的虚实对比，以突出主体。

③ 利用大小、形状、质感、繁简、动静等对比手段，使主体形象鲜明突出。

（3）运用引导。利用各种画面造型元素进行视线引导，将观众的注意力集中到被摄主体上。常用的引导方法有：

① 光线引导：利用光线的变化将观众的视线引导到主体上。

② 线条引导：利用线条的变化将观众的视线引导到主体上，如交叉线、汇聚线、斜线等。

③ 运动引导：利用陪体或环境的动势（包括运动、运动趋势、视线等）将观众的视线引导到主体上。

（4）运用角度。拍摄中可以利用仰拍、俯拍的拍摄特点来达到突出主体的目的。

① 如果使用仰拍，可以强化主体的高度，突出主体的形象。

② 如果使用俯拍，可以产生视觉向下集中的趋势，形成某种向心力，也可突出被摄主体的形象。

当画面确立主体后，整个画面应开始围绕主体来安排其他结构要素，并与之相互呼应。

2. 陪体

陪体是指与画面主体有紧密联系，在画面中与主体构成特定关系或辅助主体表现思想内容的对象。陪体是画面构图的重要对象，陪体在画面中的出现要陪衬、烘托、突出、解释、说明主体。如图 5 – 17 所示，画面中的白兔是主体，青菜和萝卜则是陪体。

图 5－17　**白兔是主体，青菜和萝卜是陪体**

具体说来，陪体的作用可以表现为：

① 帮助主体说明画面内涵，烘托陪衬主体，使观众正确理解主题思想。

② 帮助展现说明环境，渲染烘托气氛。

③ 与主体形成对比，在形式上起到装饰的作用，均衡美化画面。

对于画面中陪体的安排要切记不能喧宾夺主，陪体只能起辅助衬托作用。陪体可以直接出现在画面内，与主体互相呼应，做到主次分明（面积比较小，位置不重要，形象不完整，有虚有实，控制影调色彩等）；陪体也可以放在画面之外，主体提供一定的引导和提示，观众靠联想来感受到主陪体的存在关系，这种构图方式可以扩大画面的信息容量，让观众参与画面创作，引起观众的观赏兴趣。

3. 前景

前景是指在电视画面中位于主体之前并靠近镜头位置的人或物。前景可以是处于画面四周边缘实体的人物或景物，也可以是布满整个画面的虚体或移动物体的运动轨迹，如烟雾、火光、白云、阴影等。图 5－18 中被端着的碗为画面构图的前景。

图 5－18　前景

前景是画面中最先进入观众视野的部分，与观众的心理感受最近。一般说来，前景具有以下作用：

① 前景可以与主体之间形成某种特定含义的呼应关系，突出烘托主题，帮助主体交代画面内容，推动情节发展，说明和深化所要表现主题的内涵。

② 利用前景成像大、色调深的特点，可以增强画面的纵深感和空间感。

③ 在摄像中利用一些富有季节性或地域特色的景物做前景，可以起到表现时间概念和地点特征、渲染气氛的作用。

④ 利用前景可以丰富画面的色彩和影调，起到均衡构图和美化画面的作用；选用富有装饰性的前景，如门窗、厅阁、围栏等，能使画面更具图案美。

⑤ 在拍摄运动物体或对画面主体作运动表现时，利用前景作参照物，能够很好地表现一种运动节奏，增加动感；也使得画面更具主观性，激发观众的想象力。

在实际拍摄中，一定要处理好前景与主体的关系。所选择的前景要与主体有必然的联系和呼应关系，不能滥用；前景的存在是为了更好地表现主体，不能喧宾夺主，更不能破坏和割裂整个画面。因此，前景可以在大小、亮度、色调、虚实各方面采取比较弱化的处理方式，使其与主体区分开来。

4. 背景

背景是位于主体后面的人或物。一般说来，前景在电视画面中可有可无，但背景是必不可少的。背景是构成环境、表达画面内容和纵深空间的重要成分。图 5－19 画面中的天空成了构图的背景。

图5－19 背景

从内容上看，背景可以表明主体所处的环境、位置，渲染现场氛围，帮助主体揭示画面的内容和主题。

从结构形式上看，背景与主体在明暗、色调、线条及结构等方面的对比，可以使画面产生多层景物的造型效果和透视感，增强画面的空间纵深感，起到衬托突出主体的作用。

在拍摄中，同前景一样，要注意把背景与主体的关系处理好。背景的影调、色调、形象应与主体形成恰当的对比，既要有一定的区分和间隔，不能融为一体，又不能过分突出影响主体的表现。当背景所占据的面积、比例接近或超过主体时，应当通过控制清晰度、变幻虚实等方式来突出主体，使主体呈现出清晰的轮廓线条，形成立体感和空间感，加强视觉力度。

必须注意的是，背景的应用应坚持减法原则，要利用各种技术手段和艺术手段简化背景，力求使画面简洁、明快。

5. 空白

一幅画面中看不出实体形象而趋于单一色调的部分、在实体形象之间的空隙部分都称为空白。这里所说的空白，除了没有具体形象的虚体，如天空、地面或黑、白、单一色调等外，还可能是紧密排列的实体，如茂密的树林、看台上的观众、码放整齐的货物等，只要是色调相近、影调单一、用来衬托主体并失去实体意义的物体都可以称为空白。图5－20中虚化的绿色成了画面的空白。

空白在画面中有着特别的表现力，主要表现为：

（1）主体周围的空白可以起到突出主体的作用，使画面更为简洁。

（2）画面中留有空白是为了创造意境，让观众在视觉上有回旋余地，产生更多联想。

（3）画面中的空白会影响到实体之间的关系。

图 5－20　空白

在实际拍摄中，要在画面上适当留出空白，才能使人们的目光有伸展的余地，才能创造画面意境与感受主体运动。比如，人物视线方向的前方、运动主体的前方和各个实体之间都要有适当留白。有时可以在实体之间用花草树木适当填补空白，起到美化、均衡画面的作用。另外，必须注意的是，空白在画面中要分配得当，使各个实体前呼后应、和谐统一，而不同的空间安排能体现出不同的呼应关系。

一幅完整的画面包括以上五个基本组成部分，但不是所有画面都具备上述的各个部分，有的画面只有主体和背景部分，有的画面则五个部分都具有，但无论如何组成，都是为了突出主体。

三、电视画面构图的形式要素

在电视画面构图中，光线、色彩、影调、线条、质感和立体感等是构成画面最基本的形式要素，摄像画面的形象展示、主题表达、情感抒发等都需要借助这些要素来完成。

1. 光线

光线是电视画面构图的必要条件，没有光线就无法拍摄画面，布光不合理就难以拍摄出理想的画面。合理地利用光线才可以有效地帮助塑造画面造型、表现人物形象、营造环境气氛和表达作品主题。

（1）利用光线可以展示特定的时间、环境。自然光在不同时刻的光影效果可以表现时间，也可以人为地根据主题、情节等的需要来塑造特定的时间、环境。

（2）利用光线可以突出主体。利用光线的照射可以把观众的视觉注意力引导到特定的事物上来，也可以通过光线的处理把某些次要部分或缺陷处隐藏起来，从而突出主体形象。

（3）利用光线可以营造气氛。对同一环境采用不同的光线处理，可以营造出不同的氛围，使观众产生不同的情绪感受。比如同样的一个画面——房间内背对镜头的主人公倚靠着窗棂望向远方，采用明亮的光线可以营造一种闲适、愉悦的气氛，采用阴暗的光线则容易让观众产生悲哀、低落的情绪。

（4）利用光线可以加强屏幕空间透视，增强画面立体感。光线可以用来加强屏幕空间透视的造型表现。最常见的是在室内运用人工光，可以使靠近摄像机的景物暗一些，画面远处的景物亮一些，带来一种近暗远亮的效果，引导视线向纵深延伸，形成画面空间感。另外，当画面接受到来自不同位置的光源时，利用光源与被摄物之间、不同光源之间的相互关系可以形成一种明显的画面影调明暗对比和反差层次，展现出画面的空间范围和空间透视效果。利用最佳光线在被摄体表面构成光影的比例与变化，能较好地表现物体的立体感和表面质感。

2. 色彩

色彩是视觉艺术的重要组成成分。色彩是画面造型的基本手段之一，它不仅可以用来描述画面，还可用来表达某种情感和心理感受。一般说来，色彩有三大基本特征：色相、明度、纯度。

（1）色相。色相即色彩的颜色，用来描述不同颜色质的区别，我们通常所说的红、橙、黄、绿、青、蓝、紫就是指色相。当画面中出现多种颜色时就要注意色相搭配，既要考虑画面色彩的清晰度，又要注意不同色相搭配的艺术效果。

（2）明度。明度也叫亮度，是指色彩所具有的明亮程度。色彩明暗的区别主要是由于人眼对可见光谱中不同色光的视觉灵敏度的不同引起的，像黄、绿色区域的视觉灵敏度高，色彩亮度最高；蓝、紫色区域的视觉灵敏度低，色彩亮度最低。

（3）纯度。纯度又称饱和度，指的是色彩的纯正程度，色彩纯度越高就越鲜艳。在画面构图中，要善于运用纯度的变化来创设意境、突出主体。

根据人们对不同色彩的心理反应程度，可将色彩分为暖色、冷色和中性色。暖色包括红、黄及与其相近的颜色，冷色包括绿、蓝及与其相近的颜色，中性色包括黑、白、灰等。这些都是和人们长期的生活经验分不开的，人们对色彩的联想是在感受颜色的记忆积累中构成的。一般而言，暖色给人带来热情、兴奋、活跃、激动的感觉，冷色给人以安宁、低沉、冷静的感觉，中性色则没有明显的个性偏向。

在电视摄像中，我们关注的画面色彩主要包括三个方面：被摄体自身的色彩、周围的环境色以及照明光源的色彩。必须注意的是，色彩是受光源影响所产生的。有了光的照射，物体才显示颜色；光源的色温性质会对色彩还原产生很大影响。因此，在对光线色彩构图因素的运用中，要牢记“色从光来，色随光变”这一道理。

在电视构图中，对画面内部的主体、陪体和背景的色彩关系进行有机的安排配置，形成电视画面色彩的对比和呼应，可以使电视画面更具视觉冲击力和艺术表现力。在具体安排中，可以通过色彩的位置、面积、亮度、饱和度等突出主体的视觉核心地位，与背景色彩形成对比，使其起到塑造画面形象、烘托主题内涵、渲染环境气氛、调动观众注意力的作用。

3. 影调

影调是指画面中的影像所表现出的明暗层次和明暗关系。在电视摄像中，影响画面影调的因素主要是光线的强度和角度的变化。影调是构成景物具体形象的基本因素，是电视画面构图造型的基础。

从画面的明暗分布倾向看，画面的影调可以划分为高调、低调和中间调。

（1）高调。以亮度等级偏高的色彩为主构成的画面影调称为高调，又称明调、亮调。高调画面中亮的部分面积大，明多暗少，以明为主，给人以明朗、轻快的感觉。拍摄时多采用正面散射光照明，选取亮背景前的亮景物来构成画面。此时要注意画面主体与陪体、背景之间的区分，适当地安排深色调暗的景物，使其成为视觉中心，如图 5－21 所示。

图 5－21　高调

（2）低调。以亮度等级偏低的色彩为主构成的画面影调称为低调，又称暗调、深调。低调画面中暗的部分面积大，暗多明少，以暗为主，给人以深沉、庄重、肃穆、刚毅的感觉。拍摄时多选择深色的背景事物，多采用侧光、逆光或顶光照明。拍摄时还要采取少量的白、浅灰或亮度等级偏高的色彩，以反衬大面积的暗调，增加影调层次，如图 5－22 所示。

图 5－22　低调

（3）中间调。画面明暗适中、层次丰富，最能表现景物的立体感和质感，比较接近日常生活中人们通常所见的视觉感受。拍摄时可采用直射光或散射光，选择颜色适中的景物入画。

从画面明暗对比（反差）强弱的区别上，影调还可以划分为硬调、软调和中间调。

（1）硬调。在硬调画面中，画面的明暗对比和色彩反差强烈，景物亮暗层次少、梯度大，给人以粗犷、硬朗的感觉。拍摄时多采用侧光和侧逆光照明，使被摄物受光面与背光面产生明显的光影对比。画面影调缺乏过渡层次，不利于展现物体的质感，如图 5－23 所示。

图 5－23　硬调

（2）软调。在软调画面中，画面的明暗对比和色彩反差小，对比弱。在软调画面中往往缺乏最亮和最暗的层次，中间过渡层次丰富，物体质感表现细腻，给人以温婉、柔和的感觉。拍摄时多采用散射光、正面光，运用侧光或侧逆光时要注意使用散射光来冲淡背光面和受光面的反差，增加过渡层次，缓和影调，如图 5－24 所示。

图 5－24　软调

（3）中间调。中间调也叫标准调，画面明暗反差适中、层次丰富。中间调是人眼最熟悉的画面影调。

合理地利用影调可以塑造被摄对象，突出被摄主体，增强画面空间纵深感，帮助构成画面的均衡，还可以渲染烘托气氛，形成一定情绪氛围。

4. 线条

线条，是电视画面构图最基本的形式要素，是画面的“骨架”。线条可以勾画出画面的整体结构和主体形象，表现被摄物的质感、量感和空间感；也可以建立画面秩序，形成一种画面节奏、旋律和意境。

按照线条的形式可以分为水平线条、垂直线条、斜线条和曲线条四类，由此产生四种画面结构方式。

（1）水平线条。水平线条在视觉上具有向两侧伸展的趋势，给人以宽广、辽阔的感觉，因此拍摄大地、草原、海洋、湖泊时常用水平线条作为主导线条。此外，水平线条具有横向的稳定性，常用来表现宁静、安稳的环境氛围，如图 5－25 所示。

图 5－25　水平线条

（2）垂直线条。垂直线条在视觉上具有向上生长的趋势，给人以崇高、庄严、挺拔的感觉，因此拍摄高楼、大树等高大的景物时常用垂直线条作为主导线条，拍摄人物时以仰角镜头拍摄也是为了展现人物的崇高伟大，如图 5－26 所示。

图 5－26　垂直线条

（3）斜线条。斜线条具有非常强的动感和纵深感，是画面的不稳定因素，其中最有表现力的斜线条是画面的两条对角线。当构图以对角线为主导线状时，画面会显得很活跃。斜线条构图使画面空间得以延伸，用以拍摄道路、河流、山脉、桥梁、建筑群等时都会使被摄物显得很长，如图 5－27 所示。

图 5－27　斜线条

（4）曲线条。曲线条具有流动、柔软、温和等特点，是一种非常优美的线条。当画面构图以曲线条为主导线状时，会给人一种流畅、活泼的感觉和韵律感，能增强画面的纵深感，使画面结构更加丰富。常见的曲线有圆形线条、“S”形线条、弧形线条等，如图 5－28 所示。

图 5－28　曲线条

电视画面中线条形式的选择要与被摄对象的特征、环境气氛、主题思想等相配合，从而鲜明地表达出拍摄内容，进而感染观众。

5. 质感

质感是指人们对物体材料和表面结构的视觉感受。大自然中的万物都有不同的质地：光滑的、粗糙的、闪光的、凹凸不平的等。在摄像画面中，物体的质感要通过光线明暗的层次、色彩的变化、亮部和暗部的安排设置等来实现，如图 5－29 所示。

图 5－29　质感

6. 立体感

立体感是指用二维的电视平面形式表现出三维空间的事物。物体的立体感可以通过光线、色彩、线条等因素形成。光线以一定角度投射在物体表面上，会在画面上形成不同的明暗层次，物体的背景、投影等都有助于显示物体的立体感。事物立体形态的存在是由不同线条组合而成的，因此画面内一定的线条组合也可以表达事物的立体形态，如图 5－30 所示。

图 5－30　立体感

四、画面构图的分类与注意事项

1. 静态构图与动态构图

按照摄像机与被摄对象之间的动静关系，画面构图可以分为静态构图和动态构图。

（1）静态构图。静态构图是以固定的视点来表现一个处于相对静止状态的被摄对象的画面组织形式。静态构图中，摄像机采用固定拍摄方式，被摄主体保持基本不动，位置与透视关系不发生变化。

静态构图给观众提供了一种静止观看的方式，镜头画面信息含量丰富，能充分地展现被摄对象的性质、特征、空间位置及画面内各构图元素之间的相互关系；拍摄人物对象时能凸现出人物的神态、心态和情绪，与观众产生直接的情绪交流。静态构图画面结构稳定，能更好地展现画面的意境，具有一定的象征性与写意性。静态构图还可放在运动镜头的前后画面中作为一种视觉铺垫发挥作用。

（2）动态构图。动态构图是指画面造型元素和画面结构发生连续或间断变化的画面构图形式。动态构图是一个宽泛的概念，它是画面内部和外部运动变化综合作用的体现。画面内部的运动主要表现为被摄对象的运动，画面外部的运动主要表现为摄像机的运动（包括机位的运动和摄像机内部的操作引起的变化），二者单独作用或是相互结合形成了动态构图。动态构图是电视摄像特有的，也是最基本的构图方式。

动态构图使电视画面形成了多景别、多角度、多背景持续变化的构图结构，极大地丰富了电视画面，体现了电视画面表现运动的特性。动态构图利用镜头的运动引导观众有选择地观看，表现出较强的视觉约束性。动态构图通过画面内外的运动形成了画面节奏，使观众产生了相应的心理节奏，直接影响到观众的观看情绪。

2. 画面构图的注意事项

画面构图是电视摄像的一个主要环节，画面构图的好坏直接影响到主题的表达、形象的塑造、气氛的渲染、影视作品的质量。因此，在实际的拍摄中进行画面构图活动时必须注意以下事项。

（1）要有力地突出画面的主体。主体是电视画面存在的基本条件，既是传达画面主题的载体，又是画面的结构中心。画面构图的首要任务就是要突出主体。因此，摄像人员在进行画面构图创作时，一定要注意安排好被摄主体与其他结构要素之间的关系。在进行画面构图时，首先要确立好画面的主体对象，选用合适的拍摄角度和景别；随后再围绕主体安排处理周围的陪体和背景环境，恰当地借助光线、色彩、影调、线条等造型元素来实现主体与其他画面元素之间的区隔与对比，做到主次分明、画面整洁、和谐统一。

（2）要确保画面的均衡。在电视摄像中，均衡是影视艺术的一个重要要求。电视画面是否均衡，不仅影响着画面的整体结构，也关系到观众的欣赏心理。画面均衡是指构成画面的各种因素在观众的视觉重量上形成一种均态，表现出平衡、稳定、安定、和谐的感觉。画面均衡是一种艺术上的均衡，它所追求的不只是形式上绝对的对称平衡，而是画面上的力度和价值的均衡，以及给观众带来的心理上的均衡。

在画面布局中影响均衡的因素很多，概括起来，均衡画面的元素有两类：一类是实体元素，如图形、图像、字幕、前景、后景、陪体及环境等；另一类是一些“虚”的元素，如人或动物的视觉力、事物的动势或物体本身的方向性和指向性等。

电视摄像中所追求的画面均衡有两种表现方式，一种是结构均衡，一种是色彩均衡。结构均衡包括动静、明暗、面积、大小、轻重、投影等的均衡。在摄像实践中，结构均衡一般利用人们的视觉加重作用来形成均衡效果。利用黄金分割构图和“井”字构图方式是达到画面结构均衡的两种典型方式。色彩均衡则要求画面上不同色彩面积的分布要有主次、从属之分，既要突出主体颜色，同时又要实现整个画面色彩搭配和谐的效果。

当然，也不排除在某些特殊情况下，摄像人员会有意地违反画面均衡原则，刻意营造出动荡、不安的感觉，为特殊的主题表达服务。

（3）要控制好画面节奏。画面节奏是形成画面形式美的重要成分。节奏通常具有一定的时间性和空间性，需要在一个比较完整的画面段落中来体现。一般说来，在一个完整的段落中，画面节奏应当是一致的，这样才能保证观众观看时具有稳定的心理状态。

在画面构图中，影响构图节奏的因素很多，主要可分为两个方面：一是画面内部视觉元素的组合，二是画面外部摄像机的运动。就画面内部视觉元素组合产生的节奏而言，画面中线条的长短、色彩的明暗、面积的大小、光线的强弱等视觉元素有规律地变化和重复，就可以产生富有节奏感的画面。画面外部，通过调整摄像机的各种运动拍摄手法的速度，或是改变拍摄的角度景别，就可以调整画面的整体节奏。

第三节　运动镜头的拍摄艺术

在上一节关于静态构图和动态构图的论述中，我们已经提到，动态构图是电视摄像构图最主要的构图方式。而运动镜头正是形成动态构图的主要方式，因此，我们有必要进一步了解一下在运动镜头的拍摄中有哪些艺术上的创作要求。

一、电视摄像的场面调度

“场面调度”一词出自法文，原意是“摆在适当的位置上”或“放在场景中”，是指对拍摄现场中的人物和镜头的总体设计和安排，包括镜头调度和人物调度两方面。这里所指的电视摄像的场面调度，主要内容是镜头调度。镜头调度亦称摄像机调度，是指借助于摄像机镜头所包含的画面范围以及摄像机的机位、角度和运动方式等，对画框内所要表现的对象加以调度和拍摄。

电视摄像的场面调度包括的内容很多。正式开拍前，导演要在拍摄现场事先设计好各台摄像机的机位，明确各台摄像机所负责的拍摄范围。如果使用的摄像机数量较多、场地较大或当地环境比较复杂，还应画出机位图来。安排机位时必须到现场进行实地考察，要试一下镜头，看是否能够获得所要的画面构图，光线角度是否会影响到画面的质量等。

拍摄时，导演要根据画面的需要进行摄像机的调度，包括镜头的运动形式、景深、位置、角度等。摄像机调度的运动形式有推、拉、摇、移、跟；以镜头位置分，有正拍、反拍、侧拍等形式；以镜头角度分，有平拍、仰拍、俯拍、升降拍及旋转拍等形式。通过摄像机的调度可以获得一系列不同角度、不同景别的画面；通过不同的镜头运动形式可以得到不同的画面节奏，获得不同的视觉感受。另外，还可以通过对画面内的线条、光线、色调、影调、动静、虚实等视觉造型元素的处理，获得丰富多彩的艺术效果。

总之，场面调度是电视摄像艺术的重要创作手段。场面调度使画面具有了多变的造型手段和视觉效果，增强了电视画面的艺术表现力；运用多种造型组织画面形象，创造出了特定的情境氛围和艺术效果，渲染环境气氛，形成画面节奏。场面调度对时空的连续展现有助于表现人物活动和现场环境的完整状况和局部细节，揭示人物的内心活动，使观众获知故事发展的完整印象。

二、摄像机机位分布的三角形原理

在上一节电视摄像的场面调度中提到了镜头调度的一个重要内容是摄像机机位的分布。而在实际的拍摄中，有一个最基本的摄像机机位分布原理——三角形原理。

根据轴线规律（这一点将在下一节展开具体论述），摄像机可以在轴线的一侧进行拍摄，如果在轴线的底端各放置一台摄像机，摄像机的机位安排就可以进行呈三角形的安排，这就是摄像机机位分布的三角形原理。

以面对面坐着交谈的两人 A 和 B 为拍摄对象，运用三角形原理，摄像机可以找到几种最佳的机位配置方法，可归结为平行拍摄、外反拍、内反拍三类。

1. 平行拍摄

平行拍摄是指在与视线相平行的三角形底线上安排两个机位，摄像机在人物的前方朝向人物的正侧面拍摄，与正面水平拍摄的机位呈三角形。拍摄所得的三个画面都是人物的侧面。平行拍摄的两个平行机位是用来表现单个主体物的镜头，只表达空间的局部范围，如图 5－31 所示。

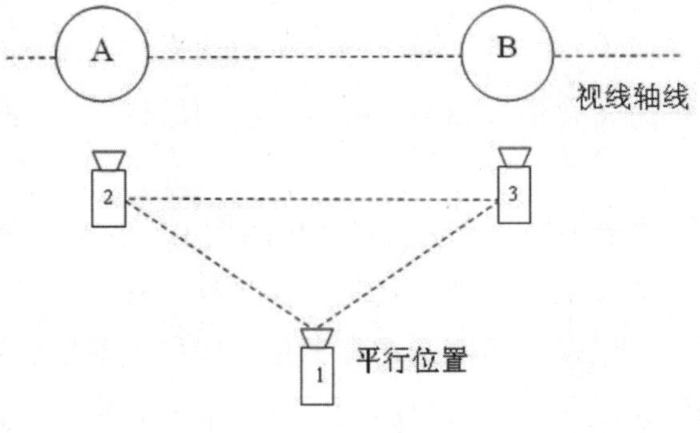

图 5－31　平行拍摄

平行拍摄还有另一种情况——主观视角镜头。除正面水平拍摄机位外，在同一视线水平线上分别在人物的正前方设置机位，这两个机位拍摄的画面反映的是谈话双方各自的主观视点。人物视线朝正前方，形成与观众之间的强交流感，使画面产生剧中人物主观视点的镜头效果。这类镜头主要用来强调叙事、刻画和表现人物特征，如图5－32所示。

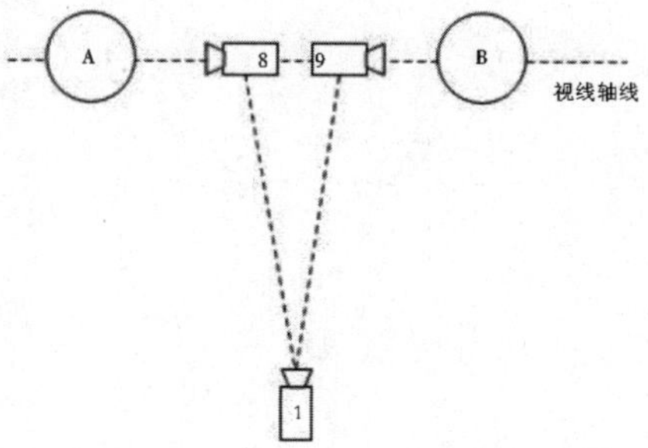

图5－32　平行拍摄之主观视角镜头

2. 外反拍

反拍镜头，又称越肩镜头，是用来表现局部关系的镜头，在影视节目中使用频率很高。外反拍是指在与视线相平行的直线（视线轴线）上安排两个机位，摄像机越过一边人物的肩向里拍摄，与进行正面水平拍摄的机位呈三角形布局，如图5－33所示。处于正面的机位提供交谈双方所在环境的整体画面，而底线上两个机位则提供两个表现主体的对应画面。这类镜头能够强化人物之间的位置关系和交流关系。

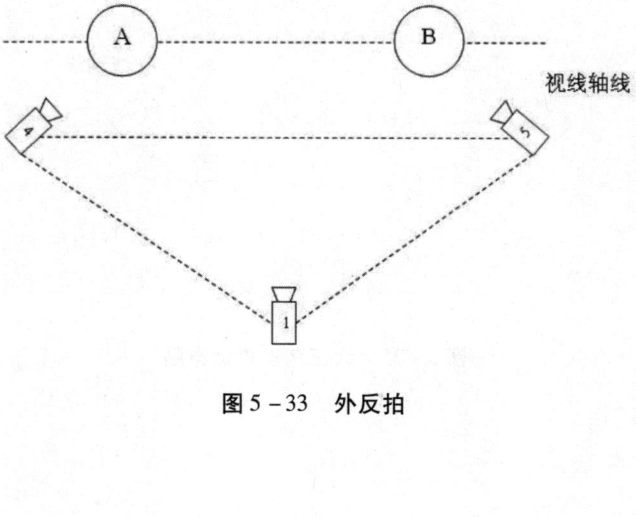

图5－33　外反拍

3. 内反拍

内反拍是指在与视线相平行的三角形底线上安排两个机位，摄像机在人物的前方向三角形外侧拍摄，与正面水平拍摄的机位呈三角形。内反拍得到的画面与外反拍类似，区别是外反拍能拍到两人画面，内反拍只能拍到一人画面，如图 5 - 34 所示。在影视创作中，内反拍镜头是完成叙事重点、突出人物、塑造形象的重要镜头。

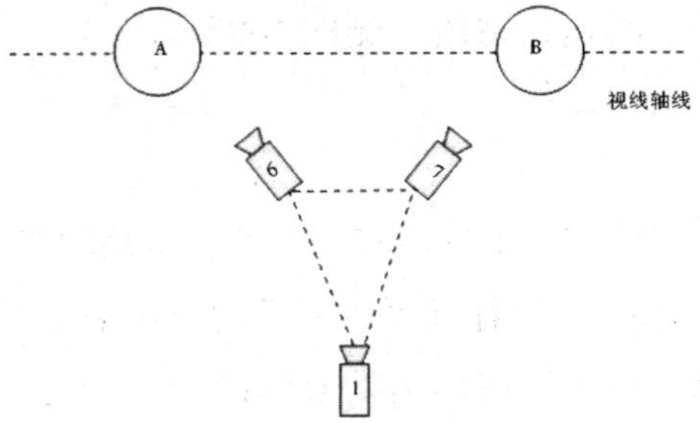

图 5 - 34　内反拍

正、反拍镜头的组合运用能使环境的表现更加完整、场面更加真实。同时，正、反拍镜头的组合运用还有助于表现被摄主体的多面和立体形态，并可以起到对比、暗示、强调和渲染的作用。

把以上三类机位设置的方法放到一起，就可以得到一个大三角形的机位布局图，如图 5 - 35 所示。在实际的拍摄中，可以根据拍摄的需求和条件灵活选择安排机位，获得良好拍摄效果。

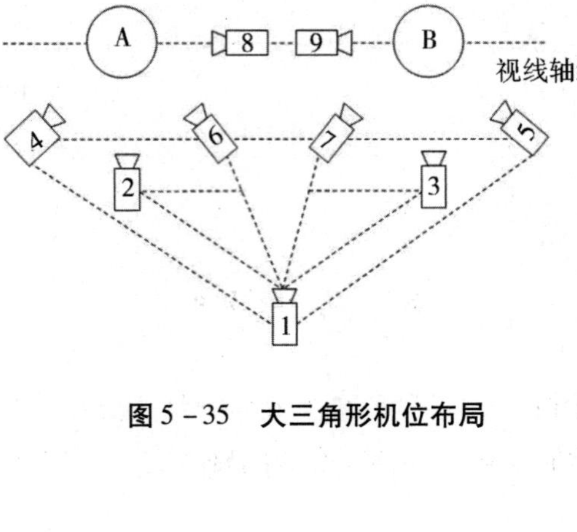

图 5 - 35　大三角形机位布局

三、电视摄像的轴线规则

电视画面是具有方向性的，画面方向包括运动方向、关系方向和视线方向三种。在拍摄时，必须保证前后镜头的画面方向保持一致，否则会引起观众的视觉混乱。因此，在拍摄过程中设置摄像机机位时须遵循轴线规律，以保证屏幕空间关系的一致性。

轴线规律是指在拍摄的过程中，摄像师必须在脑海中设定一条假象线，拍摄时摄像机不能越过这条假象线，必须在轴线一侧的180°范围内进行拍摄。这条假象线就是轴线。

1. 轴线的种类

轴线是一条虚拟的线，在实践中轴线有三大类：运动轴线、关系轴线和方向轴线。

（1）运动轴线。运动轴线是沿着被摄主体运动方向前后延伸出的一条直线。在拍摄过程中，摄像机必须保持在运动主体运动方向的一侧进行拍摄。相邻两个镜头的组接一般情况下必须是同轴镜头。如图5－36所示，人物运动的方向构成了运动轴线，1号机位和2号机位在轴线同一侧，与人物运动方向一致，拍摄的画面可以组接在一起；3号机位拍摄的画面人物运动方向与之相反，不能接在一起，否则会产生逻辑方向性错误，造成逻辑混乱。

（2）关系轴线。当出现在画面中的是两个面对面交谈的人时，拍摄就不能利用运动轴线了，应遵循另一种轴线形式——关系轴线。关系轴线就是沿着被摄主体的视线朝向而延伸出的一条假象线。拍摄时只有在关系轴线的一侧进行拍摄，才能保证主体视线的一致性，而不会越轴。

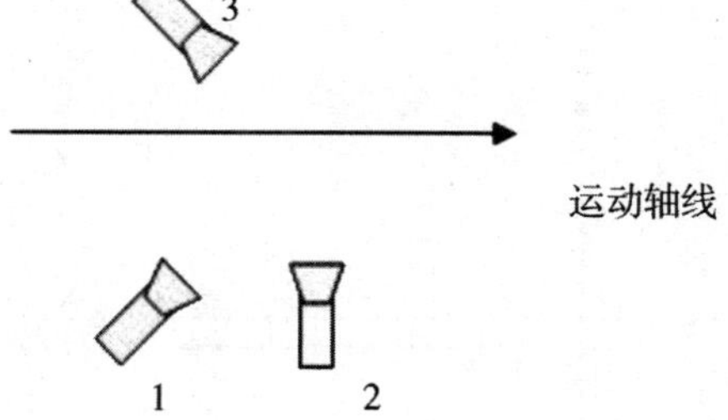

图5－36　运动轴线

（3）方向轴线。一个画面大多都会有个方向，这个方向多为主体的正面方向。为保持方向的一致感或连续的变化感，必须在方向轴线的一侧拍摄。

2. 克服越轴的方法

越轴是指在镜头转换、改变视角时，摄像机超越轴线一侧180°范围的界限拍摄。在场面调度时，为了突出某个重点，充分发挥情节的戏剧效果，有的镜头需要从轴线另一侧进行拍摄，这就需要通过越轴来完成。通常所使用的越轴方法有以下几种。

（1）通过摄像机运动实现越轴。如图5－37所示，人物沿着虚线所示的动作或运动轴线的方向运动，摄像机由1号位置逐渐移至2号位置，从而实现越轴。

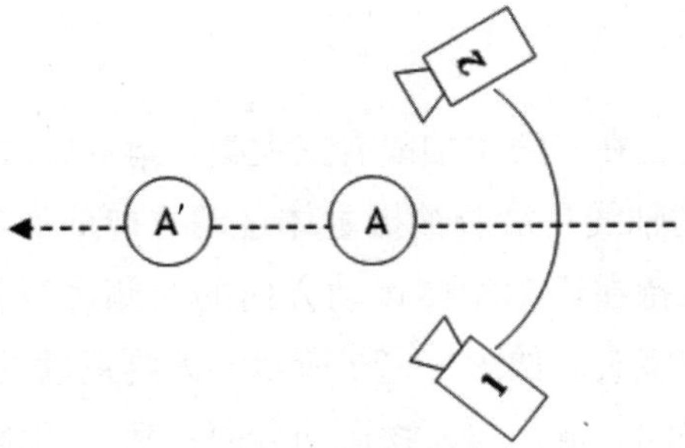

图5－37　通过摄像机运动越过轴线

（2）通过场面调度实现越轴。这种方法较为常见。一行人或某辆车开始时在画面中是向左行，此时机位在1号位。在人物转过弯后，镜头切至2号机位，摄像机的位置就可以根据新的轴线选择新的角度，从而实现越轴，如图5－38所示。由于1号镜头结尾和2号镜头开始都交代了转弯的过程，所以越轴所产生的方向混乱是可以被观众理解的。

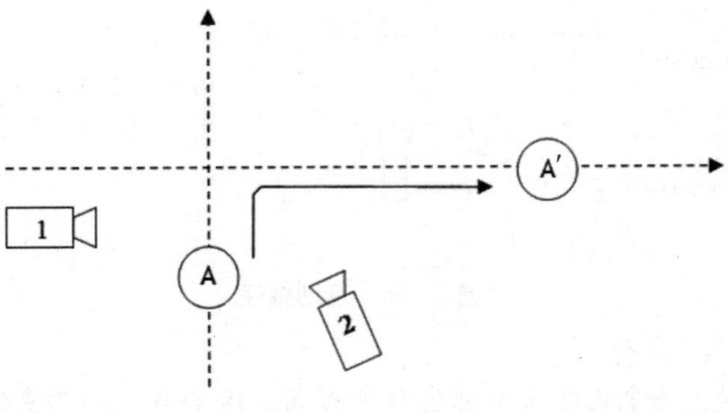

图5－38　通过场面调度实现越轴

（3）通过中性镜头（无明显方向性的镜头）实现越轴。间隔一个正面或背面拍摄的中性镜头也可以实现越轴。当摄像机处于图5－39中的2号机位时，所拍镜头和景物特写的作用就如同在轴线两侧架一座桥。更确切地说，2号机位拍摄的内容就像铺垫在小溪中的一块石头，使我们只要在石上垫一下脚，就可以从小溪的一侧跨到另一侧。从1号机位经过2号机位，再到3号机位，就完成了越轴。

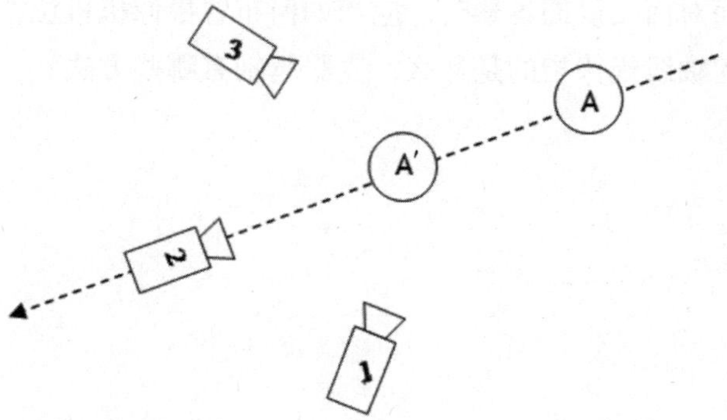

图5－39　通过无明显方向性的镜头实现越轴

（4）通过动作的衔接剪辑实现越轴。这是一种最为常见的方法。如果一个比较突出的动作在前一个镜头中进行到一半时即暂停，将未完成的动作留在第二个镜头中接着完成，这样在拍摄第二个镜头时，就可以重新选择角度了。

（5）通过插入特写镜头实现越轴。这种越轴有两种情况。

第一种情况是在同一空间的一场戏中，不断插入特写改变总角度，摄像机位置时而处于动作轴线的左侧，时而处于动作轴线的右侧。

第二种情况是导演在拍摄不同空间的两场戏时，根本不去考虑轴线的原则，总是选择最有利的角度来表现主体。这种方法所依据的原理就是由于不同空间的事物交替出现，冲淡了轴线的方向感。

思考题

1. 摄像构图的三要素是什么？
2. 电视拍摄的角度有哪些？各具有什么造型表现特征？
3. 电视景别有哪些？各具有什么造型特点？

4. 什么是电视画面构图？电视画面构图有哪些特点？
5. 电视画面构图的结构元素有哪些？
6. 电视画面构图的要素有哪些？
7. 为突出画面主体，有哪些常用的构图方式？
8. 什么是静态构图和动态构图？构图时有哪些要求？
9. 电视摄像的场面调度是指什么？
10. 拍摄两人面对面交谈的场景时，应当如何布置摄像机机位？
11. 电视摄像的轴线规律指的是什么？克服越轴有哪些方法？

第六章　线性编辑技术

学习目标

- 了解线性编辑的优缺点
- 熟悉剪辑技术与相关录像设备的发展历史
- 理解线性编辑系统的分类与组成
- 了解线性编辑系统的编辑工作方式
- 掌握对编系统的基本操作

第一节　线性编辑概述

线性编辑是基于磁带的编辑方式，指的是一种需要按时间顺序从头至尾进行编辑的节目制作方式。其工作原理是使用两台录像机（或一放一录）和一个编辑控制器进行操作，运用电子控制的方法把素材磁带上的视音频信号按照一定的顺序逐段复制与组合到节目磁带上。

线性编辑的优点：

（1）不损伤磁带，能发挥磁带随意录、随意抹去的特点，降低制作成本。

（2）能保持同步与控制信号的连续性，组接平稳，不会出现信号不连续、图像跳闪的感觉。

（3）可以迅速而准确地找到最适当的编辑点，正式编辑前可预先检查；编辑后可立刻观看编辑效果，发现不妥可马上修改。

（4）声音与图像可以做到完全吻合，还可各自分别进行修改。

线性编辑的缺点：

（1）素材不可能做到随机存取。线性编辑系统以磁带为记录载体，节目信号按时间线性排列，在寻找素材时录像机需要进行卷带搜索，只能在一维的时间轴上按照镜头的顺序一段一段地搜索，不能跳跃进行，因此素材的选择很费时间，影响编辑效率。另外，大量的搜索操作对录像机的机械伺服系统和磁头的磨损也较大。

（2）模拟信号经多次复制，信号严重衰减，声画质量降低。节目制作中一个重要问题就是母带的翻版磨损。模拟视频信号在复制时存在着衰减，信号在传输和编辑过程中容易受到外部干扰，造成信号的损失，使图像的劣化更为明显。

（3）线性编辑难以对半成品完成随意的插入或删除等操作。因为线性编辑方式是以磁带的线性记录为基础的，一般只能按编辑顺序记录，虽然插入编辑方式允许替换已录磁带上的声音或图像，但是这种替换实际上只能替掉旧的，它要求要替换的片段和磁带上被替换的片段时间一致，而不能进行增删。这也就是说，不能改变节目的长度，这样对节目的修改非常不方便。

（4）所需设备较多，安装调试较为复杂。线性编辑系统连线复杂，有视频线、音频线、控制线、同步机，构成复杂，可靠性相对降低，经常出现不匹配的现象。另外，设备种类繁多，各种设备性能参差不齐，指标各异，当它们连接在一起时，会对视频信号造成较大的衰减。并且大量的设备同时使用，使得操作人员众多，操作过程复杂。

一、剪辑技术的发展历史

剪辑技术经历了一个逐步发展的过程。1956 年，美国安培公司（Ampex）研制出世界上第一台实用的磁带录像机，电视编辑从此登上历史的舞台。在录像机问世不久之后，电视剪辑借鉴电影剪辑的方式，用剪刀和胶水来进行挑选、整理和组接镜头素材的工作，这就是早期的“物理剪辑”方法。这种剪辑方法对磁带造成永久性的破坏，制作过节目的磁带不能再次使用，而且不能在编辑时查看画面，因而编辑点的选择无法保证精确，编辑人员只能以经验和刻度尺来确定每个镜头的大致长度。

很快，“物理剪辑”被一种新的方法替代。20 世纪 60 年代初，第一台电子编辑机问世，标志着剪辑技术进入了“电子编辑”时代。“电子编辑”方法进一步改进了录像机功能，摆脱了“物理剪辑”的黑箱操作模式，避免了对磁带的永久性物理损伤；节目制作人员在编辑过程中可以查看编辑结果并及时做出修改；可以保存作为节目源的素材母带，进行大量的转录复制，得到较高质量的节目磁带；也可以对画面和声音进行有选择的准确转录。这种方法大大提高了编辑速度和精度，画面和声音也可以被单独处理，还可以对画面进行特殊效果的处理。然而由于当时设备还无法逐帧重放，因而电子编辑精度还不能精确到帧。

为了进一步提高编辑精度，“时码编辑”应运而生。1967 年，美国电子工程研制出了 EECO 时码系统。1969 年，使用 SMPTE/EBU 时码对磁带位置进行标记的方法实现了标准化。采用这种剪辑技术可以实现同步预卷编辑、预演编辑、自动编辑和脱机编辑等新的功能，编辑精度和编辑效率有了大幅度的提高。但是电视编辑仍无法实现实时编辑点定位功能，磁带复制造成的信号损失问题也没有彻底解决。

从总体发展来说，自从 20 世纪 60 年代初第一台编辑录像机问世以来，电视编辑技术经过多代革新，到 20 世纪 80 年代已经非常成熟。在这段时间里，线性编辑方法成为广播电视制作领域公认的编辑方法，直到出现“非线性编辑”方式。

二、影像记录设备和存储介质的发展

自从 1956 年世界上第一台磁带录像机问世，录像机经历了从复合到分量、从模拟到数字的发展历程，形成了模拟复合、模拟分量、数字复合和数字分量四大记录格式。

1. 影像存储设备的发展

（1）模拟复合格式录像机。美国安培公司于 1956 年推出了第一部达到实用化的旋转 4 磁头广播用录像机。这就是第一代广播用录像机，它的研制成功，解决了电视节目的存储、复制和后期制作问题，揭开了磁带录像机发展的序幕。然而，这种录像机结构复杂、体积庞大、操作不方便、成本高、磁头维护费用大，图像分段式录制存在分段误差，没有慢动作和静帧功能。

进入70年代后，以美国、日本和欧洲为中心的广播界，为取代4磁头录像机，开始了第二代广播用录像机即1英寸录像机的研究和探索，并于1977年获得成功。由于1英寸录像机的性能已达到大型2英寸4磁头录像机的水平，因此在1英寸录像机出现后，便在整个广播电视领域内逐步取代了2英寸录像机。

1英寸录像机只能用于广播电视领域。为了满足一些对图像质量要求不太高的领域对普及型录像机的需求，日本的SONY、JVC和松下等公司在盒式录音机的启发下，于1971年联合开发了3/4英寸U型盒式录像机，如图6－1所示。U型机的头带相对速度比较低，因此对视频信号采取了亮度信号调频、色度信号降载频的记录方式。由于U型机具有性能好、图像清晰稳定、功能全面、使用方便等优点，很快便成为国际统一的标准型业务用盒式录像机。

随着广播电视事业的发展，广播用录像机格式之间的竞争日益激烈，为了保住U型录像机物美价廉的优势，SONY公司在高带U型录像机的基础上，于1986年推出了SP格式的U型录像机，即超高带U型录像机。U型机虽然具有很多优点，但若作为家用，仍然太大、太贵，记录时间太短，因此研究开发适合家庭使用的录像机格式便成为当时录像机市场竞争的又一个热点。

图6－1　SONY 3/4英寸U型SP格式录像机BVU－950

经过多年的研究，SONY公司终于解决了磁带和机芯的小型化以及高密度记录的种种问题，于1975年率先推出了beta格式的家用录像机，拉开了更为激烈的家用录像机技术和市场竞争的序幕。随后，日本JVC公司于1976年9月推出了另一种格式的家用录像机，称为VHS格式录像机。在后来的竞争中，VHS格式录像机发展很快，到1985年，VHS格式录像机几乎垄断了整个家用录像机市场，其产量已达世界家用录像机总产量的90%，beta格式录像机则下降到10%以下。到目前为止，VHS格式已成为世界统一的家用录像机格式。

SONY公司在其beta格式录像机竞争失败之后，便将力量集中到开发小型8mm格式录像机上。8mm格式是1983年由世界上127家公司讨论通过的国际统一格式，1985年由SONY公司推出实用化的产品。由于8mm格式录像机是一种新格式，而且它诞生于视频技术较为成熟的80年代中期，这使其不受任何传统规格的限制，可以按照80年代的最新技术和水平进行设计。8mm格式录像机的出现，向VHS（包括VHS－C）格式录像机提出了挑战。

1987年1月，日本JVC公司率先推出了S－VHS格式录像机，实现了VHS格式录像机的高带化。面对S－VHS录像机的挑战，SONY公司于1987年3月推出了清晰度更高的ED－beta格式录像机，实现了beta格式录像机的高带化。

为了与S－VHS格式和ED－beta格式相竞争，1988年春季，SONY公司等10家8mm格式录像机代表厂商就高带8mm格式达成了一致协议。1989年4月，SONY公司推出了高带8mm格式录像机的实用化产品。高带8mm格式在采用蒸镀型金属磁带和TSS视频磁头的基础上，使亮度信号调频载波频率由标准8mm机的4.2～5.4 MHz提高到5.7～7.7 MHz；频偏由标准8mm机的1.2 MHz提高到2 MHz；亮度信号的3dB记录带宽由标准8mm机的3.4 MHz提高到5.4 MHz；图像水平清晰度由标准8mm机的250线提高到400线（采用Y/C分离接口）以上。

（2）模拟分量录像机。早在80年代初，日本的SONY、松下和美国的RCA公司就已针对模拟复合录像机的缺陷展开了对模拟分量录像机的研究。最早出现的模拟分量录像机是松下公司1981年开发的M格式。

M格式将亮度信号调频（载频范围为4.3～5.9 MHz）后记录在亮度磁迹上，将2个色差信号采用频分复用制分别调频（R－Y载频为5～6 MHz，B－Y载频为0.75～1.25 MHz）后相加记录在色度磁迹上。

针对松下公司的M格式，日本SONY公司于1982年推出了另一种模拟分量录像机格式，称为Betacam格式。Betacam与M格式相同之处在于，均是将亮度信号和2个色差信号分别调频后记录在亮度磁迹和色度磁迹上；不同之处在于，Betacam格式对色度信号的2个分量R－Y和B－Y采用时间压缩分割复用法进行记录。显然，这种记录方式不仅避免了亮色分量之间的相互串扰，而且避免了M格式中存在的2个色差信号之间的相互串扰，充分显示了分量记录格式的优越性。Betacam格式亮度信号的调频载波频率为4.4～6.4 MHz，2个色差信号的调频载波频率为4.0～5.7 MHz，实现了记录亮度信号带宽4 MHz、色度信号带宽1.5 MHz的要求。

Betacam格式最初主要是为电子新闻采访（ENG）应用而推出的，为了使其能用于EFP和演播室等领域，SONY公司于1986年推出了质量更高的Betacam－SP格式录像机，如图6－2、图6－3所示。Betacam－SP格式在采用金属微粒型磁带的基础上，将亮度信号调频载波频率提高到6.8～8.8 MHz，色度信号调频载波频率提高到5.6～7.3 MHz，还增加了两路AFM信号，扩展了亮度和色度信号的记录带宽，大幅度提高了音频信号的各项指标，使图像和声音质量达到甚至超过了1英寸广播级录像机的水平。

图6－2 Betacam－SP **录像机** PVW－2800P

图6－3 Betacam－SP **放像机**（**带**DT）PVW－2650P

另外，Betacam－SP格式为了保持与Betacam的兼容性，其机械尺寸、走带方式、头带相对速度、磁迹位形等均与Betacam格式相同。Betacam－SP继1986年推出高级型BVW系列之后，1991年又推出了标准型PVW系列，1993年推出了普及型UVW系列和顶级产品——数字分量型DVW系列。针对SONY公司的Betacam－SP格式，松下公司于1985年开发了另外一种模拟分量录像机，称为MII格式。MII格式采用了与Betacam－SP格式相同的色度时间压缩复用（CTCM）方式记录色度信号，这使得MII格式与M格式互不兼容。另外，由于MII格式与Betacam－SP格式在机械结构、技术参数、磁迹位形等方面并不完全相同，使得这两种格式之间也完全没有互换性。

（3）数字分量录像机。目前，磁带录像机的发展从模拟到数字、从复合到分量，数字分量录像机已成为未来录像机发展的主要方向。实际上，早在 1987 年，SONY 公司就已推出 D－1 格式的 3/4 英寸数字分量录像机，随后安培公司和松下公司分别于 1991 年和 1993 年推出了 3/4 英寸 DCT 格式和 1/2 英寸 D－5 格式的数字分量录像机。录像机市场，特别是数字分量录像机市场的竞争日趋激烈。继 1993 年 SONY 公司推出数字 Betacam 录像机之后，JVC 公司、SONY 公司和松下公司于 1995 年分别推出了 Digital－S、Betacam－SX 和 DVCPRO 3 种数字分量格式的录像机。1996 年，SONY 公司又推出了 DVCAM 格式的数字分量录像机。

D－1 格式采用 4：2：2 采样、8 bit 量化的非压缩数字分量处理方式，具有 4 通道 48 kHz 采样、16 bit 量化的数字音频，采用场分段和通道分配相结合的加保护带记录方式，走带速度为 286.6 mm/s，头带相对速度为 35.5 m/s，误码校正采用 RS 二维乘积码。由于采用了 Hc 高达 67.64 kA/m 的氧化铁磁带，其图像质量相当好，做到了复制 20 代以上无质量损失。D－1 格式的不足之处是体积大、耗电多、价格较高。由于价格的原因，D－1 格式并没有在中国普及。

鉴于 D－1 格式性能虽好，但不易推广，而且常规电视系统内处理传输信号总体上是复合编码的全电视信号，安培公司与 Sony 公司又向 SMPTE（美国电影电视工程师协会）提交了使用与 D－1 格式相同的 3/4 英寸的盒式带的 D－2 格式。它是一种复合数字方式的录像机格式，由 Sony 公司于 1988 年推出。由于 D－2 格式在价格、体积等方面不尽人意，于是松下公司于 1991 年推出了 D－3 格式复合式数字录像机，它使用 1/2 英寸磁带，实现了无比特压缩数字记录，为数字录像机小型化做出了贡献。

D－5 格式是在 D－3 格式的基础上发展起来的。它采用 10 bit 分量数字编码和全比特数字分量记录方式，具有 4 通道 48 kHz 采样、20 bit 量化的数字音频，采用与 D－3 格式相同的数据处理系统、编码方式、纠错编码方式、带盒和走带结构，具有分量与复合输出接口，可兼容重放 D－3 格式的节目带。另外，D－5 格式具有可记录压缩比为 4：1 的 HDTV 信号和 16：9 宽屏幕信号的能力。D－5 格式的出现，不仅为使用模拟分量格式和数字复合格式的用户向数字分量过渡提供了可能，而且向 D－1 格式和数字 Betacam 格式提出了挑战。

DCT 格式采用基于 DCT 的场内压缩方式，压缩比为 2：1，具有 4 通道 48 kHz 采样、18 bit 量化的数字音频，采用 Hc 高达 119.37 kA/m 的金属磁带，其纠错能力强于 D－1 和 D－2 格式。DCT 格式虽然图像质量好，但由于其推出较晚，而且前期制作设备也未能跟上，在 1/2 英寸数字分量录像机的冲击下，DCT 格式的市场拥有量很小。

数字 Betacam 格式采用 10bit 4：2：2 数字分量处理和基于 DCT 的电平自适应场内

压缩方式，压缩比为 2：1，采用 1/2 英寸金属带，具有 4 通道 48 kHz 采样、20 bit 线性量化的数字音频。其复制 30 代而无质量损失的图像质量和高达 62－dB 的图像信噪比，以及可兼容重放 Betacam－SP 节目带的能力，为全世界 35 万台 Betacam－SP 模拟分量格式录像机的用户向数字分量格式过渡创造了条件。

Digital－S 格式是采用 4：2：2 采样、8 bit 量化和 DCT 帧内压缩方式的广播用数字分量录像机，压缩比为 3.3：1，记录码率为 50 Mbit/s，具有 2 通道 48 kHz 采样、16 bit 量化的数字音频，采用 1/2 英寸金属带，W－VHS 带盒，机械结构与 VHS 相同，具有编辑处理图像功能和向下兼容重放 S－VHS 节目带的能力。其图像质量已接近 DVW 水平，复制 10 代后的图像质量仍优于 PVW 的第 2 版质量。

Betacam－SX 格式采用 4：2：2 采样和 8 bit 量化方式处理图像信号，采用 SONY 公司自行开发的 SX 方式压缩图像信号，压缩比为 10：1，记录码率为 18 Mbit/s，具有 4 通道 48 kHz 采样、16 bit 量化的数字音频，采用 1/2 英寸金属带，其 DVW－A 系列录像机具有向下兼容重放 Betacam－SP 节目带的能力，图像质量优于标准型 Betacam－SP，可达 BVW 水平。

DVCPRO 格式是在家用数字录像机 DV 格式的基础上开发成功的专业用数字分量录像机。采用 4：1：1 采样、8 bit 量化和 DCT 帧内压缩方式，压缩比为 5：1，记录码率为 25 Mbit/s，具有 2 通道 48 kHz 采样、16 bit 量化的数字音频，采用 1/4 英寸金属带，具有兼容重放家用 DV 格式节目带的能力。其图像质量相当于 PVW 水平，经多代复制后主观感觉图像质量仍优于模拟复合方式录像机。

DVCAM 格式也是在 DV 格式的基础上开发成功的专业用数字分量录像机，与 DVCPRO 的主要区别在于其采用 4：2：0 采样。该格式同样具有兼容重放家用 DV 格式节目带的能力，其图像质量相当于 PVW 水平。图 6－4 是 DVCAM 编辑录像机。

图 6－4　DVCAM 编辑录像机 DSR－2000AP

2. 存储介质的发展

随着数字化、网络化的迅猛发展，传统的磁带产品与生俱来的线性磁记录特性所造成的上载时间只能实时、不便于素材管理等问题日渐成为广播电视行业跨入更高效率工作流程的绊脚石，其市场规模也因而逐渐萎缩。而堪称后起之秀的新型光记录介质的市场则如日中天。在存储技术、存储方式和存储介质的历史性转变中，记录介质行业也进入了产品更新换代的交替期。当前广播电视行业所采用的存储媒体技术主要有三种：硬盘记录技术、光盘记录技术以及半导体记录技术。以下通过采用这些技术的硬盘录像机、光盘录像机和 P2 卡录像机来进行介绍。

（1）硬盘录像机。硬盘录像机（Digital Video Recorder，DVR），即数字视频录像机，是指利用硬盘作为存储介质记录和重放电视节目的装置。它是一套进行图像存储处理的计算机系统，具有对图像/语音进行长时间录像、录音、远程监视和控制的功能，早期的硬盘录像机对视频数据的处理能力还不是很足够，因此没有大规模的应用。目前计算机的处理能力大大增强，同时 IC 技术也突飞猛进，这都使硬盘录像机同时处理多路视频信号成为可能。

目前市面上主流的 DVR 采用的压缩技术有 MPEG－2、MPEG－4、H.264、M－JPEG，而 MPEG－4、H.264 是国内最常见的压缩方式。从压缩卡上分有软压缩和硬压缩两种，软压缩受到 CPU 的影响较大，多半做不到全实时显示和录像，故逐渐被硬压缩淘汰；从摄像机输入路数上分为 1 路、2 路、4 路、6 路、9 路、12 路、16 路、32 路，甚至更多路数。总的来说，按系统结构可以分为两大类：基于 PC 架构的 PC 式 DVR 和脱离 PC 架构的嵌入式 DVR（EM－DVR）。

PC 式硬盘录像机是以传统的 PC 机为基本硬件，以 Win 98、Win 2000、Win XP、Vista、Linux 为基本软件，配备图像采集或图像采集压缩卡，编制软件成为一套完整的系统。PC 式硬盘录像机各种功能的实现都依靠各种板卡来完成，比如视音频压缩卡、网卡、声卡、显卡等，这种插卡式的系统在系统装配、维修、运输中很容易出现不可靠的问题，只适合于对可靠性要求不高的商用办公环境。而嵌入式硬盘录像机则是以应用为中心，软硬件可裁减的，对功能、可靠性、成本、体积、功耗等严格要求的微型专用计算机系统。嵌入式系统融系统的应用软件与硬件于一体，具有软件代码小、高度自动化、响应速度快等特点，特别适合要求实时和多任务的应用。整个视音频的压缩、显示、网络等功能全部可以通过一块单板来实现，大大提高了整个系统硬件的可靠性和稳定性。

国内的硬盘录像机产品目前以国产为主，PC 式硬盘录像机技术成熟，但没有什么品牌产品，更多的是由用户或者工程商自己组装，而嵌入式硬盘录像机的入门门槛较高，主要是以品牌为主。PC 式硬盘录像机又可细分为基于采集卡（又称软压卡）和基于压缩卡（又称硬压卡）两种。嵌入式硬盘录像机鉴于技术因素，目前还是以低于 16 路视频输入的产品为主，高于 16 路的嵌入式产品还很少见。

（2）光盘录像机。光盘存储技术是 20 世纪 70 年代初开始发展起来的一项高新技术。光盘存储具有记录密度高、容量大、可随机存取、保存寿命长、工作稳定可靠、轻便易携带等一系列其他记录媒介无可比拟的优点，特别适于大数据量信息的存储和交换。自从 1978 年荷兰飞利浦公司研制了世界第一台激光影碟机以来，随着激光技术和数字音像技术的发展，光盘存储设备的种类和格式不断更新，质量不断提高，形成了三代光盘。

第一代光盘是 CD 光盘，原来是指激光唱盘，即 CD－DA（Compact Disc－Digital Audio），用于存放数字化的音乐节目。现在通常把 CD－G（Graphics）、CD－V（Video）、CD－ROM、CD－I（Interactive）、CD－I FMV（Full Motion Video）、卡拉 OK－CD、Video－CD 等统称为 CD。目前按 CD 光盘的制作材料分为只读光盘 CD－ROM、一次写光盘 CD－R、可擦写光盘CD－RW。

第二代光盘是 DVD 光盘，与 CD、VCD 相比具有更大的光盘信息存储能力和更高的视频和音频播放质量。DVD 光盘按制作材料分为以下几种类型：只读型光盘 DVD－ROM，一次写型光盘 DVD－R、DVD＋R，可重写型光盘 DVD－RAM、DVD－RW、DVD＋RW。而根据其容量则可分为 DVD－5、DVD－9、DVD－10 和 DVD－18（此种分法只限于只读光盘 DVD－ROM）。

第三代光盘是蓝光盘。近年来，高清晰度数字电视（HDTV）业务在全球范围内陆续启动，因为高清晰电视的数据传输率至少为 23 Mb/s，如果要录制 133 分钟的高清晰电视节目，光盘的可用空间势必需超过 20GB，而一个单层的蓝光光碟的容量为 25GB 或 27GB，足够烧录一个长达 4 小时的高解析影片。双层可达到 46GB 或 54GB，足够烧录一个长达 8 小时的高解析影片。

光盘录像机，即 VDR（Video Discrecorder），就是使用光盘作为记录媒体，既能录像又能播放的数字视听产品。它采用 MPEG－II 数字视频实时编、解码技术，既可以把需要的各式各样的模拟音视频信号通过 MPEG－II 编码技术以数字信号的格式记录在光盘上，也可以通过 MPEG－II 解码技术还原为模拟信号播放出来。光盘录像机放、录一体的功能代表了信息家电未来的发展趋势。光盘录像机不仅完全涵盖了影碟机产品的所有功能，还能将各种模拟图像进行数字转化，以数字格式进行播放，这就为其功能和用途的扩展开辟了更为广阔的空间。不论是摄像机还是录像机，通过光盘录像机就可以把磁带上储存的模拟格式图像转化为数字格式，用光盘进行存储，整个过程一台机器就能完成，而且操作非常简便。有了光盘录像机就可以完成原先需用两台机器才能完成的事情，这在技术上无疑具有前瞻性和开拓性。而价格越来越低廉的存储介质使光盘录像机的大力推广成为现实，其实用价值将很快得到市场的验证。另外，光盘保存图像的安全性也远高于磁带，图像不会因为天气潮湿发生衰变，可以永久保持图像质量。低廉的使用成本是产品进入家庭的重要因素，为家庭娱乐生活开辟了广阔的空间。

（3）P2 卡录像机。P2 卡是日本松下公司在 2003 年推出的一种可以存储大量视频/音频数据的半导体存储设备。P2 卡先进的音频/视频技术为广播制作和视频制作带来了显而易见的 IT 工作流程优势。图 6－5 所示为使用 P2 卡制作电视节目的流程。与以往视频需要上、下载的过程完全不同，P2 卡中存储了高、低码流的视频和元数据，可由计算机识别的硬盘设备直接进行编辑处理，P2 卡的数据传输速度也高于光盘及硬盘，因此视频制作会更加迅捷，由此也就产生了现场直接编辑的模式，大大提高了工作效率。存储卡式录像机没有任何驱动装置，因此维护成本要低得多。而且，P2 卡可以出色地抵抗碰撞、振荡、温度变化、灰尘及其他环境状况，提供了新闻采集和视频录制所需的高可靠性。P2 文件可以直接（不需要进行数字化）传输至非线性编辑机和其他网络互联设备。

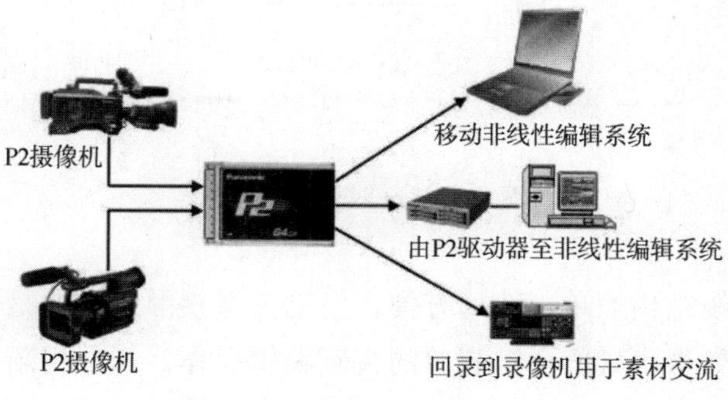

图 6－5　P2 卡的使用

第二节　线性编辑系统

线性编辑系统主要包括摄像机、录像机、编辑放像机、控制器、字幕机、特技机等设备。要求不同，系统组成也不同。

一、一对一编辑系统

一对一编辑系统又称为A卷编辑系统，是最简单、最普遍、最常用的编辑方式，包括一台编辑放像机、一台编辑录像机、两台监视器和一台编辑控制器。该设备的控制功能是通过编辑接口来实现的，目前通用的编辑接口为RS－422A 9芯接口。

编辑放像机用来播放素材画面，编辑录像机用来录制画面并将其编辑成成品，两台监视器用来监视编辑放像机和编辑录像机的画面。编制控制器具备两台录、放像机的全部操作功能，能够方便地实现对两台机器的遥控检索和编辑，其基本功能包括快速、精确地查找镜头，显示镜头的时间码和长度，设定组合编辑、插入编辑模式，设定出点、入点，控制录像机自动完成预卷、播放、编辑等动作以及用来控制录像机自动完成回放、编辑等工作。也可不用编辑控制器，只要用一根控制电缆把编辑放像机和编辑录像机连接起来，就能直接在编辑录像机上实现编辑，如图6－6所示。

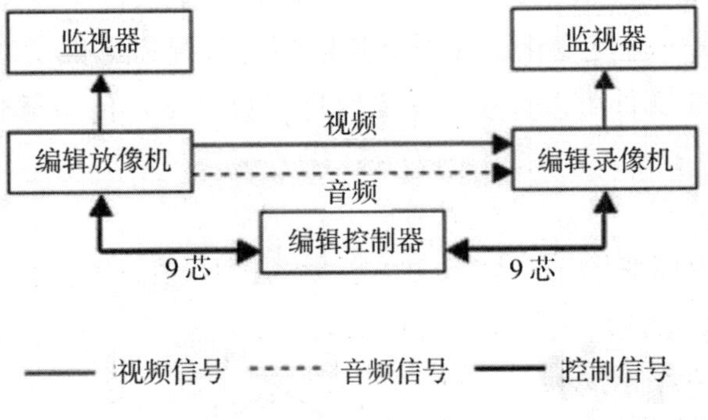

图6－6　一对一编辑系统

一对一编辑系统结构简单、使用方便，但镜头组接形式只能是硬接，无法加入镜头过渡效果和特技效果，只适合于简单的视频编辑操作，如电视新闻的编辑。由于这种编辑系统操作容易，一般可以由编导人员直接操作。

二、A/B卷编辑系统

A/B卷编辑系统又称为二对一编辑系统，它是在一对一编辑系统的基础上再增加一台编辑放像机和视频切换台构成的。A/B卷编辑系统具有一对一编辑系统的全部功能，最大的特点是可以一次与两台编辑放像机联合编辑。放像机 A 先与录像机共同工作，编入 A 带画面，然后在 A 带画面的出点转为放像机 B 与录像机共同工作，编入 B 带画面，每次编辑即可完成两个镜头的组接，而且可以加入丰富的镜头转换特效，使画面切换形式灵活多样。两台编辑放像机用于分别播放需要做特效转换的素材磁带，视频切换台将两路输入信号组合，添加特效后输出给编辑录像机，如图 6－7 所示。

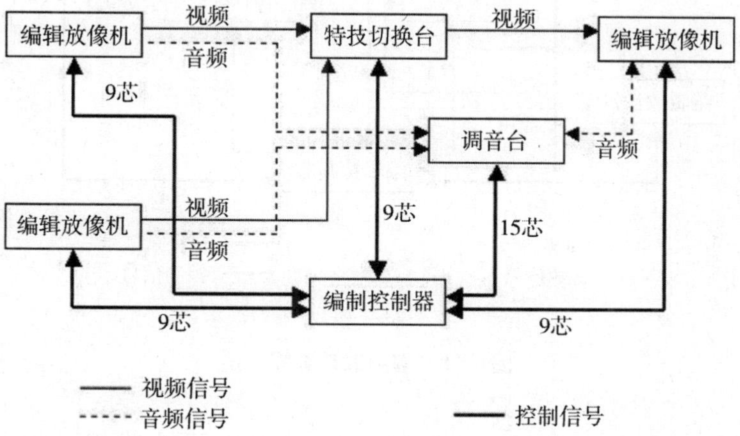

图 6－7　A/B 卷编辑系统

A/B 卷编辑系统需要使用统一的同步信号对所有的视频设备进行同步锁相，以保证编辑的精确度，一般使用视频切换台的同步输出信号作为整个系统的同步信号。

A/B 卷编辑系统在一定程度上可以提高工作效率，但同时最少需要两个信号源，在高端的后期制作中使用较多。A/B 卷编辑系统的缺点是整个系统的硬件设备较多，系统连线复杂。由于设备成本较高，所以制作设备资金投入较大，不适合小成本电视片的制作。

三、多机联动编辑系统

三台或三台以上放像机（或摄像机）和录像机组成的编辑系统，称为多机联动编辑系统，常与特技台、调音台、字机等组成一个复杂的系统，用于现场直播和多机位拍摄。它的自动编辑性能高，不仅能进行画面的编辑，同时还可以进行声音的编辑。多机联动编辑系统通常由带微机功能的编辑控制器控制，特点是通过微机程序的设置，可操纵多台录像机，进行自动寻找编辑的入/出点、自动预卷和自动编辑，还可以控制特技画面的实施及声音的编辑，是一种自动程序控制的编辑系统，如图 6-8 所示。

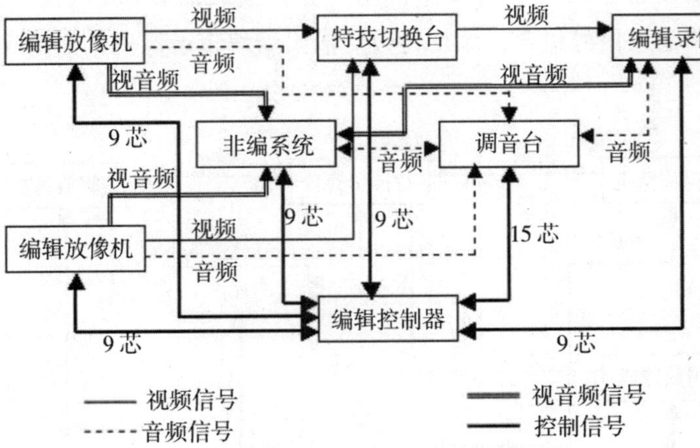

图 6-8　多机联动编辑系统

这种具有特技效果处理、配音和微机预编程序等功能的多机联动编辑系统，由于操作复杂，一般需有专职的操作人员。他们具备熟练的操作技能，又有一定的艺术素养。现代电视节目的制作，需要有一批既能熟练操作设备，又懂电视艺术的人才，才能保证节目编辑的质量。

第三节　线性编辑系统编辑方式

一、录像带的磁迹分布

不同格式的录像机磁迹构成不同，大部分录像机上至少有四道各自分开的磁迹，即包含画面信息的视频磁迹，包含声音信息的两个音频磁迹、控制磁带和磁头同步的控制磁迹，如图 6-9 所示。

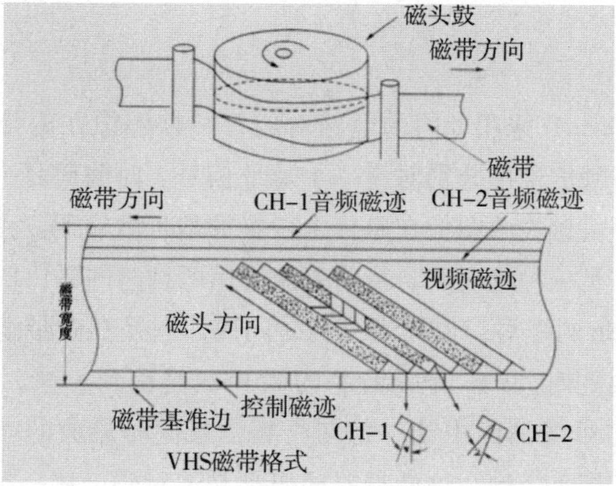

图 6－9　螺线扫描与磁带格式

1. 视频磁迹

视频磁迹总是处于磁带的中央位置，而且占据的面积最大。由于录像格式不同，视频磁迹的宽度和倾斜角度会各有不同。另外，录像格式的不同还表现为记录每帧画面所需要的视频磁迹的条数不同。尽管利用信号调制技术降低了记录信号的频率，但为了提高记录视频信号的质量，仍然必须有很高的磁带速度。而带速的提高会增加磁带的消耗量，所以实际的录像机都采用让磁头旋转的方法，将视频磁头装在可高速旋转的磁头鼓上，这样磁带以较低的速度运行，仍能获得磁头和磁带相对高的速度，满足记录高频信号的要求。

2. 音频磁迹

根据录像格式的不同，音频信息的磁带记录方式共有三种，一种记录成为水平方向的音频磁迹，一种记录成为与视频磁迹在一起的模拟音频，再一种记录成为与视频磁迹在一起的数字音频。

对于纵向录音功能的录像机，音频信号被记录在靠近磁带边缘的轨迹上。由于立体声音频记录及配音等需求，所有的磁带录像机至少有两个音频磁迹。

3. 控制磁迹

为了实现磁头对磁迹的良好跟踪，伺服系统必须能自动调整磁头和磁带的位置，使磁头与磁迹对准。为此录像机在记录视频信号的同时，用一个固定的控制磁头在磁带边缘记录控制信号来表明磁带的位置，这样就可以在播放的时候保证画面的连续稳定。但由于控制磁迹在磁带边缘，如果磁带边缘受到损伤使得控制磁迹被破坏，磁带在回放时将不稳定。

4. 时间码磁迹

时间码（Time Code）采用专门的电路对应每一帧图像在磁带上记录一个时间地址。磁带上记录的每帧信号都分别对应一个地址信号。时间码是一种记录在磁带上用小时、分、秒和帧等信息表示图像在磁带上位置的地址数字码。由于每一帧画面对应一个时间码，因此它是一种绝对码。目前普遍采用两种时间码：LTC 和 VITC。LTC 是 Longitudinal Time Code 的缩写，也称为纵向时间码，它是在磁带上记录的一条纵向磁迹，由固定磁头录放的时间码，记录频率为 25Hz，精确到 1 帧。VITC 是场逆程时间码，它是插在视频信号场消隐中某一行与视频信号同时录放的时间码，记录频率为 50Hz，精确到 1 场，即 1/2 帧。这两种时间码都是绝对码，每一帧画面都有一个固定的编码，因此它们都是非线性的编码。

二、编辑的基本原理和工作流程

线性编辑是把不同磁带上的节目素材按照一定顺序转录到另一条主磁带上的过程。这种转录并非一般的转录，要求编辑完成主磁带上的节目衔接处没有信号的重叠与丢失，并保持视频信号和 CTL 信号相位的连续性，而且编辑接点在奇数场同步前几行的位置上，做到以帧为单位相接。其工作流程如图6－10所示。

（1）编辑系统的连接。无论何种编辑系统，其连接都主要包括编辑录、放像机之间的连接，编辑录、放像机与编辑控制器之间的连接以及编辑录、放像机与监视器之间的连接。

（2）编辑系统的调整。编辑系统的调整包括编辑录、放像机，编辑控制器以及彩色监视器的调整。

编辑录像机的调整包括视频电平、音频电平、输入选择开关、音频监听开关、方式选择开关、存储开关等，编辑放像机的调整包括磁迹跟踪调整、曲扭调整、音频监听开关、方式选择开关、存储开关等，编辑控制器的调整包括预卷时间调整、反转开关、搜索盘开关、帧开关、编辑方式选择等，彩色监视器的调整包括饱和度、亮度、对比度等。

（3）编辑形式的确定。根据编辑的需要选择合适的编辑方式，主要有组合编辑和插入编辑。要注意的是，当选了一种编辑方式后，则相应的键灯亮，若再选择另一种编辑方式首先应取消之前选择的方式，按灭相应键灯，然后再进行所需选择。

（4）编辑点的设置。设置放像机和录像机的编辑入点和出点。

（5）预演。在正式编辑之前通过模拟预演检查编辑的效果，可多次修改。

（6）开始编辑。执行自动编辑，正式录制。

（7）重演。完成编辑之后回放并进行确认检查。

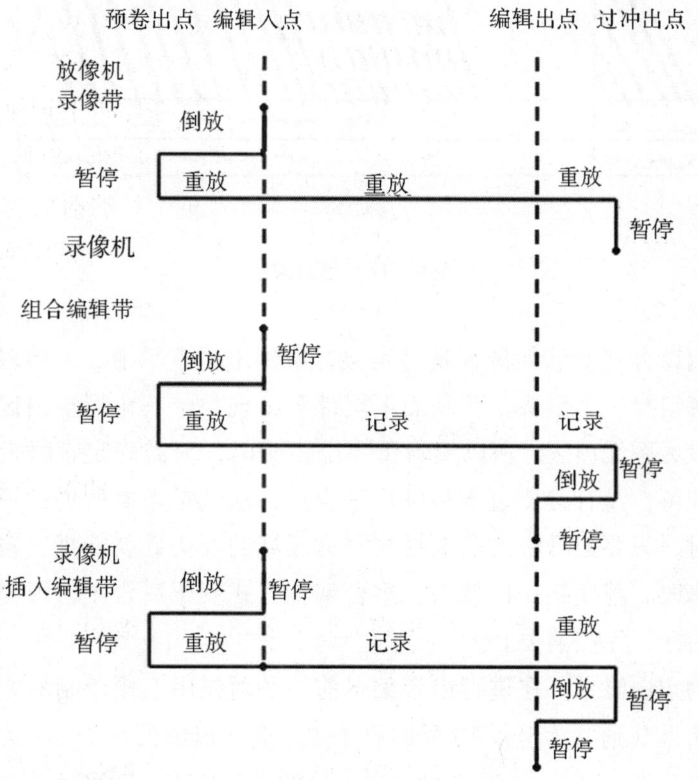

图 6－10　工作流程图

三、组合编辑与插入编辑

组合编辑和插入编辑是线性编辑的两种基本工作方式。

组合编辑（Assemble Editing）的方式就是根据要求依次把需要的镜头画面和相应的声音同时组接在一盘磁带上。这种编辑方式中，总消磁头消去磁带上原有的视频、音频和控制磁迹，旋转消磁头也消去总消磁头未能消去的那部分梯形区域的磁迹，再把所需信号的视频、音频和控制磁迹利用编辑原理同时记录在磁带上，如图 6－11 所示。

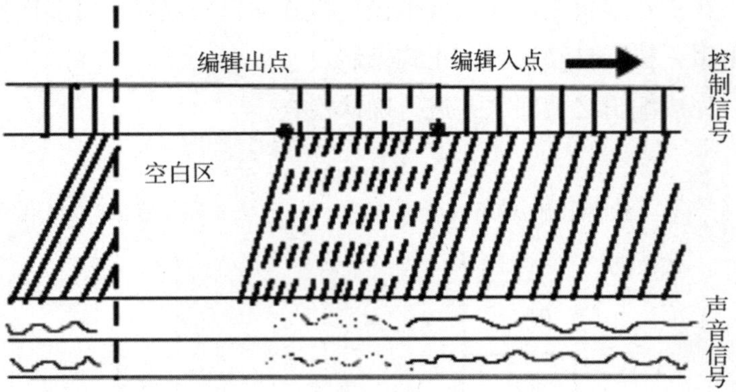

图 6－11　组合编辑

组合编辑方式能够使画面良好衔接，做到编辑点平滑、无接缝。但由于总消磁头的作用，每组接一个镜头，其画面末尾都会出现一个三角形空白区，反映到监视器上，就是一段无图无声区。所以编辑每一个镜头时，只需确定素材带的入点、出点和母带的入点即可，没有必要过于精确母带出点，这就是通常所说的三点编辑。在下一个镜头编辑时，只要把母带入点选择在空白区域的开头处就能把它覆盖住。但是要想在节目中间修改、替换某一段镜头，组合编辑方式就不适合了，因为它会在节目中间造成永久空白区，无法消去。

一盘全新的空白磁带，在进行组合编辑前，必须先用直接录制的方法记录 5 秒以上的控制磁迹信号（通常为至少 10 秒的彩条或蓝底）以供预卷。

插入编辑（Insert Editing）是在已录有信号的节目磁带上改换镜头画面或是声音的方式，如图 6－12 所示。它的前提条件是磁带上必须已经录有连续、稳定的控制磁迹，在一盘新的空白录像带上是无法做插入编辑的。如果在节目磁带中间有控制磁迹信号丢失、损坏或不均匀走带现象，那么在这部分磁带上就很难再做插入编辑。

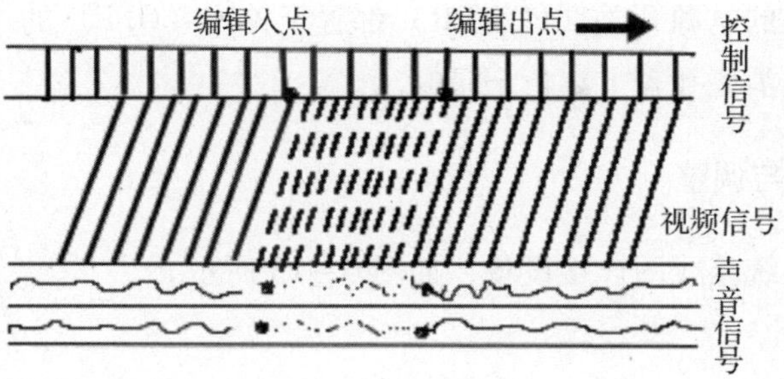

图 6－12 插入编辑

插入编辑时总消磁头不工作，而是在插入画面或声音的同时各由相应的视频旋转消磁头和音频消磁头分别进行消磁。所以，可以同时插入画面和声音，也可以只插入两者之一。另一项目处于重放状态，操作方式只需要点选编辑面板上的画面或声音键就可以了。插入编辑时，不记录新的控制磁迹。

插入编辑不能改变磁带上原有节目的总长度，多半是对已完成的磁带进行修改或配音。要插入一段新内容，必须舍弃与其长度相同的旧内容，一般操作方法是：先确定母带的入点和出点，也就是要替换的镜头部分，然后再确定素材带的入点或出点。

组合编辑与插入编辑的主要区别：

（1）编辑点数目不同。组合编辑只有编辑入点有意义，出点后为空白区。插入编辑有精确的编辑入点和出点。

（2）编辑内容控制不同。组合编辑是视频、音频同时编辑。而插入编辑的视频和音频（不同声道）可分别单独编辑。

（3）对 CTL 信号要求不同。组合编辑磁带上可以没有 CTL 信号，插入编辑磁带上则必须录有 CTL 信号。

（4）使用阶段不同。组合编辑一般为节目编辑的开始阶段采用。由于是全消磁头工作，所以消磁效果好，重放杂波小。插入编辑一般为节目修改阶段使用。由于是旋转消磁头工作，所以消磁能力较弱，重放杂波较大。

第四节 对编系统的基本操作

一、准备

停电检查所有设备的开关是否在正确位置：

（1）所有设备的电源开关（POWER）都置于关闭（OFF）的位置。

（2）素材带误消磁孔盖上红色记录帽。

二、系统接线与调整

（1）按编辑系统接线图连接设备，如图 6－13 所示。

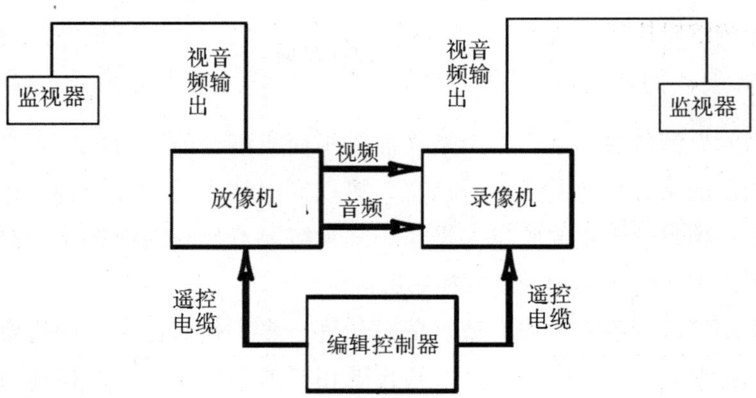

图 6－13　对编系统线路连接图

（2）打开稳压电源，待电源稳定在 220V 时，将所有设备的电源开关置于接通位置。

（3）将素材带与编辑带分别放入放像机与录像机带仓中。

（4）将监视器的亮度、对比度、色饱和度、音量调到适当的位置。

三、组合编辑

（1）编辑方式选择。按下自动编辑控制器上的组合编辑键（ASSEMBLE），使其灯亮。

（2）放像机找入点。利用放像功能键中的快进键（FF）、倒带键（REW）、放像键（PLAY）找出所要编辑的镜头，调整刺激跟踪旋钮（TRACKING）使图像电平最大，再利用搜索盘慢速搜索指导找到该镜头的编辑输入点部分，使其处于暂停状态。用复位键进行清零。

（3）放像机入点储存。同时按下放像机编辑输入键（ENTRY）和入点键（IN），使左边数字时间计数显示器上的入点指示灯（IN）亮起。

（4）录像机找入点。按录像机部分的放像键（PLAY），再用搜索盘进行搜索找到需要编辑的入点部分，使其处于暂停状态。用复位键进行清零。

（5）录像机入点储存。同时按下录像机编辑输入键（ENTRY）和入点键（IN），使右边数字时间计数显示器上的入点指示灯（IN）也亮起。

（6）编辑预演。为了检查所选的编辑点是否理想，可不按编辑执行键（AUTO EDIT），而先按编辑预演键（PREVIEW），此时编辑机将模拟编辑方式进行动作，监视器上显示的图像按编辑执行方式进行，但放像机的信号并没有记录在编辑带上。

（7）编辑点帧间修正。经编辑预演，若认为编辑点不够准确，可通过细调键（TRIM）进行修正。方法是先按住放像机或录像机的入点键（IN），不要松手，再按细调按钮中的“+”键（推后入点）或“-”键（提前入点）。每按一次，编辑点可推后或提前一帧。详细的修改编辑点操作可根据下表中的操作方法进行：

修改编辑点的按键组合及功能表

按键组合	功能
只按 IN/OUT	查看编辑点位置的时间码
IN/OUT + GO TO	快速到达所需画面，静帧
IN/OUT	镜头总长度
+/- + IN/OUT	加帧/减帧
先按 IN 和 OUT 两个键，再按 +/-	调整整个编辑段
先按住 IN 或 OUT，然后按 RESET	删除编辑点

根据以上方式，将放像机和录像机的入点打好。

（8）执行编辑。编辑点确定无误后，按自动编辑键（AUTO EDIT）。这时除了监视器上显示的图像按编辑方式进行，放像机的信号也被记录在编辑带上。

（9）终止编辑。按自动编辑键后，一个镜头结束，需终止两机的编辑时，按下终止编辑键（ALL STOP），编辑结束，两机将处于暂停状态。

（10）编辑点检查。为了确保编辑点的质量，每个镜头编辑结束后都应进行编辑点的检查，可按下重演检查（RVW）键或通过搜索盘慢速搜索，认真检查编辑点是否完好。如编辑点出现跳动、闪动、扭动或存在黑场等，则应重新进行编辑，直至完好为止。

（11）按以上步骤进行下一镜头编辑，熟练组合编辑的操作。需要注意的是，在进行组合编辑时，除了设定放像机和录像机的入点之外，放像机的出点可以设定也可以不设定；如果设定了放像机的出点，则在完成放像机入点和出点之间的镜头的编辑之后，编辑系统会自动停止工作；而如果放像机没有设定出点，则需要在完成想要的镜头编辑后，由编辑人员手动停止编辑系统的编辑。组合编辑时，一般不设定录像机的出点。

四、插入编辑

（1）编辑方式的选择。按下自动编辑控制器中插入编辑（INSERT）上的视频键（V），如果需要插入声音信号可以同时或分别按下音频一声道（CH－1）和二声道（CH－2）键。检查视频键和音频键的指示灯是否点亮。

（2）放像机找入点。利用放像功能键中的快进键（FF）、倒带键（REW）、放像键（PLAY）找出所要编辑的镜头，调整刺激跟踪旋钮（TRACKING）使图像电平最大，再利用搜索盘慢速搜索指导找到该镜头的编辑输入点部分，使其处于暂停状态。用复位键进行清零。

（3）放像机入点存储。同时按下放像机编辑输入键（ENTRY）和入点键（IN），使左边数字时间计数显示器上的入点指示灯（IN）亮起。

（4）录像机找入点。按录像机部分的放像键（PLAY），再用搜索盘进行搜索找到需要编辑的入点部分，使其处于暂停状态。用复位键进行清零。

（5）录像机入点储存。同时按下录像机编辑输入键（ENTRY）和入点键（IN），使右边数字时间计数显示器上的入点指示灯（IN）也亮起。

（6）录像机找出点。按录像机放像键（PLAY）并用搜索盘进行搜索，找到需要插入镜头的结束点作为编辑出点，使录像机处于暂停状态。

（7）录像机出点储存。同时按下录像机编辑输入键（ENTRY）和出点键（OUT），使右边数字时间计数显示器上的出点指示灯（OUT）亮起。

（8）编辑预演。为了检查所选的编辑点是否理想，可不按编辑执行键（AUTO EDIT），而先按编辑预演键（PREVIEW），此时编辑机将模拟编辑方式进行动作，监视器上显示的图像按编辑执行方式进行，但放像机的信号并没有记录在编辑带上。

（9）编辑点帧间修正。入点修正同组合编辑。出点修正必须按住录像机的出点键（OUT）再按细调键中的“＋”（推后出点）或“－”（提前出点）键。每按一次编辑出点可推后或提前一帧，根据具体情况进行修正，可参照组合编辑中编辑点修正的相关操作方法。

（10）执行编辑。同组合编辑。当编辑结束时，两机将在出点的位置上暂停下来，而不必按终止编辑键。

（11）编辑点检查。按组合编辑的方法检查编辑入点和出点，如果其中有一个接点不好，应重新进行编辑，直到完好为止。

（12）按以上步骤进行下一个编辑操作。

需要注意的是，插入编辑时必须准确设定录像机的入点和出点，以及放像机一侧的入点。放像机的出点一般不设定。

五、混录配音或者音乐

画面编辑完之后，常常需复制一版配音带供配解说、配音乐使用。混录就是将同期声、解说、音乐三者之音量按节目需要有机地结合在一起，合成在一个声道上。

正规的混录工作需要相应的设备，如调音台、话筒、音源设备、能控制调音台音乐的编辑控制器等，并由专业调音师操作。进行一般性节目的混录，或者设备比较简陋时，如果能够充分利用设备的特性，也能混录出好的效果。

没有调音台设备时，可利用录像机音频输出的功能，即监听输出进行混录，监听输出是 CH－1 和 CH－2 的混合输出，分别调节录像机两个声道的音量大小，即混合输出的大小比例。

具体做法是，母带上原有同期声在 CH－2 上，在需要解说的位置将解说录制在 CH－1上。配音版的 CH－1 中录上音乐，母带装入放像机中，配音版转入录像机中，放像机的监听输出连接到录像机的 CH－2 输入接口进行声音插入编辑，调节放像机的 CH－1 和 CH－2 输入接口进行声音插入编辑，调节放像机两个声道的音量调节钮，则录像机 CH－2 中混录上同期声与解说。将两盘磁带调换位置，再进行上述操作。同期声与解说（CH－2）声音和音乐（CH－1）声音混录在母带的 CH－2 声道上，即可完成三者的混录。

混录工作中要掌握的是音响设备的准确操作，比如什么时间加入音乐或者解说，三者的音量大小如何处理等。通常情况下，解说的作用是交代背景，引导和概括画面；同期声的作用则体现在现场效果和真实感；音乐的作用是渲染气氛。三者同时出现时，解说首位，同期声次之，然后是音乐。当然，不同的节目类型有不同的要求。就音乐而言，通常都是选用一些现成的音乐，而使用现成音乐的最大问题在于音乐的时间与实际配乐需要不吻合，此时可以使用音频编辑软件进行编辑。此外，为避免给观众音乐不完整的感觉，应将音乐的起落控制在解说词或者同期声中。

六、检查

用这种方法，将上一步完成的结果配上音乐和解说词，再检查整个节目。如没问题，将起点和终点记入时码表。

七、结束

（1）按编辑控制器上放像机和录像机对应的弹出键（EJECT），录像机和放像机会弹出素材带和编辑带，将弹出的两盘录像带装入磁带盒中。

（2）将所有设备的电源开关（POWER）置于关闭位置（OFF）。

思考题

1. 简述线性编辑的概念和优缺点。
2. 简述剪辑技术和录像设备的发展历程。
3. 录像带主要包括哪些磁迹？
4. 对比分析三种线性编辑系统。
5. 列出线性编辑的基本流程。
6. 简述组合编辑和插入编辑的方法。

第七章　非线性编辑技术

学习目标

- 了解非线性编辑的工作原理和系统组成
- 熟悉非线性编辑系统的基本操作
- 了解非线性编辑系统产品选购时的考虑要素

第一节　非线性编辑的系统组成

非线性编辑系统主要由以下几部分构成：①计算机平台；②高速存储介质；③视音频采集处理卡/芯片；④非线性编辑软件；⑤接口单元。

非线性编辑系统的工作原理可简述为：来自放像机或其他信号源的视音频信号，经视音频采集处理卡变换成数字视音频信号，并利用硬件进行实时压缩，然后将压缩后的视音频素材数据存储到 SCSI 硬盘或磁盘阵列中。应用非线性编辑软件来制作电视节目，根据创作意图，可以联合使用多个编辑软件对硬盘中的素材进行特技加工处理，最后形成一个完整的电视节目。输出时，视音频数据送至相应的板卡进行数字解压缩并还原成模拟信号，用录像机记录下来。

一、计算机平台

计算机是非线性编辑系统中各种硬件和软件的平台，视音频信号的采集、编辑、特效处理和字幕添加等都是在计算机中完成的，因而计算机是非线性编辑系统的最基本组成部分。

非线性编辑系统的计算机平台主要包括工作站、MAC 和多媒体 PC 三种主流平台，可以组成满足不同需要的低、中、高端非线性编辑系统。基于工作站平台的系统大多建立在 SGI 图形工作站基础上，其对图像和动画的处理能力更优，但价格昂贵，软硬件支持不充分；基于 MAC 平台的系统在非线性编辑发展的早期应用得比较广泛，然而 MAC 硬件可选范围和软件种类都较少，其兼容性问题也是发展的一个不利因素；基于多媒体 PC 平台的系统以 Intel 及其兼容芯片为核心，型号丰富，性价比高，装机量大，发展速度也非常快，因此近年来以 PC 机作为平台的非线性编辑系统越来越多。

二、高速存储介质

1. 常用存储接口简介

（1）SCSI 接口。

SCSI（Small Computer System Interface）称为小型计算机系统接口，是一种较为特殊的接口，可以与多种类型的外设进行通信。SCSI 具有应用范围广、多任务、带宽大、CPU 占用率低，以及热插拔等优点。如图 7－1 所示。

SCSI 接口可以接入多个硬盘，形成大容量硬盘阵列，因此多用于较高级的计算机产品，如网络服务器等。SCSI 接口的硬盘存取速度快，价格比同容量的 IDE 硬盘高三分之一到一倍。此外，由于主板一般不带有 SCSI 接口，需要专门的 SCSI 适配卡。

目前，在非线性编辑系统中使用的主要是 SCSI－2 接口和 Ultra Wide SCSI 接口。

图 7－1　SCSI 接口

图 7－2　SATA 接口

（2）SATA 接口。

SATA 的全称是 Serial Advanced Technology Attachment（串行高级技术附件，一种基于行业标准的串行硬件驱动器接口），是由 Intel、IBM、Dell、APT、Maxtor 和 Seagate 公司共同提出的硬盘接口规范。如图 7－2 所示。

SATA 以连续串行的方式传送数据，一次只传送 1 位数据。这样 SATA 接口仅用四只针脚就能完成所有的工作，这样的架构还能降低系统能耗和减小系统复杂性，效率也会更高。串行 SATA 总线使用嵌入式时钟信号，具备了更强的纠错能力。与以往相比，其最大的区别在于能对传输指令（不仅仅是数据）进行检查，如果发现错误会自动矫正，这在很大程度上提高了数据传输的可靠性。更重要的是，在连接形式上，除了传统的点对点（Point-to-Point）形式外，SATA 还支持“星形”连接，这样可以给 RAID 这样的高级应用提供设计上的便利。

SATA 规范不仅立足于未来，而且还保留了多种向后兼容的方式，在使用上不存在兼容性的问题。另外，SATA 接线较传统的 PATA 接线要简单得多，而且容易收放，对机箱内的气流以及散热有明显的改善。

2. RAID 技术

RAID 技术诞生于 1987 年，由美国加州大学伯克利分校提出，是指将两个或两个以上的高速硬盘并在一起使用，通过硬盘加速卡和软件控制，几个硬盘交互读写，奇偶场数据分别存放在各个硬盘中，且对每一场的数据都用某种算法使其有一定的冗余度，如果某一硬盘出了问题，仍然可以从其他硬盘恢复记录在该硬盘上的数据。

RAID 以前一直是 SCSI 领域的独有产品，因为它当时的技术与成本限制了其在低端市场的发展。今天，随着 RAID 技术的日益成熟与厂商的不断努力，我们已经能够享受到成本相对低廉得多的 IDE－RAID 和 SATA－RAID 系统，虽然稳定与可靠性还不能与 SCSI－RAID 相比，但其性价比却很高。

3. 网络存储

网络存储是基于数据存储的一种通用网络术语，即将存储设备通过标准的网络拓扑结构（例如以太网）连接到一群计算机上。网络存储是部件级的存储方法，它的重点在于帮助解决迅速增加存储容量的需求。网络存储结构大致分为以下三种：

（1）直接附加存储（DAS：Direct Attached Storage）。

这是一种直接与主机系统相连接的存储方式。在这种方式中，存储设备是通过电缆（通常是 SCSI 接口电缆）直接连接到服务器的。它依赖于服务器，其本身是硬件的堆叠，不带有任何存储操作系统。对于多个服务器或多台 PC 的环境，使用 DAS 方式设备的初始费用可能比较低，但在这种连接方式下，每台 PC 或服务器必须单独拥有自己的存储磁盘，否则会难以进行磁盘容量的再分配；对于整个环境下的存储系统管理，工作烦琐而重复，没有集中管理解决方案，所以整体的拥有成本（TCO）较高。目前 DAS 基本被 NAS 和 SAN 所代替。

（2）网络存储（NAS：Network Attached Storage）。

这是一种采用直接与网络介质相连的特殊设备实现数据存储的机制。由于这些设备都分配有 IP 地址，所以客户机通过充当数据网关的服务器可以对其进行存取访问，甚至在某些情况下，不需要任何中间介质客户机也可以直接访问这些设备。NAS 是基于 LAN（局域网）的，按照 TCP/IP 协议进行通信，以文件的 I/O（输入/输出）方式进行数据传输。在 LAN 环境下，NAS 已经完全可以实现异构平台之间的数据共享，比如 NT、UNIX 等平台的共享。

（3）存储网络（SAN：Storage Area Network）。

这指的是存储设备相互连接且与一台服务器或一个服务器群相连的网络。SAN 由三个基本的组件构成：接口（如 SCSI、光纤通道、ESCON 等）、连接设备（交换设备、网关、路由器、集线器等）和通信控制协议（如 IP 和 SCSI 等）。这三个组件再加上附加的存储设备和独立的 SAN 服务器，就构成一个 SAN 系统。SAN 提供一个专用的、高可靠性的基于光通道的存储网络，SAN 允许独立地增加它们的存储容量，也使得管理及集中控制（特别是对于全部存储设备都集群在一起的时候）更加简化。而且，光纤接口提供了 10km 的连接长度，这使得物理上分离的远距离存储变得更容易。

4. iSCSI 技术

iSCSI（Internet SCSI）是 2003 年 IETF（Internet Engineering Task Force）制定的一项标准，用于将 SCSI 数据块映射成以太网数据包。SCSI 是块数据传输协议，被广泛应用于存储行业，是存储设备最基本的标准协议。

这几年来，iSCSI 存储技术得到了快速发展。iSCSI 最大的好处在于能提供快速的网络环境，虽然目前其性能和带宽跟光纤网络还有一些差距，但能节省企业约 30% ~ 40% 的成本。iSCSI 的技术优点和成本优势主要包括以下几个方面：

（1）硬件成本低。

构建 iSCSI 存储网络，除了存储设备外，交换机、线缆、接口卡都是标准的以太网配件，价格相对来说比较低廉。同时，iSCSI 还可以在现有的网络上直接安装，并不需要更改企业的网络体系，这样可以最大限度地节约投入。

（2）操作简单，维护方便。

对 iSCSI 存储网络的管理，实际上就是对以太网设备的管理，只需花费少量的资金去培训 iSCSI 存储网络管理员。当 iSCSI 存储网络出现故障时，问题定位及解决也会因为以太网的普及而变得容易。

（3）扩充性强。

对于已经构建的 iSCSI 存储网络来说，增加 iSCSI 存储设备和服务器都将变得简单且无须改变网络的体系结构。

（4）带宽和性能。

iSCSI 存储网络的访问带宽依赖以太网带宽。随着千兆以太网的普及和万兆以太网的应用，iSCSI 存储网络会达到甚至超过 FC（Fiber Channel，光纤通道）存储网络的带宽和性能。

（5）突破距离限制。

iSCSI 存储网络使用的是以太网，因而在服务器和存储设备的空间布局上的限制就会少了很多，甚至可以跨越地区和国家。

在过去的一年，存储界最热门的技术就是 iSCSI 技术，各存储设备厂商都纷纷推出 iSCSI 设备（企业级别或家用级别），iSCSI 存储设备的销量也在快速增长。

三、视音频采集处理卡/芯片

1. 概述

视音频采集处理卡/芯片是整个非线性编辑系统中最核心的部分，主要功能为对视频进行压缩采集，然后解压播放。

视音频采集处理卡/芯片是非线性编辑系统的“引擎”，在非线性编辑系统中起着举足轻重的作用，直接决定着整个系统的性能。其作用是捕获外部输入的视音频信号，并将模拟视频进行 A/D 变换（模数转换）与压缩编码，转化为计算机可以处理的数字信号，或将系统内等待输出的数字信号通过解码与 D/A 变换（数模转换）恢复为可供记录或直播的视音频信号。

压缩和解压缩是视音频采集处理卡/芯片的主要工作，它对数字视频信号的码率进行压缩，以适应数据总线传输带宽以及硬盘存储的要求。高档非线性编辑系统对数字化的视音频信号压缩比例较低，数据量大，图像质量高。个人 PC、Macintosh 机非线性编辑系统对数字视音频信号压缩比较高，数据量大大减少，图像质量不高。通常视频采集卡可以支持多种压缩比例，即压缩比可调。压缩比越高，图像数码率越低，图像质量也越差；反之，压缩比越低，图像数码率越高，图像质量也越好。

视音频采集处理卡/芯片还可完成两路或多路的实时特技，用硬件方式来完成特技的制作，速度快，效率高。视音频采集处理卡/芯片也可以实现叠加字幕的功能。如果没有视音频采集处理卡/芯片的硬件特技实时运算，系统只能用软件运算方法制作三维特技，生成时间一般是特技长度的十几倍至几十倍。

2. 分类

视音频采集处理卡/芯片主要有以下几种分类：

(1) 按照视频信号源，可以分为数字采集卡（使用数字接口）和模拟采集卡。

数字采集卡通过 IEEE1394 数字接口，以数字对数字的形式，将数字视频信号无损地采集到 PC 中，其视频信号源主要来自 DV（数码摄像机）及其他一些数字化设备。模拟采集卡通过 AV 或 S 端子将模拟视频信号采集到 PC 中，使模拟信号转化为数字信号，其视频信号源可来自模拟摄像机、电视信号、模拟录像机等。

数字采集卡与模拟采集卡的一个重要区别是：使用数字采集卡，在采集过程中视频信号没有损失，可以保证得到与原始视频源一模一样的效果，而使用模拟采集卡的视频信号会有一定程度的损失。有人曾形象地作了一个类比：模拟采集类似于利用录像机翻录影带，翻录的子带总是不如母带清晰，如果再利用子带翻录，效果会更差；

而数字采集就像用电脑拷贝数据文件一样，无论复制多少次，复制的文件与原文件都完全一样，没有任何区别。

（2）按照安装链接方式，可以分为外置采集卡（盒）和内置式板卡。

这两样安装链接方式各有优缺点，如果资金不是很充足，推荐选用内置式的 PCI 视频接收卡。插卡式卡推荐选用 PCI 接口。同时内置式板卡还有以下好处：它不会占用外部的桌面空间，不需外接电源，可以在 Windows 系统下实现多任务。然而其缺点是易受到电脑内部元器件的电磁干扰，引起其播放质量下降；在安装时要比外置的麻烦一些，必须拆开机箱才可以进行安装；在安装驱动或软件时也容易和其他电脑设备发生冲突。外置采集卡的优点显而易见，外置采集卡的性能比起内置的视频接收卡会稳定一些。

（3）按照视频压缩方式，可以分为软压卡（消耗 CPU 资源）和硬压卡。

软压卡就是纯采集卡，未压缩的图像数据直接进入系统内存，然后通过软件进行图像压缩。由于未压缩的图像数据要进入系统内存进行压缩，同时要送到显卡内存进行监视，因此软压卡对系统总线的带宽要求比较高。软压卡由于通过主 CPU 进行压缩，系统容量有限制，目前不能达到大路数全实时处理，P4 2G 一般也不能并行处理 16 路的数据。另外，软压卡比较简单，硬件兼容性好，软件的灵活性较大，价格也较便宜。

硬压卡通过在采集卡上加专用压缩芯片（ASIC 方案）或 DSP 来大大提高并行视频压缩能力。相比于软压卡，硬压卡的并发实时性能可以做得很高，而且有很大的加入智能处理的余地。但是，由于硬件更复杂，硬压卡的兼容性差一些，价格比较贵。

（4）按照其用途，可分为广播级视频采集卡、专业级视频采集卡、民用级视频采集卡。

它们档次的高低主要是取决于采集图像的质量。

广播级视频采集卡的最高采集分辨率一般为 768×576（均方根值）PAL 制，或 720×576（CCIR-601 值）PAL 制 25 帧/秒，或 640×480/720×480 NTSC 制 30 帧/秒，最小压缩比一般在 4∶1 以内。这一类产品的特点是采集的图像分辨率高，视频信噪比高，缺点是视频文件庞大，每分钟数据量至少为 200MB。

专业级视频采集卡比广播级视频采集卡的性能稍微低一些，分辨率两者是相同的，但压缩比稍微大一些，其最小压缩比一般在 6∶1 以内，输入输出接口为 AV 复合端子与 S 端子。

民用级视频采集卡的动态分辨率一般最大为 384×288 PAL 制 25 帧/秒。

四、非线性编辑软件

随着非线性编辑事业与计算机软件业不断结合、发展，非线性编辑软件逐渐走向成熟，种类也由单一化发展成多样化。主要有专用型和通用型两类。

1. 专用型

专用型的软件大都是非线性编辑系统开发商根据他们所选用的视频处理卡的特点而专门开发的。作为专门开发的非线性编辑软件，其充分考虑了与视频处理卡的匹配，由此组成的整个系统性能较稳定。

国外的专用型非线性编辑系统的主要特点是工作平台建立在 SGI 或苹果等功能强大的工作站上，其合成画面速度较快；具有强大的编辑功能和画面合成能力；大部分采用不压缩的数字信号，因而图像质量较高；而中文字幕功能不太完善，多数是将字幕作为一层图形文件处理，或只有一轨实时字幕。典型代表有 Avid、Jaleo、Smoke、Flame 和 Flint 等。图 7－3 为 Avid 生产的非线性编辑系统。

图 7－3　**Avid Media Composer**

国内的专用型非线性编辑系统都是基于 Matrox 公司的 Digisuite 系列硬件板卡进行 OEM 开发的。它从最初的面向硬件，立足于实现硬件板卡的功能，到面向用户和应用，日益开放化、网络化。国内的非线性产品经历了不断完善和成熟的过程，相应的成果是在中低端非编产品市场的占有率上，国内产品已经超过了国外产品，但在高端视频后期合成以及动画系统上，国内产品还存在一定的差距。此外，国内产品的字幕功能较之国外产品要完善，而其采用压缩方式进行画面编辑，图像质量会有一定损伤。典型代表有大洋、奥维迅、新奥特等公司开发的软件。图 7－4 为大洋非线性编辑系统。

图7-4　大洋ME专业级非编（板卡+软件）套装

2. 通用型

通用型非线性编辑系统是由第三方的公司（既不是视频处理卡制造商，也不是非线性编辑系统集成商）开发的，它的特点是可以不依赖硬件运行，安装在任何电脑上都可以使用。这些系统种类繁多，功能十分强大，在很大程度上填补了非线性编辑系统在特技效果和多层画面合成能力上的不足。

此类系统典型代表是Adobe Premiere。Adobe Premiere是一种基于非线性编辑设备的视音频编辑软件，可以在各种平台上和硬件配合使用，被广泛应用于电视节目与广告制作、电影剪辑等领域，成为PC和MAC平台上应用最为广泛的视频编辑软件。它是一款相当专业的DV（Desktop Video）编辑软件，专业人员结合专业系统的配合可以制作出广播级的视频作品。在普通的微机上，配以比较廉价的压缩卡或输出卡也可制作出专业级的视频作品和MPEG压缩影视作品。图7-5为Adobe Premiere的非线性编辑系统。

图 7－5　Adobe Premiere 产品

五、接口单元

1. 复合视频接口

复合视频接口也叫 AV 接口或者 Video 接口，是目前最普遍的一种视频接口，几乎所有的电视机、影碟机类产品都有这个接口。

图 7－6　RCA 插头示意图

它是音频、视频分离的视频接口，一般由三个独立的 RCA 插头（又叫梅花接口、RCA 接口）组成的，如图 7－6 所示。其中的 V 接口连接混合视频信号，为黄色插口；L 接口连接左声道声音信号，为白色插口；R 接口连接右声道声音信号，为红色插口。

2. S－Video

S－Video 是一种信号质量更高的视频接口，它取消了信号叠加的方法，可有效避免一些无谓的质量损失。它的功能是将 RGB 三原色和亮度进行分离处理。S－Video 把亮度和色度信号分成两路独立的模拟信号，用两路导线分别传输，并可以分别记录在模拟磁带的两路磁迹上。如图 7-7 所示。

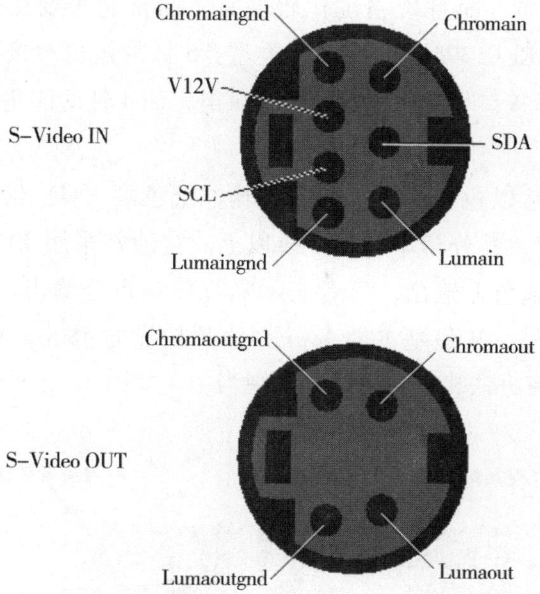

图 7-7 S-Video 接口示意图

这种接口不仅亮度和色度都具有较宽的带宽，而且由于亮度和色度分开传输，可以减少其互相干扰，水平分解率可达 420 线。与复合视频接口相比，S-Video 可以更好地重现色彩。

3. IEEE1394 接口

图 7-8 IEEE1394 接口示意图

IEEE1394 接口又称火线接口，如图 7－8 所示。它只需一根电缆传输信号，有自动识别能力，插电即可使用，能以 100Mbps、200Mbps、400Mbps 的速率轻松实现对未经压缩的原始大容量视频数据进行实时传输。其连线是由 4 根信号线与 2 根电源线构成的细缆，安装十分简单，而且价格也比较便宜。通常它主要用来连接数码摄像机、DVD 录像机等设备。IEEE1394 接口有两种类型：6 针的六角形接口和 4 针的小型四角形接口。6 针的六角形接口可向所连接的设备供电，而 4 针的四角形接口则不能。

4. 分量视频接口

分量视频接口通常以色差分量接口来传输，把色度（C）信号里的蓝色差（b）、红色差（r）分开发送，其分辨率有 600 线以上。它通常采用 YPbPr 和 YCbCr 两种标识，前者表示逐行扫描色差输出，后者表示隔行扫描色差输出，而且透过色差端子，可以输入多种等级信号，从最基本的 480i 到倍频扫描的 480p，甚至 720p、1080i 等，都要通过色差输入才有办法将信号传送到电视当中。如图 7－9 所示。

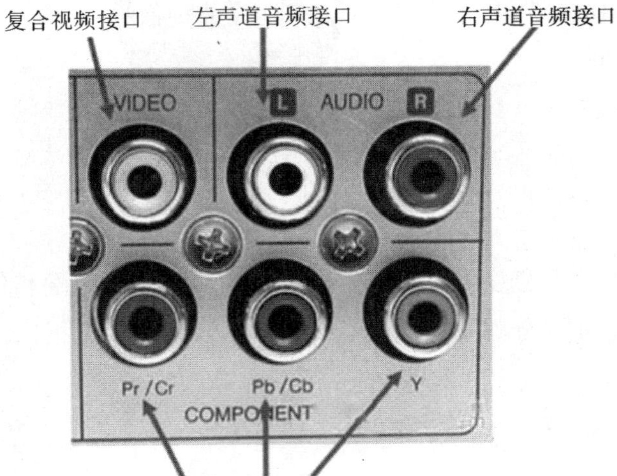

图 7－9　分量视频接口示意图

5. VGA 接口

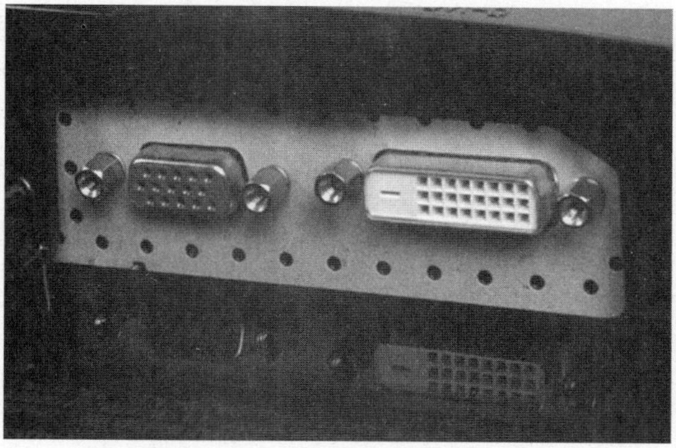

图 7－10　VGA 接口示意图

VGA 接口也叫 D－Sub 接口，如图 7－10 所示。VGA 接口是一种 D 型接口，上面共有 15 针，分成三排，每排五个。VGA 接口是显卡上应用最为广泛的接口类型，绝大多数的显卡都带有此种接口。迷你音响或者家庭影院拥有 VGA 接口就可以方便地和计算机的显示器连接，用计算机的显示器显示图像。VGA 接口传输的仍然是模拟信号，以数字方式生成的显示图像信息，通过数字/模拟转换器转变为 R、G、B 三原色信号和行、场同步信号，通过电缆传输到显示设备中。

6. DVI 接口

目前的 DVI 接口分为两种：

一种是 DVI－D 接口，如图 7－11 所示。它只能接收数字信号，接口上只有 3 排 8 列共 24 个针脚，其中右上角的一个针脚为空。不兼容模拟信号。

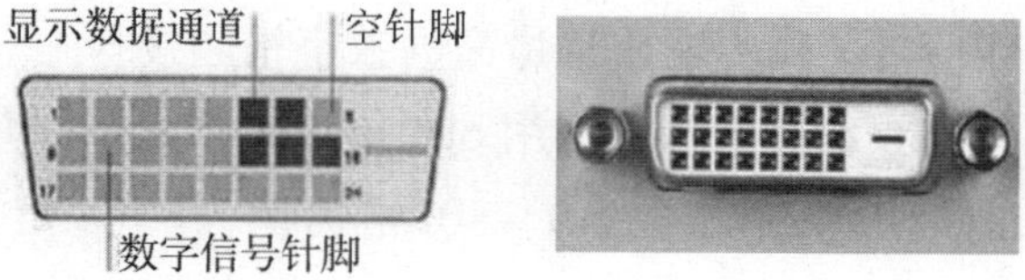

图 7－11　DVI－D 接口示意图

另外一种则是 DVI－I 接口，如图 7－12 所示，可同时兼容模拟和数字信号。兼容模拟信号并不意味着模拟信号的接口 D－Sub 接口可以连接在 DVI－I 接口上，而是必须通过一个转换接头才能使用，一般采用这种接口的显卡都会带有相关的转换接头。

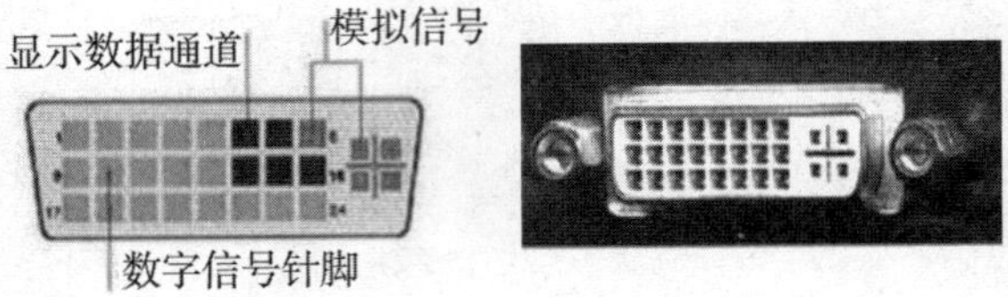

图 7－12　DVI－I 接口示意图

7. SDI 接口

图 7－13　QuadroFX 4000 SDI 上的 HD/SD 通用 10bit SDI 接口

SDI（Serial Digital Interface，串行数字接口）是一种被广泛应用在专业视频编辑广播领域的接口，如图 7－13 所示。该接口的速度为 270Mb/s，能够传输 10bit 精度、未经任何压缩的数字视频信号，是传输质量最高的数字视频接口之一。常用于连接非线性视频编辑系统和线性视频编辑系统，也用 SDI 接口进行直接视频输出和录像。随着高清电视的来临，SDI 接口也发展出了 HD－SDI 格式。

8. HDMI

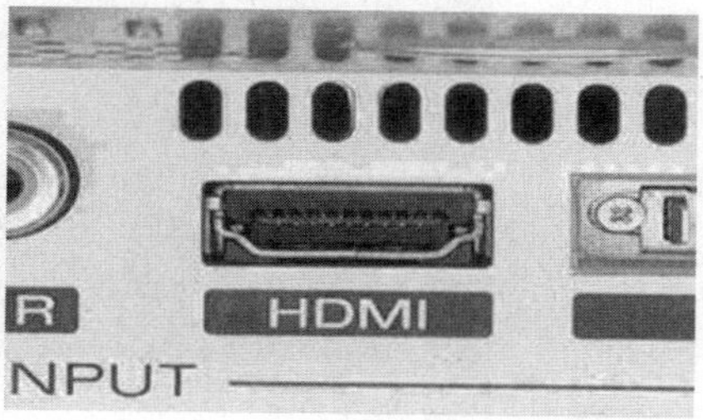

图 7－14　HDMI 接口示意图

HDMI（High Definition Multimedia）如图 7－14 所示。HDMI 接口可以提供高达 5Gbps 的数据传输带宽，可以传送无压缩的音频信号及高分辨率视频信号。同时无须在信号传送前进行数/模或者模/数转换，可以保证最高质量的影音信号传送。应用 HDMI 的好处是：只需要一条 HDMI 线，便可以同时传送影音信号，不需要多条线来连接；同时，由于无线进行数/模或者模/数转换，能获得更高的音频和视频传输质量。

第二节　非线性编辑的工作流程

由于不同的非线性编辑系统的视音频处理卡和视音频编辑软件存在较大差异，不同系统的操作有所差异，但是基本步骤可总结为：素材的获取—镜头剪接—特效添加—字幕和声音处理—节目输出。下面以通用型较强的非线性编辑软件 Adobe Premiere Pro 来进行具体介绍。

一、素材的获取

在采集前必须确保将 DV 摄像机的电源打开并保证 1394 线连接正常，然后将 DV 打开，模式设置为 PLAY 挡。如果连接正常则会在“我的电脑”中发现 DV 设备。然后进行如下操作：

（1）进入 Adobe Premiere Pro，执行菜单命令 File→Capture，或者直接按 F5 调出素材采集窗口，如图 7－15、图 7－16 所示：

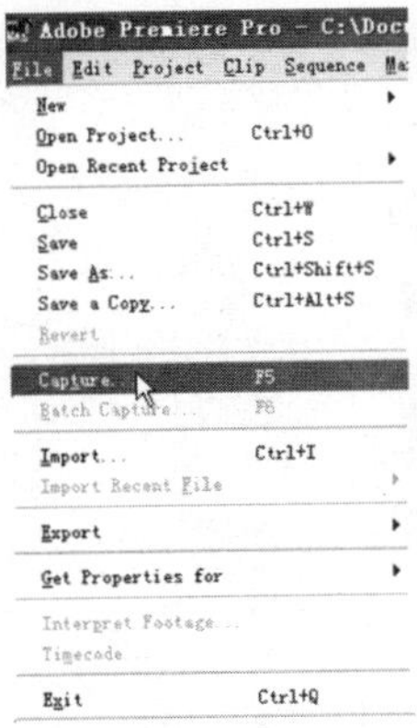

图 7 - 15　Capture 菜单

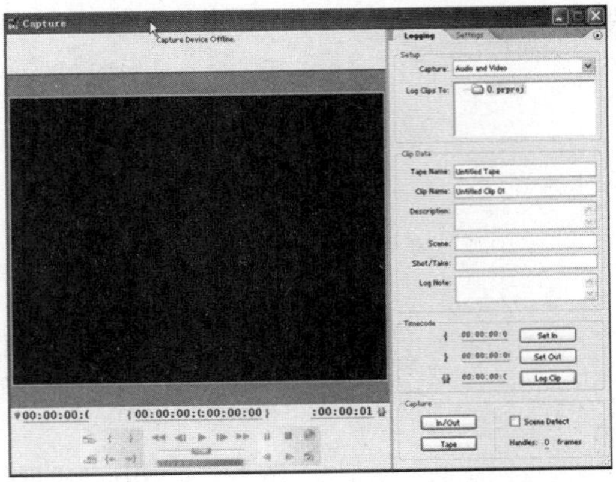

图 7 - 16　Adobe Premiere Pro 的采集窗口

（2）在采集窗口中点击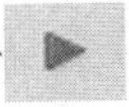（播放）按钮，就可以在预览区看到正在播放的画面内容和信息。

（3）反复地预览所拍摄的内容，找到自己所要采集的区域，用（Set In Point）按钮或者在 Timecode 控制区中点击“Set In”按钮来设置入点。在设置入点的时候，应该先暂停正在预览的画面，然后通过（前进一帧）和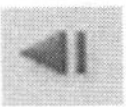（后退一帧）将画面逐帧定位到想要进行采集的地方。

（4）用同样的方法来设置出点（Out Point）。设置完出点后，就可以在 Timecode 控制区看到入点和出点的详细信息了。

（5）一切都设置好后在 Capture 控制区内单击按钮，便完成了素材采集的准备工作。

（6）点击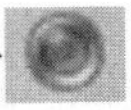（Recorder 录制），预览区所播放的内容就是采集到电脑里面的内容。点击同一按钮，停止采集。

（7）将此时采集的素材保存到硬盘中。执行 File→New Project，新建一个项目文件。此时在 Project 窗口中只有一个空白的 Sequence 素材片段存在，如图7 - 17 所示。

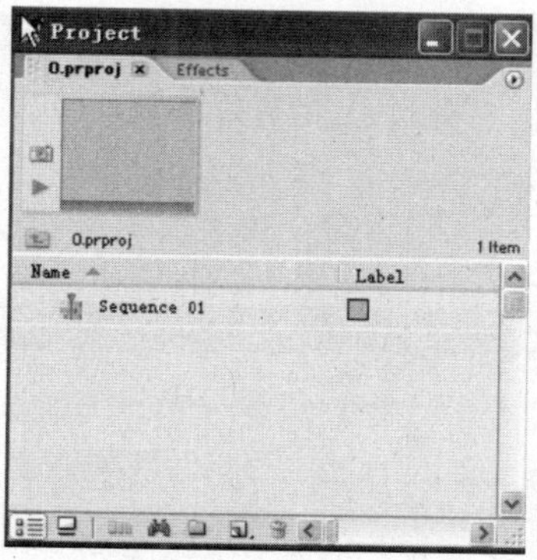

图 7－17　Project 窗口 Sequence 片段素材

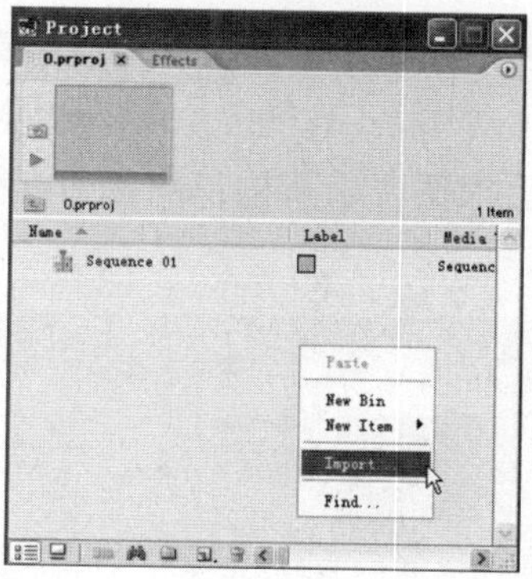

图 7－18　点击右键弹出的小菜单

（8）在 Project 窗口点击鼠标右键会出现一个小菜单（如图 7－18 所示），选中“Import”；或执行命令菜单“File－Import”；或使用快捷键“Ctrl ＋ I”，就会出现如图 7－19 所示的“Import”对话框。在该对话框中将依据路径自动显示所有素材文件，当然，文件格式必须是该软件支持的。

图 7－19　Import 窗口

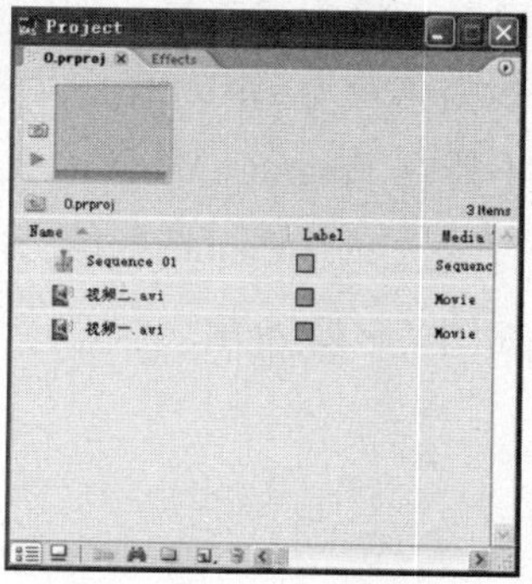

图 7－20　导入素材后的 Project 窗口

（9）在 Import 窗口中选中所需素材，单击“打开”按钮，就将素材导入软件当中了。此时可在 Project 窗口中看到已经导入的素材。如图 7－20 所示。

二、镜头剪接

在 Adobe Premiere Pro 中，基本剪辑过程涉及如下操作：

（1）将素材添加到视音频轨道上。直接单击素材，将其拖曳到相应的轨道上，如图 7－21 所示，“视频一”放在了 Video 1 的轨道上。将自己准备好的音乐拖入音频轨道，然后根据音乐节拍，准备向视频轨道上添加视频。

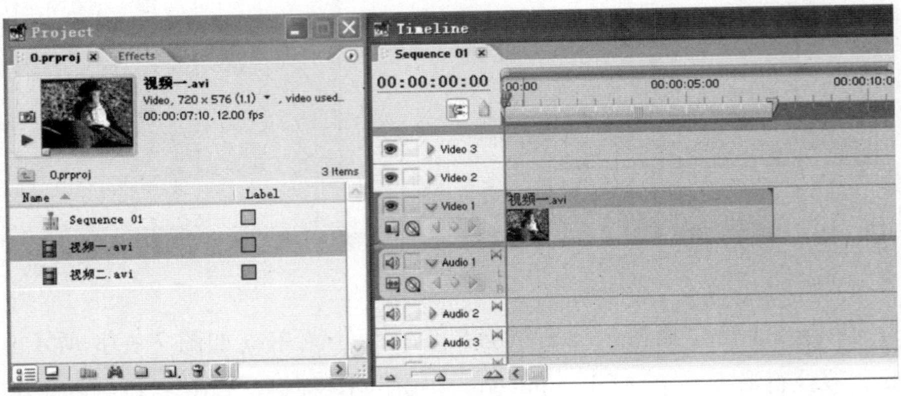

图 7－21　拖放素材到时间线窗口

（2）选择素材。选择单个素材只需选取选择工具按钮，然后用鼠标单击素材就可以了。如果要选择多个素材，则按住 Shift 键，用鼠标选择要编辑的片段就可以了。

（3）设置素材有效/无效。设置时间线内素材的有效性是经常用到的。当素材失效时，素材不能在 Program Monitor 中被预览，但可以被修改。设置失效的步骤是选中素材，单击右键选择“Enable”项，改变 Enable 的状态，可以切换素材的有效与无效两种状态。如图 7－22 所示。

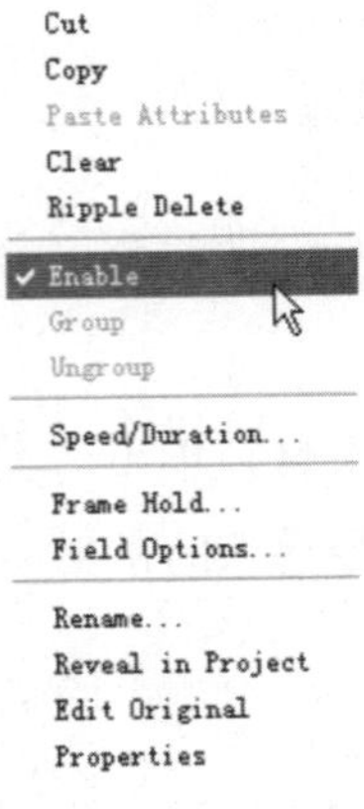

图 7－22　设置素材失效

（4）移动剪辑素材。在时间线窗口中选中素材，用鼠标向左或者向右移动。

（5）切割剪辑素材。先选择要切割的剪辑素材，通过浏览将编辑线移动至要分割剪辑的位置，在工具箱中选择（剃刀工具）按钮，点击编辑线，这样选中的素材就会被一分为二。

（6）删除剪辑素材。在时间线窗口中，选中要删除的素材，按“Delete”键，或者执行“Edit/Clear”命令。

（7）链接与解链。音频与视频可以连在一起，也可以分开剪辑。选中素材，单击鼠标右键，选择 In/Out “Link Audio and Video”就可以将二者链接在一起了，如果要解链，单击鼠标右键，选择“Unlink Audio and Video”即可。

（8）素材的禁用与加锁。在编辑过程中，有时候为了防止剪辑被移动或者误操作，可以对时间线窗口中的剪辑进行禁用或者加锁。禁用首先要选中准备禁用的片段，然后单击“Clip”菜单，在弹出的子菜单中取消“Enable”复选项命令，此时处于禁用的剪辑不会在监视窗口、预览文件以及最后的影片输出中出现。加锁剪辑则主要依靠（加锁键）按钮来实现，加锁的结果是剪辑素材被加上了一层斜纹，被加锁的剪辑不能改变，但可以预览、监视以及在最后的影片输出中出现，再次点击加锁键即为解锁。

通过上述操作，完成节目的粗剪工作。

三、特效添加

在 Adobe Premiere Pro 中，添加转场不需要像大洋那样使用两个轨道，这里只需将两段视频并排在一起（如图 7－23 所示），然后将转场特效添加到视频的衔接处（如图 7－24 所示），这样转场特技就添加完成了。

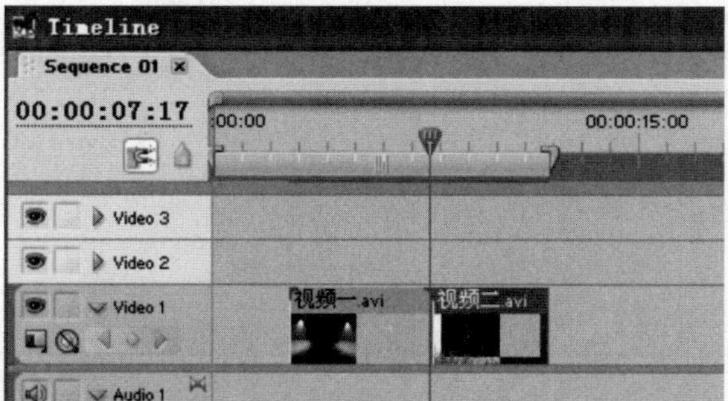

图 7－23 两段视频并排

图 7－24　添加转场

选中视频素材，打开特效控制窗口（如图 7－25 所示），打开各属性编辑按钮（单击属性前的倒三角形），将时间线拖到需要设置关键帧的第一个时间点，设置属性（如图 7－26 所示），打开关键帧（点击按钮），然后进入第二个时间点，调整属性值，此时，第二个关键帧被自动记录了，再调整下一个关键帧直至结束。预览添加特效后的效果。

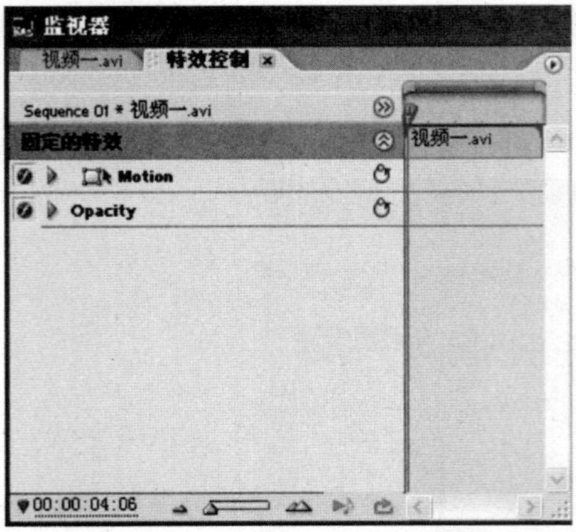

图 7－25　特效控制窗口

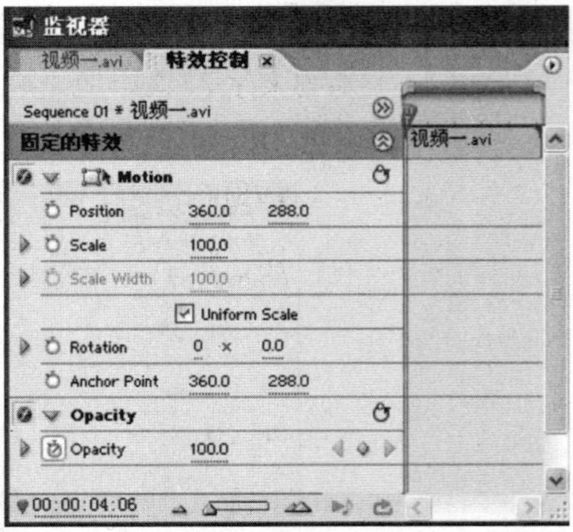

图 7－26　调整属性值

四、字幕和声音处理

执行菜单“File→New→Title”，进入字幕工作区，如图 7－27 所示，再进行下列操作：

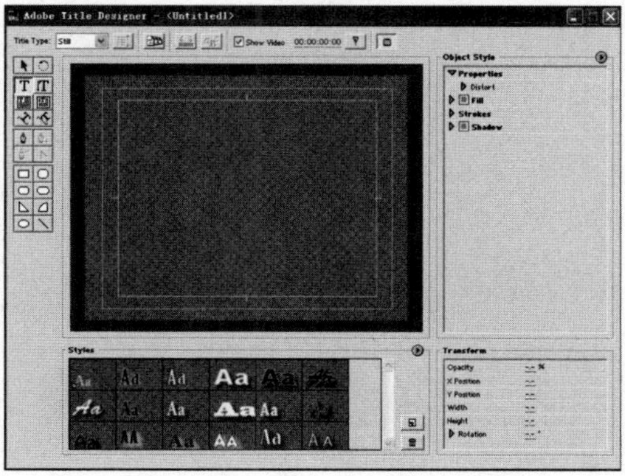

图 7－27　字幕工作区

（1）使用工具 ，选择一个物体或者文字块及图形，单击文字块可对其进行选择，按住 Shift 键可以进行多个选择。拖住该按钮可以进行移动。

（2）使用 T 编辑横向文字，使用 T 编辑纵向文字。

（3）使用 Fill 调整文字的颜色及透明度，使用 Properties 调整文字的字体、形状等属性。还可以为文字调整其他很多属性，这里不一一介绍。

（4）关闭字幕工作区，会弹出字幕保存的对话框，选择好路径，将字幕保存，保存好的字幕相当于一种视频被存储到了硬盘中，接下来的工作就和添加视频到时间线轨道上的操作方式一样，将字幕添加到需要的时间线位置，并且设置好长短。

五、节目输出

执行“File→Export→Movie”菜单，弹出输出对话框（如图 7－28 所示），创建文件名，选择路径，单击“Setting”设置输出的格式，然后单击“保存”。

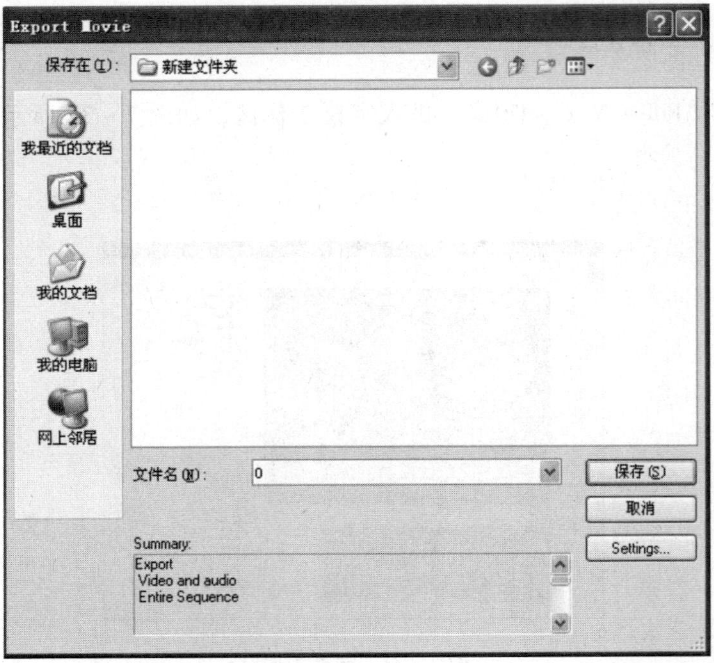

图 7－28　输出对话框

第三节　非线性编辑系统产品的选择

目前市场上有许多不同类型的非线性编辑系统，同时这些产品也不同程度地存在一些问题。归纳起来，选购时主要注意的是稳定性、兼容性和易用性三个方面。

一、稳定性

稳定性是选购非线性编辑系统产品的最基本保证，在节目制作过程中，没有什么比“死机”更糟糕的事情了，它很可能造成数据信息或是节目素材的丢失，既耽误时间又降低工作效率。所以，对于一个系统最基本的要求就是系统的稳定性。系统的工作稳定性跟系统结构有关，系统中的插卡越多，稳定性就越差。系统的视频处理、音频处理、加速处理、双副显示等多种功能集成到一块板卡上，就会减少插卡的数量和连线，从而提高系统的稳定性和可靠性。

（1）操作系统的选择。操作系统是最底层的支持，由于底层操作系统故障引起的错误将使用户后患无穷。一般来说版本高的系统出错的概率要低于版本低的系统。所以，选择系统时要注意先看看软件基于的操作系统是不是稳定的、版本是不是较新的。

（2）硬件系统的搭配。组成电脑的硬件是非线性编辑系统的依托，它配置得不合理对系统来说也将是致命的。造成硬件搭配不合理的因素，一方面是非线性编辑系统集成商在技术力量上有欠缺，另一方面是厂家为了降低成本选用价格低的杂牌配件。

（3）非线性编辑软件的选择。现在非线性编辑软件并不是都有良好的稳定性，造成软件稳定性差的因素主要是软件设计人员本身的研发实力较低，对产品的负责程度也不理想。另外，有些厂商为了降低成本，缩短了软件的开发周期，还没有对软件进行完全测试就推向市场，这等于把测试的工作交给了用户。

二、兼容性

目前的非线性编辑系统在系统构建上主要有下面几种：

（1）以 CPU + GPU 实现实时或通过生成编辑，通过 I/O 卡或 1394 卡进行输入、输出，这也是非线性编辑发展的主流方向。

（2）主要以非线性编辑卡为资源依托电脑进行输入、输出。

非线性编辑系统产品一般具有符合广播电视标准的所有视频接口，如复合、分量，Y/C 以及符合 SMPIE 标准的数字 SDI 接口和 IEEE1394 接口，可与数字 BE - TACAM-SP、DVCPRO、MII、U 型机、S - VHS 等设备配套使用。可外挂多个硬盘，控制多台不同格式的录像机，具有从 DVW 到目前各种档次摄录系统的画面质量，能与各种不同档次的摄录系统组合，兼容性很好，不会发生不匹配现象。经过非线性编辑系统制作好的节目，可以根据不同需要，随时输出转录成各种规格的节目带，保证了复制质量。当然也可以直接存在硬盘上，或挂接计算机互联网，实现节目交换或素材资料的资源共享。

三、易用性

非线性编辑系统简化了电视节目制作系统的设备种类和数量，一套非线性编辑系统加上一台录像机就可代替原来线性编辑的录像机、放像机、编辑控制器、特技机、调音台、字幕机、二三维动画制作系统、多轨录音机、时基校正器等设备。非线性编辑系统可以不按照时间顺序编辑，可以非常方便地对素材进行预览、查找、定位、复制、剪切、粘贴以及设置入点和出点等，具有丰富的特技和字幕功能，可以充分发挥制作人员的创造力和想象力。

但是在选购非线性编辑系统时，一定要从使用者的角度出发，以人性化为标准。系统如果功能强大却操作烦琐，则会大大降低工作效率。非线性编辑系统决定了制作人员在操纵非线性编辑设备时的方便程度和编辑速度。一套好的系统必须提供功能较强且操作方便的编辑模式，以满足快速简便地制作节目的需要。

思考题

1. 非线性编辑系统是由哪几部分构成的？
2. 简述非线性编辑的工作原理。
3. 非线性编辑系统采用的关键技术有哪些？
4. 简述非线性编辑系统的制作流程。
5. 选购非线性编辑系统产品应考虑到的因素有哪些？

第八章　镜头剪辑艺术

学习目标

- 了解电视编辑的基本内容
- 掌握画面剪辑的五个原则
- 熟悉镜头组接常用的转场方式
- 了解轴线规律并学习对越轴镜头的处理
- 了解剪辑中的节奏及其影响因素

第一节　电视编辑概述

在电视节目编制过程中，前期制作一般是指从节目构思到镜头素材拍摄完成这一阶段的工作，后期制作则包括把原始的素材镜头编制成一个完整的电视节目所必需的全部工作过程，一般把这一阶段的工作统称为编辑。与电影剪辑不同，电视编辑是在以电子技术为基础的操作平台上完成的，实际工作中，可以使用基于磁带的线性编辑系统，也可以使用基于硬盘的非线性编辑系统实施具体的技术操作。

电视画面编辑是电视节目影片创作的后期工作，它是电视节目编制过程中不可缺少的基本环节，更是决定电视节目质量的一个重要工作环节。编辑的目的除了制作完成一部完整的、可供欣赏或播放的电视作品外，还要清楚地向观众传达作品的创作意图。通过编辑，可以最终确定电视作品的时间长度与风格样式，所以，编辑也是创作者确立和展现艺术个性与创造节目风格的必要手段。

在编辑处理镜头时，我们需要考虑的因素有镜头内容、镜头长度、拍摄角度、镜头运动、摄像机光学镜头的运用与效果、光影造型效果等，镜头画面造型还涉及场景设计、色彩、服装、化妆等其他许多内容，在具体情况下应综合考虑各种因素，从而能正确把握编辑时截取的镜头片段，将其进行排列、组合与转换，以产生最佳的视觉造型与表意效果。

选择并确定用作编辑的镜头片段时，主要考虑的是它在画面表现上的功能。首先是叙事功能。为了清楚进行表述，要考虑它是否能让观众视线在画面上有足够的停留时间以了解画面所提供的视觉信息。在具体工作中对镜头长度的取舍，要视节目拍摄的内容和目标及观众的生理与心理特点而定。其次是节奏功能。编辑时，镜头剪接率是帮助形成电视节目外在表现形式节奏的一个重要因素。所谓镜头剪接率，是指单位时间内镜头转换的频数，通俗地讲就是镜头的长短。选择镜头，不仅要使其叙事清楚，还要认真考虑通过镜头长度的变化以形成电视节目的表现形式节奏。如果可能的话，应先使镜头成组，然后注意有意识地控制一组镜头运动变化的形式和镜头长度，使它们呈现出有规律的变化，这样就能比较容易形成视觉上的节奏，也比较容易与内容情节节奏和听觉节奏相互配合。如果编辑处理时镜头长短不一、变化无常，画面表现上的视觉变化节奏就很难形成。

第二节 蒙太奇艺术手法

一、蒙太奇的含义

蒙太奇（Montage）一词源于法语，原来是建筑学术语，意思是把各种不同的材料根据一个总的设计处理、安装之后构成一个整体。这个名词后来被引申借用到电影艺术中，成为电影艺术中的术语，也就是剪辑和组合。

狭义的蒙太奇指的是镜头组接的章法和技巧，即在影视制作阶段将前期采集的画面和声音素材按照主题要求所设计的顺序组合在一起，形成一部完整的影视作品。广义的蒙太奇则不仅仅是镜头组接的章法和技巧，还是整个影片的思维方法、结构方法和全部艺术手段的总称，包含三层意思：

（1）蒙太奇是电影电视反映现实生活的独特的形象思维方式，它指导着导演等制作人员对形象体系的建立。

（2）蒙太奇是影视的基本结构手段、叙述方式，包括分镜头和镜头场面、段落的安排与组合的全部艺术技巧。文学、喜剧、音乐、美术等都是对现实生活进行的选择和处理，蒙太奇作为影视作品特有的结构方法，也是对现实生活进行的选择和处理。

（3）蒙太奇是电影镜头组接的具体技法和技巧。广义的蒙太奇所包含的内容十分广泛，可以从多个层次来分析它：从横向上来看，包括画面与画面、声音与声音以及声画之间的全部组合关系；从纵向上来看，则包括对镜头的运用与处理、镜头的分切与组合以及场面、段落的组接与切换等；从总体上看，则包括导演对整个影片的叙述方式、叙述角度、时空结构、场景段落的布局和把握。

二、蒙太奇的分类

镜头的组接必须符合生活的逻辑和思维的逻辑，才能使观众清楚地理解它的思想内容。另外，镜头的运动和不断转换，又必然产生一定的节奏，当这种节奏和影片的思想内容结合得较好时，就会更有力地感染观众，引起强烈共鸣。这就是说，在一部影片中，镜头组接的逻辑性和节奏性，关系着影片的思想性和艺术表现力。

蒙太奇手段的创造和运用来源于人类的生活与经验。导演在观察事物现象时，不可避免地有自己的主观选择。个人有各自的观察视角，通过蒙太奇手段把它表现出来。而在电影艺术的发展中，衍生出了两种主要的蒙太奇表现方式——叙事蒙太奇和表现蒙太奇。

1. 叙事蒙太奇

叙事蒙太奇也称连续蒙太奇，以交代情节、展示事件为主旨，按照情节发展的时间流程、逻辑顺序、因果关系来分切镜头、场面和段落，表现动作的连贯，推动情节的发展，引导观众理解镜头所表现的内容。它是影视作品中最基本、最常用的叙述方法，优点是脉络清楚、逻辑连贯、明白易懂。叙事蒙太奇的类别主要有：平行式蒙太奇、顺序式蒙太奇、颠倒式蒙太奇、交叉式蒙太奇、重复式蒙太奇和积累式蒙太奇。

2. 表现蒙太奇

表现蒙太奇也称队列蒙太奇，以加强内涵表现力和情绪感染力为主旨，不注重事件的连贯和时间的连续，而是注重画面的内在联系。它以两个镜头的并列为基础，在形式上或内容上相互对照、冲击，从而产生一种单独镜头本身并不具有的更为丰富的含义，以表达某种情感、情绪、心理或思想，给观众留下强烈的印象。表现蒙太奇的类别主要有：隐喻蒙太奇、象征蒙太奇、对比蒙太奇、心理蒙太奇和节奏蒙太奇。

三、蒙太奇的作用

运用蒙太奇手法可以使镜头的衔接产生新的意义，使人们产生新的、特殊的想象。

1. 构成作用

若干个镜头经过组接以后能表达一个完整的意思，并产生比每个镜头单独存在时更丰富的意义，这就是蒙太奇的构成作用。蒙太奇的构成，必须经过导演的选择，选择那些最本质的富有艺术表现力的镜头并把它们组接在一起。

2. 创造时空作用

影视的时间和空间结构以现实时空为基础，源于生活又高于生活，且不受现实法则的约束，以一种不连续的自由方式再现生活的流程。蒙太奇可以对现实中的真实时间和真实空间进行重构。通过镜头的组接，我们不仅能够分解和充实空间，延长或压缩时间进程，而且能为了某种特殊的表意需要自由地创造时空。

3. 声音和画面结合

蒙太奇的作用是随着人们的研究与探索而不断丰富起来的。在无声片时代，蒙太奇技巧就等同于画面剪辑。有声电影出现后，蒙太奇的表现领域扩大到了声音和画面两个范围，出现了声画蒙太奇的形式，这种新形式能使声音和画面有机结合、相互作用，构成视听结合的效果，产生新的含义。

第三节　画面剪辑原则

镜头是构成影视作品的基础单位，镜头与镜头之间的组接则是构成场景、段落，乃至影视作品的基本手段。镜头组接的合理与否会直接影响到最终影视作品的内容表达和艺术表现。镜头的组接方式绝不是唯一的，不同编辑会按不同的思路和方式组接镜头，从而使镜头表达不同的画面意义和思想内涵。具体来说，镜头的组接应遵循以下原则。

一、合乎逻辑

镜头的组接必须符合观众的思想方式和影视表现规律，也就是要符合生活逻辑和思维逻辑。所谓生活逻辑就是指事物本身发展变化的客观规律，而思维逻辑则是指观众观看影视作品时的心理活动规律。前后镜头的组接不是随意的，前一个镜头是后一个镜头的基础，通过前一个镜头来触发后一个镜头，镜头之间的组接符合人们的生活逻辑和思维逻辑，影视语言才能准确流畅地表现出整体情节内容、思想内涵和艺术底蕴，观众才能看懂影视作品。

二、轴线规律

轴线是指被拍摄对象的运动方向或两个被摄对象之间的连线所构成的假想线。所谓的“轴线规律”是指拍摄的画面是否有“越轴”现象。在拍摄的时候，如果摄像机的位置始终在主体运动轴线的同一侧，那么构成画面的运动方向、放置方向都是一致的，否则便是“越轴”了，会令观众产生视觉混乱。越轴的画面除了特殊的需要以外是无法组接的。

三、景别过渡自然合理

一般来说，拍摄一个场面的时候，“景”的发展不宜过分剧烈，否则就不容易连接起来。另外，“景”的变化不大，同时拍摄角度变换亦不大，拍出的镜头也不容易组接。为了给观众平稳、流畅的视觉感受，景别的变化要采用从远到近或由近到远的“循序渐进”的方法。还要避免相同景别镜头组接在一起，否则会产生跳动的视觉感。

四、动接动、静接静

电视画面中的影像是活动着的，镜头中主体位置、运动方向和速度应保持均匀一致，镜头的运动速度也要与之协调，因而镜头组接遵循“动接动”“静接静”的规律。

如果画面中同一主体或不同主体的动作是连贯的，可以动作接动作，达到顺畅、简洁过渡的目的，我们简称为“动接动”。如果两个画面中的主体运动是不连贯的，或者它们中间有停顿时，那么这两个镜头的组接，必须在前一个画面主体做完一个完整动作停下来后，接上一个从静止到开始的运动镜头，这就是“静接静”。“静接静”组接时，前一个镜头结尾停止的片刻叫“落幅”，后一镜头运动前静止的片刻叫作“起幅”，起幅与落幅时间间隔为一两秒。运动镜头和固定镜头组接，同样需要遵循这个规律。如果一个固定镜头要接一个摇镜头，则摇镜头开始要有起幅；相反一个摇镜头接一个固定镜头，那么摇镜头要有“落幅”，否则画面就会给人一种跳动的视觉感。为了实现特殊效果，也有静接动或动接静的镜头。

五、影调和色调的过渡要自然合理

影调是指画面上由颜色的深浅和色彩的搭配而形成的明暗反差，它是画面造型和构图的主要手段，也是创造气氛、形成风格的重要手段之一。镜头组接时画面的影调要前后统一，如果前后镜头的影调具有明暗反差，观众接受信息时就容易产生混乱，影响注意力的集中程度。色调是指画面以某一颜色作为主导基调时所呈现出来的色彩倾向。利用色调可以表现情绪，创造意境。

在镜头组接的时候需要注意影调和色调的统一，否则就会产生视觉冲突。例如把明暗或者色彩对比强烈的两个镜头组接在一起（除了特殊的需要外），就会使人感到生硬和不连贯，影响内容的流畅表达。

第四节　镜头组接的转场方式

影视作品内容上的结构层次是通过段落表现出来的，而段落与段落、场景与场景之间的过渡或转换，就叫作转场。所谓转场镜头，特指在段落转换或场面变化时连接前后的镜头。转场镜头担负着廓清段落、划分层次、连接场景、转换时空、承上启下的任务。在具体的场面转换中，常见的转场方式有以下几类：

一、利用相似物体组接

利用上下镜头中主体形象所具有的相似性来进行转场。这种相似性可能表现为物体材质、形状、颜色、大小、位置等的相似，也可能表现为主体运动形式的相似，即利用两个镜头所包含的相似因素连接上下场景，如图 8－1 是以主体动态的相似性来进行转场。

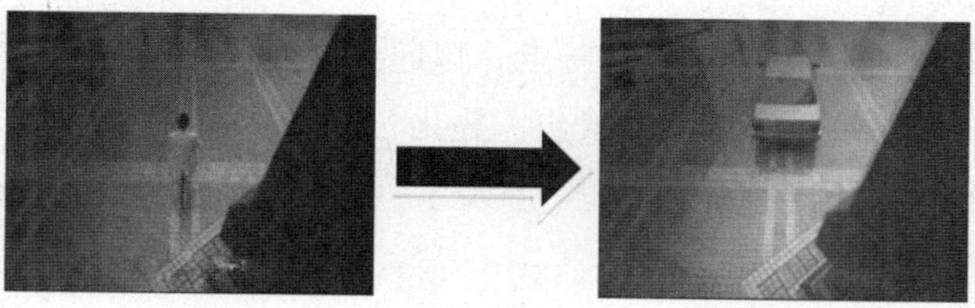

图 8－1　相似物体组接

二、利用出画入画组接

利用上一场景主体人物的出画和下一场景中主体人物的入画，将两个不同的场景连接起来，实质上就是借助主体人物的动作来延缓观众对画面视觉内容的注意，从而达到转换场景的目的。但出入画要注意方向，例如主体物从画面左侧入画，一般应从画面右侧出画，如图 8－2 所示。

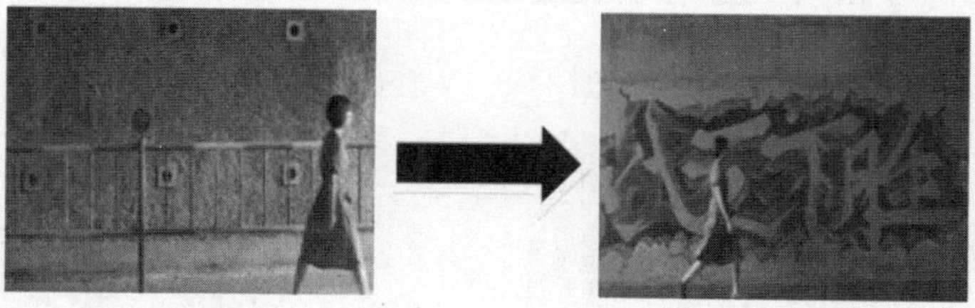

图 8－2　出画入画组接

三、利用主观镜头组接

上一个镜头拍摄主体在观看的画面，下一个镜头接转主体观看的对象，这就是主观镜头转场。主观镜头转场是按照前、后两个镜头之间的逻辑关系来处理转场的手法，主观镜头转场既显得自然，同时也可以引起观众的探究心理，如图 8－3 所示。

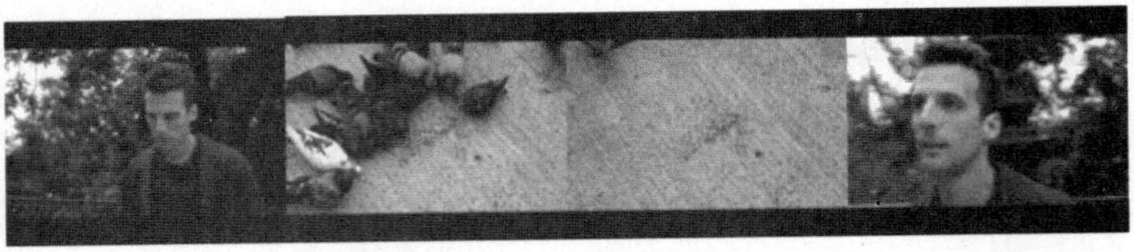

图 8－3　主观镜头组接

四、利用特技完成镜头组接

利用特技技巧将两个场面连接在一起，以起到场面自然过渡和转换的作用。一般来说，常用的转场特技主要有淡入淡出、叠化、划像、翻页、定格、多画屏分切等，如图 8－4、图 8－5 及图 8－6 所示。

图 8－4　X 淡变

图 8－5　V 淡变

图 8－6　对角划变和垂直划变

五、利用空镜头组接

空镜头是指画面上没有被摄主体的景物镜头，如天空、草地、河流等，如图 8－7 所示。此类方式是借助这些镜头来衔接两个不同的场景。利用空镜头转场一定要选取与前后镜头的内容相吻合、与情绪相关联的镜头，不能随意插接景物镜头。

图 8－7　空镜头组接

六、利用声音组接

利用画面和音乐、音响、解说词、对白等声音元素的配合来实现转场。可以利用声音过渡的和谐性自然转换场景，主要是通过声音的延续或提前、前后画面声音的相似部分的叠化来转场；也可以利用声音的呼应关系来实现时空大幅转换以及通过前后画面声音反差产生段落间隔感。如《丹麦交响曲》中，利用了船桨拍水和砍树两种声音的相似性，自然流畅地从游客们乘坐游船游览两岸风光的段落过渡到砍伐树木、生产木材的段落。

第五节　编辑点的选择

一、主体动作编辑点

主体动作编辑点是以形体活动为基础，选择主体外部动作发生显著变化之处作为动作编辑点。它包括相同主体动作编辑点和不相同主体动作编辑点。选择主体动作编辑点的一个最基本的原则就是要保证主体动作的连贯性。主体动作的连贯性主要是指人物形体动作的连贯性。

1. 相同主体动作编辑点

（1）主体位置固定的画面，选择姿态发生明显变化后作为动作编辑点。例如，运动员的动作姿态稍微变化后切换下一个镜头，如图 8－8 所示。

图 8－8　相同主体动作编辑点（1）

（2）主体位置移动的画面，选择运动方向或速度发生变化后作为动作编辑点。例如，运动员刚入水，就立即将镜头切换到胜利者欢呼的场景，如图8－9 所示。

图 8－9　相同主体动作编辑点（2）

（3）主体出入不同空间的画面，选择主体走出画面后或走入画面前作为动作编辑点。例如，从室外镜头走出画面，切换到进入室内的场景，如图 8－10 所示。

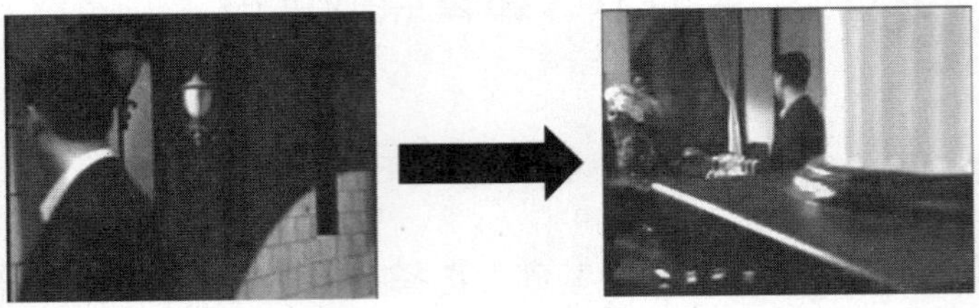

图 8－10　相同主体动作编辑点（3）

（4）主体由静到动或由动到静的画面，选择动作刚开始或停止后作为动作编辑点。

例如，从一个人在图书馆走到书架前站住的全景，切换到从书架上抽出一本书的近景，如图 8－11 所示。

图 8－11　相同主体动作编辑点（4）

2. 不同主体动作编辑点

选择不同主体之间运动的内在联系因素：动势方向一致、连贯，动作形态相似、完整的瞬间，作为动作编辑点。

（1）选择动势方向一致的地方作为编辑点。直线运动的主体朝同一方向运动时切换，使观众的视线方向保持一致；曲线运动的主体，前后镜头要保持连贯。例如，利用动势保持视线的连续性将动势方向一致的阅兵镜头组接在一起，产生一种气势磅礴的视觉效果，如图 8－12 所示。

图 8－12　不同主体动作编辑点（1）

（2）选择动作形态相似的地方作为动作编辑点。例如，从旋转的自行车轮切换到旋转的汽车轮，如图 8－13 所示。

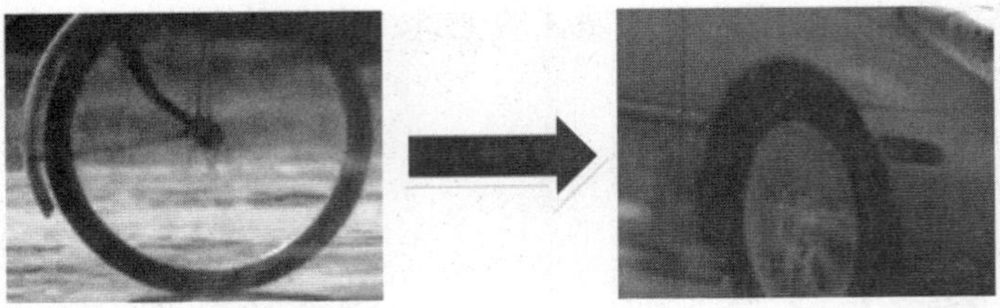

图 8－13　不同主体动作编辑点（2）

二、镜头运动编辑点

镜头运动编辑点以动接动、静接静、动接静、静接动为基础，防止运动镜头之间、运动镜头与固定镜头之间的编辑点产生视觉跳动。

1. 运动镜头之间的编辑点

（1）镜头运动方向相同的编辑点要采用“动接动”原则，即去掉上一镜头的落幅和下一镜头的起幅，直接相接，产生一气呵成的效果。例如，通过“动接动”来给阅兵式营造出连续流畅的视觉效果，凸显了场面的壮观与庄严，如图 8－14 所示。

图 8－14　“动接动”

（2）镜头运动方向相反的编辑点要采用“静接静”原则，即上一镜头的落幅接下一镜头的起幅，镜头要有起幅、落幅才不会产生视觉跳动。例如，通过“静接静”来组接一组运动员训练的镜头，形成一定的节奏韵律感，表现竞技体育之美，如图 8－15 所示。

图 8－15　“静接静”

2. 运动镜头与固定镜头之间的编辑点

（1）运动镜头跟主体静止的固定镜头之间的编辑点采用“动接静”原则，即利用运动镜头的起幅和落幅画面作为缓冲因素与静止画面组接。例如，通过跟拍足球比赛进球的镜头，接一个队友相拥庆祝的固定镜头，顺应了观众的心理，实现由“动”到“静”的连接，如图 8－16 所示。

图 8－16　“动接静”

（2）运动镜头跟主体运动的固定镜头之间的编辑点采用“静接动”原则，即利用固定镜头中动态主题的动势为连贯因素，去掉运动镜头的起幅或落幅组接动态主体。例如，先拍运动员准备起跑时的近景，再跟拍其跨栏过程，使得前后镜头具有呼应关系，如图 8－17 所示。

图 8－17　“静接动”

三、轴线及越轴处理

画面方向性是关系镜头组接得连贯流畅的因素之一。在影视作品镜头中，主体的运动、人物的视线和人物的交流使画面具有方向性，因此我们在组接镜头的时候要熟练掌握轴线规律，保证画面空间的视觉完整感与统一感。前面已经讲到，轴线是指被拍摄对象的运动方向或两个被摄对象之间的连线所构成的假想线。轴线可以是直线，也可以是曲线，大致包括运动轴线、方向轴线和关系轴线三种。

在拍摄的时候，摄影的总方向必须限制在轴线的同一侧，如果轴线是直线，各拍摄点则规定在这条线的同一侧的180°以内。任何越过这条轴线所拍的镜头都会破坏画面空间统一感，造成视觉方向的错误，就是所谓的“越轴”现象。下面先来介绍一下轴线的分类。

1. 轴线的分类

（1）运动轴线。运动轴线由被摄主体的运动方向、路线或轨迹构成，它会随主体运动方向的改变而发生变化，为了保持运动主体在画面中运动方向的前后一致，编辑的时候应将在运动轴线同一侧拍摄的镜头组接在一起。如果把在轴线不同侧拍摄的镜头直接组接在一起，画面中主体的运动方向就会出现前后相反的情况，如图8－18所示。

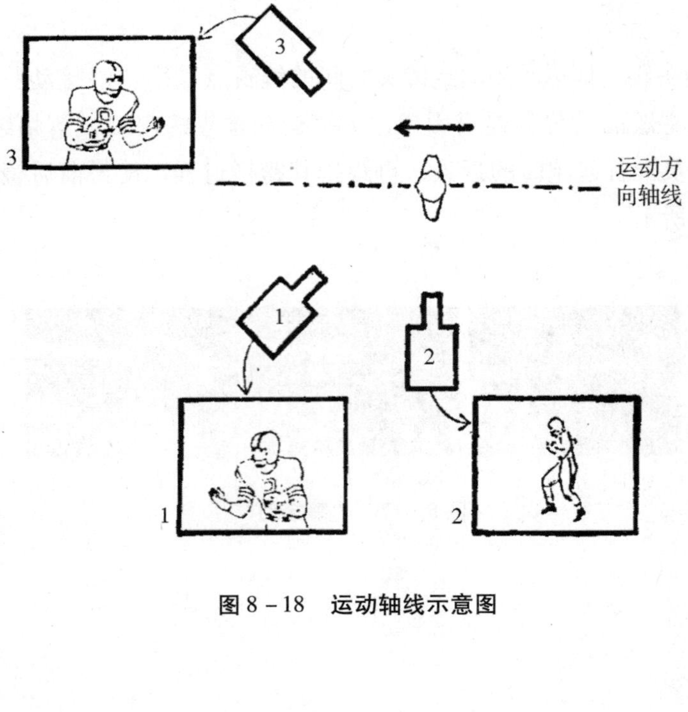

图8－18　运动轴线示意图

（2）方向轴线。方向轴线是由静止的单一主体到它对面支点间的垂直线。以人来说，就是处于相对静止状态的人直视时候的视线与其所看到的物体之间构成的轴线。根据方向轴线进行拍摄通常是拍摄主体人物时应遵循的原则，即各分镜头的机位和拍摄方向须保持在这条轴线的同一侧，如图 8－19 所示。

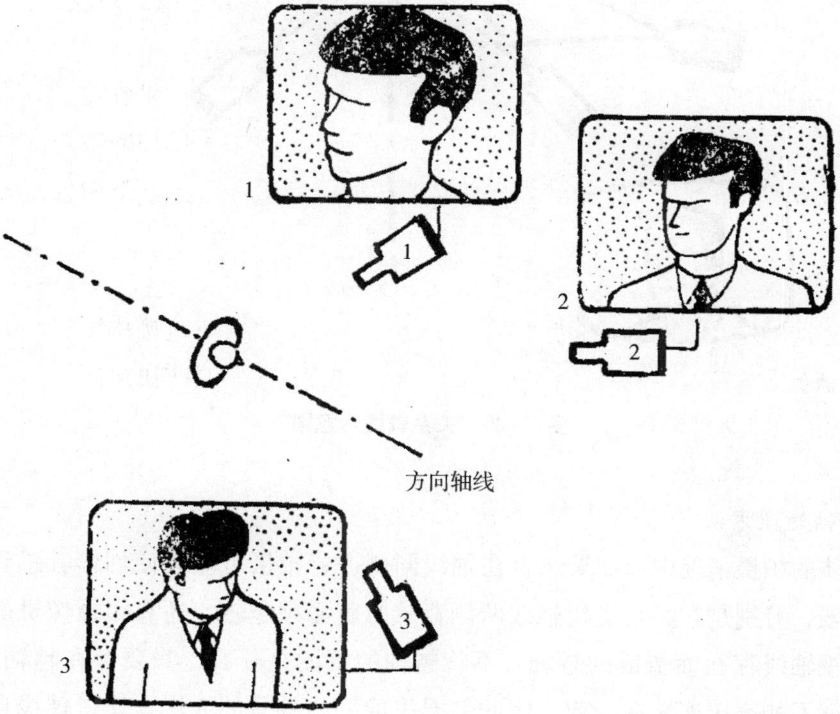

图 8－19 方向轴线示意图

（3）关系轴线。关系轴线指的是两个以上静态主体每两者之间的连接线，如果屏幕上出现两个主体，那么只形成一条关系轴线，拍摄各个主体的总方向必须保持在这条线的同一侧 180°以内。如果屏幕上出现三个以上的主体，那么每两个主体之间都可以形成一条关系轴线，主体越多，轴线也越多，拍摄方向只能设定在每两条轴线之间的夹角之内。关系轴线是依据两个人物头部之间的交流线设定的，与人物各自的视线方向无关。

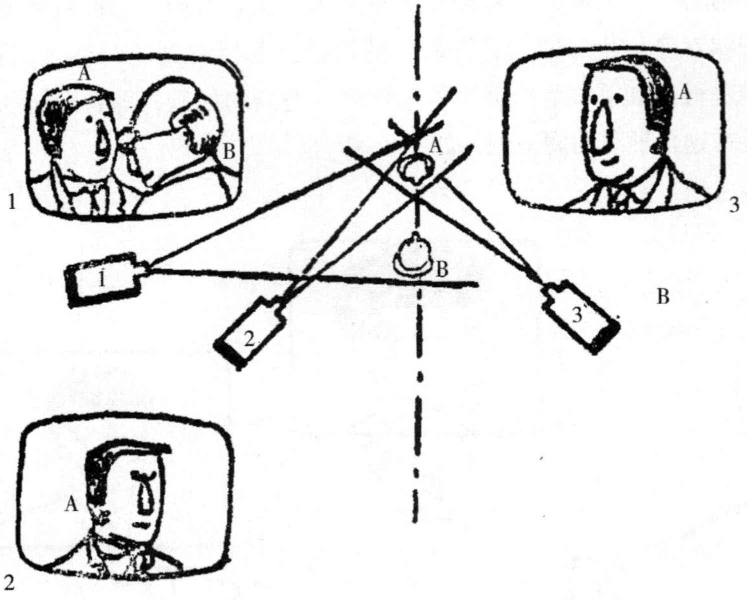

图 8－20　关系轴线示意图

2. 越轴处理方法

在具体的拍摄情况中，如果一直在轴线同侧进行拍摄可能会使创作者感到画面表现有所局限，特别是在必须交代轴线两侧背景时就必须越轴，还有因摄像机操作技能不熟练忽视轴线存在而造成的越轴。不管越轴的意图是什么，只要存在越轴的现象，两个镜头就不能直接连接在一起，因此需要采取一些补救的方法，使得轴线自然地转换过来。在编辑中校正越轴错误的方法主要有以下几种。

（1）利用主体或摄像机运动改变轴线方向。利用主体自身运动改变轴线就是在两个主体运动方向相反的镜头中间，插入一个有运动主体转向动作的镜头，利用这一动作合理越轴。而如果被摄主体始终保持原运动路线不变的话，则可以利用摄像机的运动，使之从轴线一侧运动到另一侧，使观众视线在不间断情况下从轴线一侧运动到另一侧。

（2）插入中性方向镜头。中性方向镜头是指画面主体迎着摄像机前进或背向摄像机朝画面深处前进的镜头。由于中性方向镜头没有方向性，在两个运动方向相反的镜头中间，插入一个中性镜头作为过渡，可减弱越轴所带来的视觉冲突感。

（3）利用运动中人物的主观镜头。这类镜头表现的是主体人物视线所及之物，其拍摄角度是人物的主观视角。在越轴镜头中间插入一个主观镜头，可借助人物视线的变动，改变轴线方向，清除越轴现象。

（4）插入特写镜头。在越轴镜头中间插入一个局部特写或反映特写镜头，突出被摄主体，可减弱越轴现象。需要注意的是，插入的特写镜头要与前后镜头有一定的联系，否则显得生硬。

（5）插入全景镜头。由于全景镜头中主体在画面所处的位置、运动的方向或动作不很明显，插入后即使轴线方向有所变化，但观众的视觉跳跃不大，可减弱越轴现象。例如，俯拍的全景镜头可以起到介绍环境的作用，帮助观众理解越轴镜头的前后衔接。

第六节　剪接中的节奏

一、什么是影视中的节奏

节奏的美感对于一部影片的成功是至关重要的。节奏是物体运动时交替出现的包括张弛、紧松、徐疾、长短、高低、跳跃、平稳、流畅、重复、凝滞、轻、重、强、弱等合乎规律的各种状态，是有一定规律的运动，它有时起有时伏、时而动时而静，呈现出一种周期性的交替变化状态。由于影视是时间和空间的复合体，节奏自然既表现在时间的流程中，又表现在空间的运动形态上。另外，影视又是视听综合艺术，节奏也就依附于活动的影像以及声音上。由于节奏是运动的产物，形成影视节奏的因素是多方面的。影视作品的节奏是通过剪辑的手法对其结构、镜头进行处理，使影视作品产生一种独特的韵律和节拍。把长长短短的影像片段连接在一起，是影视特有的构成节奏的手段。

影片节奏可分为内部节奏和外部节奏。内部节奏也叫心理节奏，指的是影片叙述故事的整体节奏，它是由结构、戏剧、内容铺设以及情节的进展形成的。这个节奏早在剧本创作过程中就已经形成了。内部节奏在于叙述故事的思维方式和表现方式，是一种内在的叙述观念。而由拍摄中的主体运动、摄像机镜头的运动、镜头组接时切换频率不同产生的镜头外部运动、音乐节律以及解说语速等形成的节奏表现为一种外在的物质形态，这种可以用视觉和听觉直接感受的节奏形态就是外部节奏。

在剪辑影片时，将多条线索的时空关系，不同景别、不同角度的镜头组合，镜头数量和次序的安排，声画结合，每个镜头动作长度的取舍，整场戏（纪录片称段）快、慢节奏的把握，段落的有机转换都通过剪辑技巧得到真实、合理的反映。所以说外部节奏是受内部节奏制约的，但内部节奏是通过外部节奏来表现的。内部节奏和外部节奏在剪辑中完成一种有机的统一，它们是相辅相成、不可分离的。

二、节奏的影响因素

1. 运动主体对节奏的影响

主体运动的速度、方向、幅度会对视觉节奏产生明显的影响。主体运动快，节奏快；主体运动慢，节奏慢。在主体动作中“动接动”，节奏加快；在动作暂停处“静接静”，节奏放慢。同向主体动作顺势而接，节奏相对流畅、平稳；反向主体动作交错连接，节奏变得活跃、视觉跳动。

2. 摄像机运动对节奏的影响

摄像机运动速度的快慢方向与主体运动一样，可以通过速度方向的改变产生不同的节奏感受。而且，运动摄影能够给予静态物体运动的效果，产生节奏的变化。

3. 景别对节奏的影响

不同景别所表现出来的动作可见速度是不同的，这也影响了节奏的发展速度及其含义。相同速度的主体，景别越小，视觉运动感越强，节奏效果也越好，而且，两极景别的组接会造成节奏流畅的停顿，产生跳跃的节奏感。因此，可以利用景别的大小差别来调节视觉节奏。

4. 色彩和光影变化对节奏的影响

光、色、构图等都是影视画面中的重要视觉因素，而且是流动的视觉因素，这种流动所带来的各种变化对比形成了视觉的节奏。比如，在暗色调中突然出现光亮，高调画面就改变了原有的视觉节奏，而有规律的变化就可能形成一张一弛的节奏感，色彩的节奏原理也是同样。

5. 声音对节奏的影响

由于声音本身具有长短强弱的变化，因此，声音造型是形成节奏的重要手段。首先，一段音乐其本身的强弱变化就是节奏上的起承转合。一些无解说词、以音乐为主的电视片中，镜头转换的节奏往往是依据音乐节拍形成的节奏，而且听觉节奏一般会比视觉节奏更有力地作用于人们的情绪。其次，几种不同性质的声音之间的对比也可以形成节奏的变化。声音具有强烈的情绪感染力，解说词、人物采访、现场声各自具有不同的节奏，通常现场具有较强的动感，而解说虽然可以有各种语速、情绪，但是总体上仍然会显得比较单调，人物同期声又各具性格特征。

6. 蒙太奇节奏——剪辑节奏

通过镜头长度变化、镜头转换速度、镜头结构方式等剪辑手段来形成节奏是影视节奏控制中最基础也是最重要的部分。镜头长度及转换速度的关系体现为剪辑率的变化，剪辑率高，节奏快；剪辑率低，节奏慢。镜头结构方式既体现为镜头连接顺序，又可以指镜头连接的技术方式，比如叠化、渐隐渐显、变焦、划像等都包含节奏因素，这需要根据作品的具体要求来考虑这些技巧的节奏功能。不同的剪辑速度展现不同的感情色彩，匀速剪辑（即匀速的镜头转换）显得从容稳定；慢速剪辑（包括采用慢动作处理）多用于情绪的抒发，节奏舒缓；快速剪辑则易激发强烈的情绪。

三、剪辑中的节奏问题

1. 关于镜头的拍摄节奏

镜头的拍摄节奏是情节表现的重要方式，镜头的长短、远近、移动角度是体现节奏最直观的手段。编导的创作实际上是通过镜头的拍摄量来完成每一个具象的镜头。如果镜头的拍摄量不够，就无法做到韵律感强。所以，编导在进行整体形式设计的时候，一定要找到节奏的落点，这如同文字的段落和标点。对音乐的熟悉理解程度越深，对节奏的把握就越好。节奏快则镜头的推拉变化较少，固定镜头较多；节奏慢则镜头的推、拉、摇、移运动较多，长镜头较少。而景别的大跨度组接，有提示、强调和引导的作用，能引起较大的情绪变化。

2. 关于镜头的组接节奏

镜头的蒙太奇组接、时空大跨度跳跃、镜头长短会造成不同的剪辑率。快慢镜头技术、镜头转换的频率可以改变电视语言的节奏。镜头切换速度快，时间短，节奏就快。一般来说，快的组接节奏给人的直观信息量大，而慢的节奏感染力较强。慢镜头的处理是煽情的有力手段之一。

3. 关于音乐节奏

适当地选用背景音乐，可以强化电视作品的节奏。与画面合一的音乐，可增强画面的理解性，赋予画面色彩，增加画面的形象深度，从而进一步挖掘电视片主题的内涵，不仅写实，而且写意。音乐可以对画面情绪进行补充和深化，也可以表现某种情感，描绘景物，刻画人物形象。通常情况下我们要求音乐节奏吻合画面节奏和内容，快节奏反映动感，慢节奏反映静态。但在特殊情况下，外部节奏的静态环境就要靠快节奏的音乐去表现人物强烈的内心活动，适当的背景音乐就可以充分体现人物的内心活动，使人们从中受到感染。

4. 关于解说词的节奏

解说时，一方面可以通过简洁、凝练的语言，短促的句式或大幅度的跨越，体现一种快速的节奏；另一方面可以通过长句式、虚词的使用或娓娓叙说的方式来减缓画面的节奏。解说词与画面的配合是有技巧的，解说应在需要画面的 1/3 或 1/4 处上，在将要结束画面的 1/3 或 1/4 处打住。解说词不宜太满，不宜在剪辑点处上下，否则会显得太生硬，会使解说和画面不贴合，破坏了画面的节奏。总之，在适当的时候出现适当的解说，可以达到微言大义的效果，既精练清晰地传达了信息，又表达了某种情感，从而引起观众的共鸣。

思考题

1. 简述电视编辑的基本内容。
2. 简述画面剪辑的五个原则。
3. 常见的镜头组接转场方式有哪些？
4. 如何选择编辑点？
5. 什么是轴线？请简述越轴镜头的处理方法。
6. 请谈谈你如何理解剪辑中的节奏。

第九章　电视特技

学习目标

- 了解摄像特技的制作方法
- 掌握视频特技的制作方法
- 掌握转场特技的制作方法
- 了解特技的使用注意事项

第一节　特技概述

“特技”是一种特殊的技巧，使画面给人以不同寻常的感觉。电视特技是指利用专门的设备和特殊的技巧来处理、组接画面，从而产生特殊画面效果的一种特殊造型手段。

一、电视特技的地位与作用

早期的电视特技是模仿电影特技的处理方法，把渐隐渐显、划、圈、叠化等电影转场技巧，利用电子技术搬到屏幕上来。电影艺术创建的特技方法，被电视继承了。20 世纪 80 年代，随着计算机技术、数字电子技术与电视的结合，特技制作越来越多样化，花样翻新，不但丰富了电视语言，而且也丰富和开拓了节目制作者的艺术创造力。我们运用特技，就是利用一切技术手段，将一切“不可能的实际拍摄”变成可能，把编剧、导演等节目制作人员的创作意图生动形象地表现出来。如抹去演员身上的保险带，使演员在陡峭的山崖上轻舒长臂、如履平地，身上没有半点碍眼之物。电视特技可以帮助我们创造崭新的画面意境，产生抒情、呼应以及多种喜剧效果，还可以大大节省拍摄经费。

具体说来，电视特技有以下几个方面的作用：

（1）特技制作形成了一套独特的画面语言，丰富和扩展了画面语言，扩大了电视画面的表现力，使画面的表达更加细腻；

（2）字幕和图形的叠加能对屏幕上的部分画面起到强调作用；

（3）改变画面的节奏，扩展或压缩动作的持续时间，即加快或放慢动作的速度，以产生抒情或喜剧效果等；

（4）能够以假代真、以假乱真，减轻或消除制作工作中的危险；

（5）可以节省大量资金，缩短制作周期；

（6）能够进行电视画面的意境创新；

（7）具备创造性和修补性，可以创造出人们从未去过的地方或者从未见过的东西。

二、电视特技的类型

电视特技效果可分为摄像特技、视频特技和转场特技三大类。

第二节　摄像特技

摄像特技是用单机摄像系统产生的拍摄特技，包括镜头操作特技和特殊效果镜特技。

一、镜头操作特技

镜头操作特技是通过操作摄像机镜头光圈大小，聚焦虚实以及停机再拍，定时拍摄而产生特殊画面效果的特技。

1. 操作光圈产生淡出淡入特技

（1）将摄像机的光圈控制开关置于手动状态。

（2）按下摄像机的摄录键（REC）拍摄需要的镜头素材，在该镜头的拍摄结束时，先将手动光圈由正常均匀地调至关闭，使图像产生淡出到黑场的效果，之后再次按下摄像机的摄录键停止录像，这样在镜头的末尾就添加了淡出的特技。

（3）在第二个镜头开始之前，先将光圈调节至关闭状态，按下摄像机的摄录键，再将摄像机的光圈均匀地由关闭调至正常，使图像从暗变亮，则在第二个镜头前添加了由黑场淡入的特技。

2. 通过聚焦操作使图像产生虚出虚入组接

（1）将摄像机的聚焦开关置于手动状态。

（2）第一个镜头结束时，调节镜头的聚焦环，当聚焦由实变虚，图像从清晰变模糊时停止录像机记录；当第二个镜头开始时，先开启录像机记录，再将镜头的聚焦由虚变实，图像从模糊变清晰，即可产生虚出虚入的组接特技。

3. 停机再拍的特效

（1）先选择好摄像机的机位，将三脚架和摄像机的位置固定，锁定三脚架云台的水平和垂直转动旋钮，以保证在拍摄期间摄像机的位置不会发生改变。

（2）此时在摄像机的镜头位置和焦距不变的情况下，按事先设计的拍摄方案连续拍摄一段画面后停机，将镜头画面中某些物体从拍摄现场移入或移出，再继续拍摄，直至画面内容拍完为止。用这种方法可以使画面中某些物体突然变化，如鸡蛋变成小鸡，物体突然出现或消失等，起到压缩画面时间的作用。

4. 定时拍摄

定时拍摄又称延时拍摄，它是利用延时自动控制器按照预定的时间间距进行逐帧拍摄。当要呈现花开、种子发芽、细胞分裂等内容时常采用这种拍摄方法。

（1）首先固定好摄像机机位和焦距。

（2）在掌握拍摄对象生长变化自然规律的基础上，预先计算好拍摄每一帧画面的时间间隔。例如，一朵花由花苞到全开需要两天时间，而实际的电视节目只需要2秒钟的开花镜头，那么大约每小时需要拍摄一帧画面。

（3）用自动控制器控制摄像机每隔一段时间拍摄一帧画面，或者利用摄像机菜单提供的定时拍摄功能设定间隔拍摄的时间，并按下摄录键开始摄录。

（4）在经过一段较长时间的拍摄后，将拍摄完成的素材按正常速度重放，一些事物缓慢生长变化的过程就能在短暂的时间内再现在电视屏幕上，从而真实地阐明其变化过程。例如，花朵在几秒内开放，太阳在几秒内落下，天空的云层在高速运动等画面特效。

二、特殊效果镜特技

特殊效果镜特技是指在摄像机镜头前加接特殊效果镜进行拍摄，使画面产生多像、柔光、晕光、星光、夜景等特殊造型效果。

1. 多像镜

多像镜由多棱镜组成，可以使画面产生若干个相同形状的影像。多像镜按产生的影像个数可分为二像镜、三像镜、四像镜、五像镜、六像镜、七像镜等，按影像的排列方式可分为多影镜与多排镜。

（1）多影镜。多影镜使画面中心有一个主要影像，四周有多个相同的次要影像。当转动多影镜手柄时，四周影像能绕中心影像转动。它一般由多棱镜组成。

（2）多排镜。多排镜一般由垂直平行棱镜组成。当转动多排镜手柄时，整排影像能倾斜排列。多排镜使画面沿中线方向有多个相同的平行排列影像。如果主要影像排在最左边、最右边或中间，则称为左排镜、右排镜或中排镜。

2. 柔光镜

柔光镜使画面中心部位的图像清晰，周围的图像似细纱朦胧，柔化渐变，从而突出主体，画面造型形成虚无缥缈的感觉。它一般由透光率不均匀的平面镜组成，中心部位透光率为100%，其余部分的透光率由内至外逐渐递减。

3. 晕光镜

晕光镜使画面中心部位图像清晰，周围晕化，从而突出主体、模糊陪体。晕化镜中央为平光镜或开有圆孔，周围是磨光镜。

4. 星光镜

星光镜使画面中的灯光或光斑产生光芒效果，有如闪烁的星光，美丽动人。星光镜上面刻有一些条纹，使景物的光斑产生衍射和散射从而形成星光效果。如果星光镜镜面刻有十字形、米字形或三角形条纹，画面中的光斑可分别产生十字形、米字形和雪花形光芒。

5. 夜景镜

夜景镜可利用白天光线拍到夜景效果。根据光线的强弱，可选择光学密度为0.9、0.6、0.3的夜景镜。

第三节　视频特技

视频特技（Video Effects）一般是用于修补素材中的某些缺陷，或是根据编辑者的需要加入视频的技巧，使视频画面达到某种特殊的处理效果，为更好地表现作品的主体服务。

一、视频特技的类型和效果

各种编辑软件中所包含的视频特技大致相同又有细微区别，本书以 Premiere Pro CS3 为例简要介绍最常用的视频特技。

1. 变换

应用变换类视频特技后可以使剪辑图像产生二维或者三维的几何变化。变换类视频特技共有8种效果。

（1）垂直翻转。运用该效果，可以产生将画面垂直翻转、类似倒影的效果。

（2）帧同步。运用该效果，可以产生将画面向上滚动的效果。

（3）摄像机视图。运用该效果，可以模仿摄像机的视角范围，以表现从不同视角拍摄的效果。

（4）水平翻转。运用该效果，可以产生将画面水平翻转的效果。

（5）滚动。运用该效果，可以产生将画面水平滚动的效果，滚动后多出来的部分填充到对面空白的部分。

（6）行同步。运用该效果，可以产生将画面垂直方向倾斜的效果。

（7）裁剪。运用该效果，可以产生将画面裁剪的效果。

（8）边缘羽化。运用该效果，可以产生将画面四周羽化，即由背景色到画面色调过渡的效果。羽化数值设置越大则过渡范围空间越大。

2. 噪波 & 颗粒

（1）中值。该效果会将图像的每一个像素都用它周围的像素的 RGB 值来代替，从而平均整个画面的色值。

（2）噪波。该效果可以产生增加画面噪波的效果。

（3）噪波 Alpha。该效果可以产生对图像的 Alpha 通道增加噪波的效果。

（4）噪波 HLS。该效果可以产生对图像的色相、亮度、饱和度增加噪波的效果。

（5）灰尘 & 划痕。该效果可以产生修补像素来减少图像中的噪波，隐藏画面缺陷。

（6）自动噪波 HLS。该效果与噪波 HLS 类似，不同之处在于该效果可以自动形成动画。

3. 扭曲

（1）偏移。运用该效果，可以使图像产生水平或者垂直方向上的位置偏移。

（2）变换。运用该效果，可以设置如默认的“运动”和“透明度”效果中的各个选项参数，不同之处在于该特效可以用在其他特效之后。

（3）弯曲。运用该效果，可以使画面在水平或者垂直方向上产生弯曲效果。

（4）扭曲。运用该效果，可以使画面产生沿着中心轴旋转的效果。

（5）放大。运用该效果，可以使画面的某一部分产生圆形或者方形的放大效果。

（6）波形弯曲。运用该效果，可以使画面产生像水波纹似的弯曲效果。

（7）球面化。运用该效果，可以使画面产生球形画面的效果。

（8）紊乱置换。运用该效果，可以使画面产生各种紊乱置换变形效果。

（9）边角固定。运用该效果，可以使图像的 4 个顶点发生变化，达到变形的效果。

（10）镜像。运用该效果，可以使画面产生镜像效果。

4. 模糊 & 锐化

（1）快速模糊。运用该效果，可以产生类似高斯模糊的效果，但与之相比要快而且模糊范围较大。

（2）抗锯齿。运用该效果，可以将图像中色彩变化明显的部分进行平均，使图像画面更加柔化。

（3）摄像机模糊。运用该效果，可以模仿在摄像机焦距之外的图像模糊效果。

（4）方向模糊。运用该效果，可以在画面中产生模糊的方向和强度，使片段产生一种运动的效果。

（5）混合模糊。运用该效果，可以以一个指定的模糊层亮度为标准，对当前层的像素进行模糊。模糊层可以是一个包含不同亮度值的任意层，模糊层亮的部分对当前层对应的像素进行更强的模糊，暗的部分则对对应的像素进行比较弱的模糊。

（6）通道模糊。运用该效果，可以对素材中指定的色彩通道进行模糊处理，还可以指定模糊的方向是水平、垂直或水平与垂直双向的。使用这个效果可以创建辉光效果或者使一个图层的边缘附近变得透明。

（7）重影。运用该效果，可以将前几帧的图像半透明地覆盖在当前帧上，从而产生重影的效果。

（8）锐化。运用该效果，可以增加相邻像素间的对比度，使图像变得更加清晰。

（9）非锐化蒙版。运用该效果，可以增加边缘颜色的对比度来产生边缘锐化的效果。

（10）高斯模糊。运用该效果，可以通过高斯运算的方法产生模糊效果，模糊和柔化图像并消除噪波，还可以指定模糊的方向是水平、垂直或者水平与垂直双向的。

5. 透视

（1）基本 3D。运用该效果可以使画面在三维空间中水平或者垂直移动，也可以拉远或者靠近。如果选中“镜面高光”选项，还可以建立一个增强亮度的镜面来放射旋转表面的光芒。

（2）放射阴影。运用该效果，可以通过指定的位置作为光源，使图像产生投影效果。

（3）斜角 Alpha。运用该效果，可以使图像的 Alpha 通道产生斜角效果，通过二维的 Alpha 通道形成三维外观效果。

（4）斜边角。运用该效果，可以使图像的边缘产生一个立体的效果，用来模拟三维外观。但此特技不适合在非矩形的图像上使用，也不能应用在带有 Alpha 通道的图像上。

（5）阴影。运用该效果，可以在层的后面产生阴影，形成投影的效果，投影的形状是由 Alpha 通道决定的。

二、视频特技的应用规范

1. 查找视频特技

在 Premiere Pro CS3 中，要运用视频特技效果，首先要选择“窗口→效果”菜单命令，打开“效果”面板，如图 9－1 所示。单击视频特效文件夹，可以看到它包含十几个子文件夹，如图 9－2 所示。

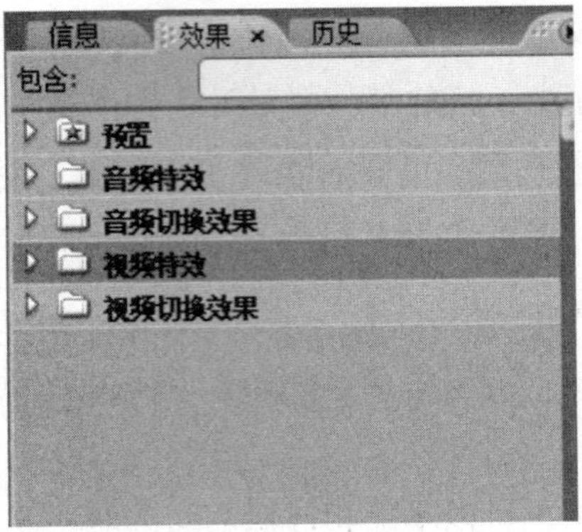

图9－1　“效果”面板

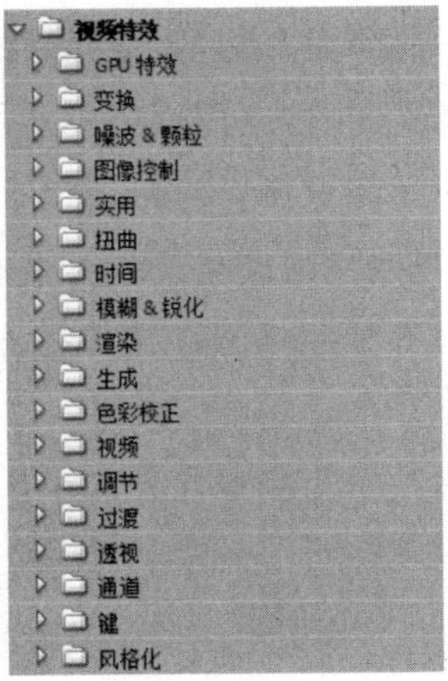

图9－2　视频特效文件夹

Premiere Pro CS3 中提供了120多种视频特技，按类别分别放在18个子文件夹里，方便我们按类别来寻找所需要的视频效果。单击某个分类按钮，展开该分类，可以看到同属于该分类的所有视频特技。此外如果知道要运用的视频特技的名称，还可以直接在“包含”文本框中输入，快速找到所需效果。

2. 添加视频特技

视频特技都放在“效果”面板的“视频特效”文件夹下，素材使用特效主要采用两种方法。

（1）在“时间线”窗口上应用。从“效果”面板中选择特效，将其拖放到“时间线”窗口的素材上。可以看到，应用了特效的素材片段会出现一条绿色的线（未选中则为紫色)，如图 9－3 所示。

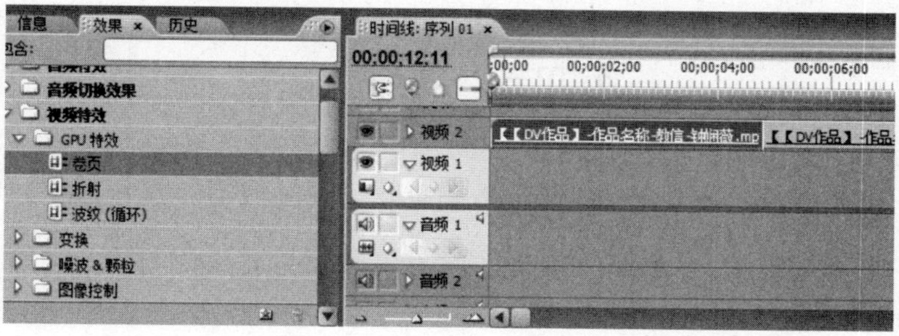

图 9－3　在“时间线”窗口上添加视频特技

（2）在“效果控制”面板应用。在“时间线”窗口选中要应用视频特效的素材后打开“效果控制”面板，然后从“效果”面板中选择特效，将其拖放到“效果控制”面板中，此处选中的素材就应用了该特效，如图 9－4 所示。

图 9－4　在“效果控制”面板上添加视频特技

当一个素材被应用了多个特效时，还可以调整各个特效之间的位置关系。将光标移动到要改变位置的特效名称处，按下鼠标左键并向下（向上）拖动到另一个特效名称的下方（上方），此时光标移动到的位置会出现一条黑色横线。释放鼠标后，所选特效就被移动到了新位置。

第四节　转场特技

在影视制作中，最常见的特技就是转场特技。在早期的影视作品中，转场都是一个模式——Cut，也就是我们说的镜头切换。随着影视制作技术的快速发展，转场技术基本上形成了几种常见的特技格式，如镜头切换、淡入淡出、化入化出、叠、翻入翻出等。

但是我们平常在观看电影电视节目时可以注意到，场景连接中用得最多的转场方式还是镜头切换，尤其是在新闻片中。所谓镜头切换，就是指当一个场景结束时立即转到另一个场景的影视表现手法，也称无技巧剪接。

影视的叙述手法，实质上是蒙太奇手法的运用。如果纯粹使用镜头切换转场技术，在时间空间的表现方面往往与所表现主题有很大的沟壑。如果能恰当地运用多种转场技术，会给节目增色不少，增强节目感染力。

一、转场特技的类型和效果

1. 镜头切换

镜头切换是指后一个镜头的第一个画面骤然代替前一个镜头的最后一个画面，切换的过程是不可见的。对于前一个画面来讲就叫“切出”，对于后一个画面来讲就叫“切入”。这是最简单，也是最常用的、最主要的镜头间转换方式。它没有任何技巧，只是简单地变换画面。在剪辑中，掌握镜头的剪切点和节目的总节奏是保证节目流畅的重要因素。该效果如图 9－5 所示。

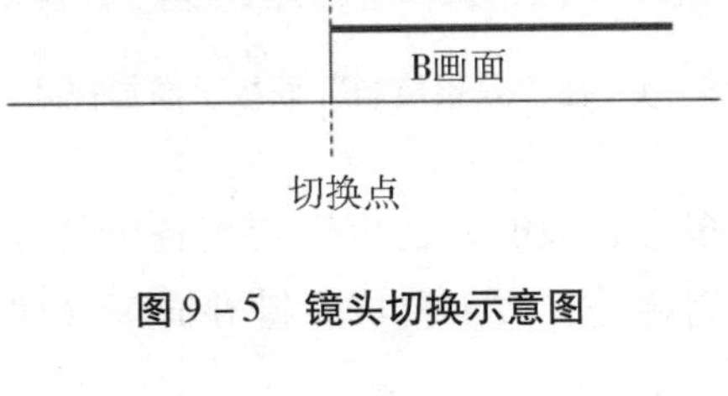

图 9－5　镜头切换示意图

在电视节目中镜头切换有以下几方面的作用：

（1）用于视点转移。主要包括同一人物不同视点的转移，同一人物整体到局部的视点转移，不同人物之间视点的转移。注意掌握好切换的时机。

（2）用于表现运动时间长、活动范围大、变化多的连续动作。如球赛、田径赛等体育运动项目转播中，若只用一台摄像机长时间地连续拍摄较大空间范围的来回运动，往往会由于镜头的快速往复运动而令人头晕眼花。一般总是在比赛场地设置多个机位，通过镜头切换更全面、更详细地将现场情况介绍给观众。

（3）用于时空转换。组接不同时间、空间的事物，表现事物运动的发展变化。如小学生上学过程可用四个镜头来表现：家中出来、学校大门、教室听课、教师上课。由于这种切换有时跨度很大，要注意利用两镜头之间的因果关系或解说词作为过渡，避免生硬的切换。

（4）形成运动节奏。通过改变切换的速度，可以形成画面的运动节奏，尤其表现快节奏方面，镜头切换有明显的优势。它可以强化事物的内在节奏，给人以较强的刺激。

2. 淡入淡出（fade）

这种影视转场特技也被称作溶入与溶出，或者是渐隐与渐显。淡出就是一个镜头结束时由亮逐渐变暗，淡入是指一个镜头开始的时候由暗逐渐变亮。这种转场技巧主要用来分割段落，表现时空的悠长转换，以及次要情节的重要变化。这种技巧往往是和声音的淡入淡出一起运用，会产生一种明显的停顿，音响也往往随着画面的渐暗而逐渐消失。实质上它等于是换章换节，只不过淡入淡出技巧的运用会增加镜头的一些主观气氛，而不像切入切出那么生硬。该效果如图9－6所示。

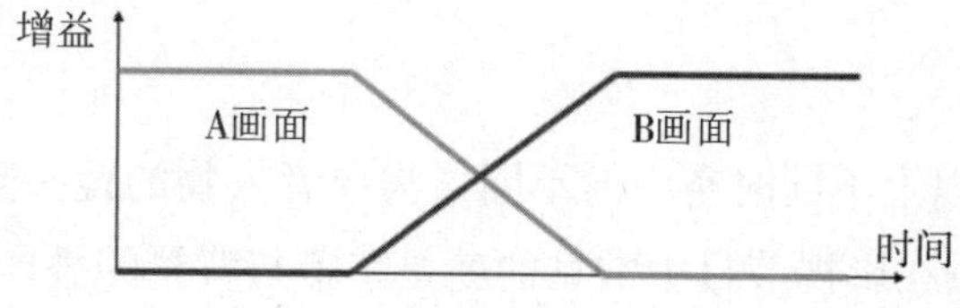

图9－6　淡入淡出示意图

以下两种情况通常会使用淡入淡出的方式：

（1）电视节目的片头、片尾。片头的淡入会使观众以相应的态度做好观赏的心理准备，而片尾的淡出又能给观众留下回味的余地。

（2）电视节目中段落的转换。如某一小节的内容表达完后，可将画面通过淡出的方式隐没，然后再转换出下一小节的内容画面。

3. 化入化出

化入化出镜头在表现手法上与淡入淡出很接近，只不过是把淡入淡出的过程重叠在一起，是两个镜头画面交叉的转换（转场），即在前一个画面逐渐隐没的过程中后一个镜头逐渐显露出来，前一个镜头的画面完全隐没了，而后一个镜头的画面也完全显露了。这种转换在影视表现层面上既可以表现一种时间的转移，也可以表现同一主题不同镜头之间的过渡，目的是不让观众觉察到镜头之间的跳动。这样的画面变化自然，没有突变的感觉。

这种技巧还用来表达某种含义，使得前后两个镜头的画面在银幕或屏幕上有个短暂的重叠，给人一种心理上的感受。有些时候还可以应用一种原位的化入化出技巧，前后两个镜头的画面所拍摄的对象位置完全一样，但被拍摄的对象发生了变化，类似于前期拍摄中的停机再拍技巧。这种镜头技巧常常用来表现回忆、倒叙、想象以及梦幻等，产生深化人物情绪的作用。该效果如图 9－7 所示。

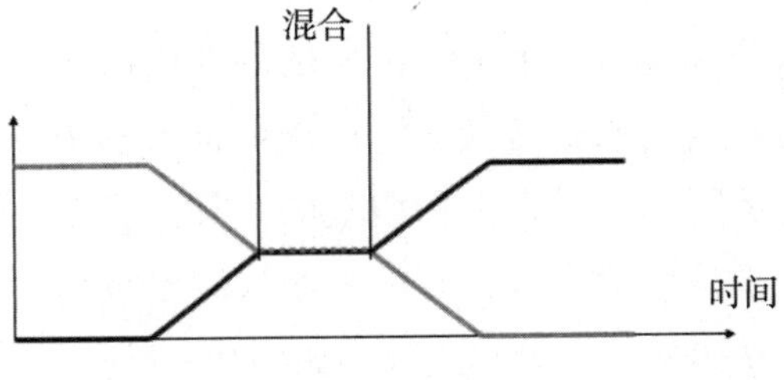

图 9－7　化入化出示意图

4. 叠

将两个或者两个以上不同时空中的不同景物或者人物的镜头重叠起来，这种技巧被称作“叠”。这种技法在影视节目中常见的就是字幕与背景的叠印合成，相互叠印的镜头画面之间有着内在的联系，可以用来说明背景的时代、含义和内容，并能省略某些镜头画面。在回忆或者梦幻中重叠交替多种不同景象，可使人物的潜在意识形象化，表现出情绪纷繁时的精神状态。

5. 画面的圈入与圈出

这种镜头经常用于纪录片或者专题片中，指的是前一个镜头从画面中逐渐由大变小圈出，而后一个镜头从画面中由小变大圈入。自小而大的圈叫入圈，而自大而小的圈是收圈。

这种镜头技巧有两类意义。第一种是表现叙述手法中的插叙技巧，比如某个人在忆往昔岁月，此时可以从他的一个镜头圈出，圈入另一个镜头，就有了种插叙的效果。这种插叙有分割时空的作用，明确显示后一个镜头是插进来的。第二种含义比较简单，也比较直观，符合人的视觉习惯，意义就是后一个镜头的画面是前一个镜头画面的某一部分的放大。这种表现技巧可以使观众的注意力集中到镜头中主体的某一个细节，起到了特写的作用，也非常类似于拍摄技巧中的推镜头。如图 9－8 所示。

图 9－8　圈入圈出效果图

6. 翻入翻出

翻入翻出转场特技是指在一个镜头结束的时候将其后面的一系列画面翻转，从而转接到后一个镜头的前一系列画面。这样的技巧也用于表现空间与时间的转换，其常见的作用是强调技巧前后的一系列画面的对比或者过渡。这在前些年的晚会制作中经常见到。现代影视广告中也经常用到这种特技手法，但使用的制作工艺更为复杂，比如多次的输出和渲染、多个转场特技的综合运用等。相对来说，翻入与翻出特技表现的蒙太奇含义范围狭小，所以在影视片中，特别是故事片中应用比较少，而在广告、文艺晚会等表现性的场合中应用比较多。

二、转场特技的应用规范

了解各种转场特技的应用规范，在于能够更好地利用它们为节目内容服务。只有把特技的形式同电视节目的情节发展、时空转换、节奏起伏的需要结合起来，才能真正发挥出它们的作用。

1. 切

切是电视节目中最常用的镜头转换方式。在切换时要注意遵循镜头的组接规律，掌握好前后镜头切换在时间和空间上的关系，找好切出点、切入点，还要把握好切换的频率，使其与内容节奏一致，使得切换流畅、自然。

镜头切换最常见于新闻报道或者纪实报道中，因为那里没有主线贯穿和情感的渲染，有的只是零散的主题分布和客观的叙述。因此，我们在制作此类节目的时候，应该在这个方面多加以考虑。

值得注意的是，将多个镜头依次在轨道中连接的时候，一定要注意前一镜头的最后一个画面与后一镜头的第一个画面的连贯性，两个镜头一定要紧密连接在一起。如果中间留有时间空隙，则会在最终节目中出现黑场。

2. 淡

淡的转换方式给人以完整的段落感，而且转换是一个渐变过程，节奏缓慢。淡入淡出技巧的运用一定要注意淡入淡出所持续的时间，其运用的时间长短要根据节目的内容而定，这种技巧常常用在故事片以及 MTV 中，在科普片中也用来表现时间地点的转移。在 MTV 和故事片中，除了表现时间、空间的变化外，淡的转换方式还往往被用来表现不同的情绪和节奏。

3. 叠化

“化”的转换过程非常自然流畅。“叠”是化的瞬间固定形式，多个事物的形象给人以更多的潜意识，往往可以把现实、过去、未来相互交织在一起呈现出来。具体来讲，化和叠主要在以下几种情况中使用：

（1）表现时空转换。如回忆过去时，用化出、化入的方式让当时的情景再现，融入人们的思绪中。

（2）用于段落的连接。化与淡相比，淡通常表示大的段落内容之间的转换，而化则多用于两个连续的、短暂的小段之间的连接。

（3）表示时间的流逝。如表现人物的成长过程，通常是将不同时期中具有代表性的不同形态镜头，通过一系列的“化”连接在一起，使叙述更简洁、流畅。

（4）处理难以组接的画面。不同的景别、色调、运动方向或静止与运动画面，在组接不流畅时，用化的方式处理。如静止画面与运动画面之间、运动方向不同的画面之间组接时，可用化来处理。

4. 圈

在圈的方式中画面的图像都是清晰的，没有“淡”“化”的明暗变化，只是两个画面在屏幕上所占的面积一个渐多，一个渐少。圈通常用于以下两种情况：

（1）表现时空转换和段落内的变化。

（2）描述平行发展的事件。对同一时间内各种事物的发展变化，用圈的方式相连接，可造成视觉上的流动感。

第五节　特技使用的注意事项

一、特技制作要点

首先，熟练掌握各种特技的类型、特点和应用规范，有助于我们在节目需要时更好地判断选择何种特技、如何应用才能达到最好的视觉效果。其次，不同的节目类型有各自不同的立意、风格，我们要根据节目内容的构思来决定需不需要特技、需要选用哪种特技，比如新闻类节目、纪录片中应该尽量减少特技的使用，用原生态的镜头来展示其真实性。文艺类的节目、MV 应该按情节需要选用各种特技，把节目最炫目最耀眼的一面呈现给观众。同样我们还需要根据特技效果来选择最优的特技制作方法，效果相似的特技更需要不断斟酌其适合程度。

二、有目的地使用特技

正确地使用特技能给我们的节目带来不一样的精彩，能够增加画面的冲击力、表现力。但是在节目制作过程中应当牢记，特技始终是不能完全替代信息的，不同类型的节目对特技的需求也不一样。另外，如果拍摄的镜头瑕疵太多时，再多的特技可能也无法弥补。

所以，我们应该客观地对待特技。总体来说使用特技时的步骤是：第一，先有某种画面创意，或者是想要实现某种表达；第二，根据这种创意看是否需要特技以及选用什么样的特技；第三，观看使用后的效果，看特技的运用是否成功实现了你的画面创意，表达或者加强了你所要表达的内容或者目的。只有这样有目的地使用特技，不因追求花哨的外观和大手笔的制作等而滥用特技，它才能为我们所用，服务于我们的节目制作。

思考题

1. 视频特技中如何做到转场的效果？
2. 在节目制作过程中，如何正确地使用各种特技？
3. 拍摄几组镜头，运用各种特技方式组合，看看最终效果有什么不同。
4. 如何正确看待特技与信息的关系？

第十章　电视动画与图文字幕

学习目标

- 了解动画实现的基本原理和分类
- 掌握二维动画和三维动画的系统构成以及制作流程，并能进行相关的制作实践
- 了解字幕的种类和运用
- 熟悉字幕的制作流程，能进行字幕制作的相关实践

第一节　电视动画概述

今天动画被广泛地运用在各类电视节目中，深受电视观众们的喜爱。从整体来看，动画制作手段主要是由传统动画手段向现代数字化动画手段发展的。传统的动画制作主要采用逐帧手绘和逐帧拍摄的方式，需要花费大量的人力、物力和时间。随着科技的发展，一系列的数字革命为动画制作注入了新的血液，以计算机为平台的动画制作在大大减少投入的同时，既提高了动画制作效率，又实现了传统动画无法达到的视觉效果。动画具有高度的想象力和表现力，已毫无疑问地成为电视制作中的重要方式。

一、动画实现原理

动画是将静止的画面变为动态的艺术，不管是传统手段还是现代化的计算机技术制作的动画，靠的都是人眼的视觉暂留特性。人眼在观察景物时，光信号传入大脑神经，需经过一段短暂的时间，光的作用结束后，视觉形象并不立即消失，这种残留的视觉称“后像”，视觉的这一现象则被称为“视觉暂留”①。而一系列连续的画面按照一定时间间隔快速呈现，从而产生连续的、运动的影像感觉就是动画产生的原理。

二、动画在电视制作中的应用

在电视节目中应用动画元素从诞生之日起就受到了广大电视观众的欢迎，动画在电视节目制作中也日益发挥着重要的作用。一般而言，动画在电视制作中的应用主要包括下面几种类型。

1. 电视动画片

随着计算机技术的发展，动画片的产量与日俱增，质量也日益提高，越来越多地受到少年儿童甚至成人的欢迎，如图 10－1 所示。

① 吴玉玲．广播电视概论．北京：中国传媒大学出版社，2007.

图 10－1　动画片《麦兜响当当》

2. 电视广告及电视节目片头

动画可以增强电视画面的趣味性和视觉效果，更好地吸引观众的注意，如图 10－2 所示。

图 10－2　电视动画广告《纳爱斯儿童牙膏》

3. 电视特技

如在虚拟演播室使用计算机三维动画技术制造虚拟场景等，如图 10－3 所示。

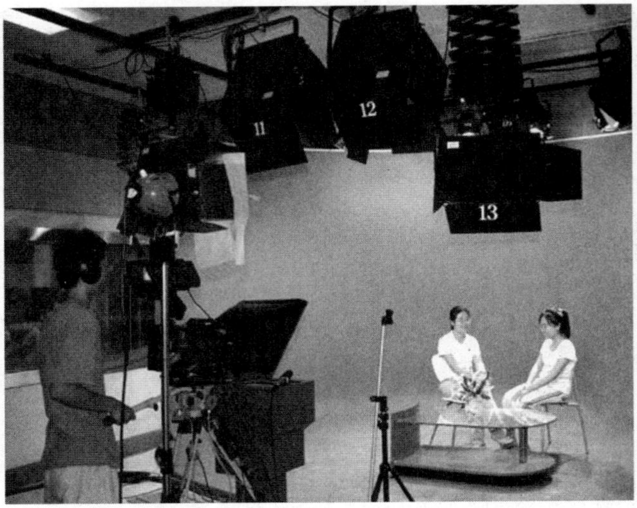

图 10－3　虚拟演播室

4. 电视文艺节目

以动画形式表现人们生活中常见的物体图形，通俗易懂；在电视画面中把动画元素和实景相结合，幽默风趣，生动活泼。

三、动画的表现形式

电视动画的类型和所要表达的内容各不相同，因此，动画的表现形式也是多种多样的。

1. 符号式

用各种符号表现无形的或抽象的内容。例如，用元素符号表示离子，演示物体的离子交换；用一群箭头表示空气流；用小白圈进入人体器官，表示呼吸空气。

2. 图表式

用扇形、圆形、长方形、坐标曲线表示物体质量的多少、变化的程度与实践的关系等，比数字表格或图片更生动。例如，用动态的曲线图表示炮弹的运动轨迹，用活动的波形图分析驻波的形成过程，从而显示动态过程的微观变化。

3. 写实式

写实式模仿自然，追求真实效果，适宜表现客观存在或曾经出现过的景象。例如，模拟古代的冰川运动，描绘真实物体的图形和动作，演示人体脏器、机器设备内部的结构和运动过程。可根据需要延长或压缩过程的长短，也可以分阶段、分部位演示。

为了使动画更加逼真、生动，可以将实景与动画前后串接。例如，用离合器的实景组接表示离合器的分离与结合工作原理的动画，就是把离合器的外部与内部结构和运动过程综合、形象地表现出来。

4. 示意式

把复杂的科学内容与运动变化用示意式动画简化，从而揭示事物本质，突出运动变化的部位与特点。例如化工生产的流程图、地震时地层深处的变化等。这种动画的造型可以不按真实物体的大小比例设计，而用夸张的手法处理为抽象性、专业性的形象，使人领会它的意思。因此，这种动画力求简明、清晰、主体突出。

5. 比喻式

用人们生活中常见的物体图形比喻所表现对象的性质、特点和功能。例如，将心脏画成泵，把载体画成车子等，使内容通俗易懂。

6. 拟人式

把各种物体按其特征人格化，有时也可用拟人图像的第一人称自述代替解说，形象生动，可以提高趣味性。例如，幼儿与小学生电视节目常将人们熟悉的小动物人格化，使之能说话、会唱歌跳舞等，借此传授知识。这种表现形式深受儿童喜爱。

7. 与实景结合式

在实景画面中某物体的相应位置上，键入另一物体的原型动画，由外到内，引人注目。例如，用超声波的动画与病人实景结合，表现超声波探病的机理等。

四、动画的分类

电视节目制作中的动画主要有两种分类方式：从制作技术手段看，动画可分为以手工绘制为主的传统动画和以计算机技术为主的电脑动画；从空间的视觉效果上看，又可分为二维动画和三维动画。当今的动画几乎都是基于计算机平台进行制作的，主要分为两类：一类是计算机辅助动画即二维动画，另一类是计算机生成动画即三维动画。

第二节　二维动画

二维动画是以平面绘画为基础、在二维空间上模拟立体效果的动画形式。二维动画采用计算机辅助技术：在手工绘制原画、中间画的基础上利用二维动画制作软件进行一系列的绘线上色以及合成的工作。与三维动画相比，二维动画的画面缺乏较强的立体感和纵深感，较为平面化。

一、二维动画的制作系统

二维动画制作系统结构上主要由硬件和软件两部分构成。其中，硬件主要包括图形输入设备和计算机主机；软件则由操作系统、动画制作软件组成。

1. 图形输入设备

图形输入设备分两种：一种是扫描仪，它能把原画画稿通过扫描转换成数字信息存储至计算机中，用于动画制作的扫描仪一般扫描幅度大、分辨率高、扫描效率高；另一种则是无纸动画中使用的图形手绘输入板，使用手绘板可以直接在计算机上绘制造型。从而减去了扫描纸质画稿的步骤，目前知名度较高的手绘板品牌为日本的 Wacom 以及国内的汉王。

图 10－4　扫描仪

图 10－5　手绘板

2. 计算机主机

这一平台是动画制作中的核心，多采用具备较强图形运算能力的图形工作站，使用最广泛的是 PC、MAC 以及 SGI 三种类型。不论哪种主机都应该配有高主频的处理器、高转速的大容量硬盘还有动画专业级的图形显卡和高分辨率的显示器，这样动画的制作才能流畅。

图 10－6　MAC 图形工作站

图 10－7　SGI 图形工作站

3. 软件系统

软件系统主要有操作系统、动画制作软件。操作系统和计算机主机相对应，如 PC 平台上使用的 Windows 系列。动画制作软件一般是指后期制作软件，它能对前期的画稿进行描线、上色、合成输出等处理，最终完成动画作品。常用的影视级二维动画软件有 Animo、Toonz、Retas Pro、USAnimation 等。此外广泛用于互联网的 Flash 动画也被用来制作一些电视小动画如电视片头等，Macromedia Flash 是最常用的网页动画软件，现已被 Adobe 公司收购。

图 10－8　Animo 软件

图 10－9　Flash 软件

二、二维动画的制作过程

为了帮助理解计算机在二维动画中的作用，首先来了解一下传统动画片的生产过程。

1. 传统动画片生产过程的若干环节

（1）准备稿本，包括文字稿本和分镜头稿本。

（2）设计动画稿，对动画中出现的各种角色的造型、动作、色彩、背景等做出设计，设计者必须完成必要数量的手稿图绘制。

（3）设计声音节拍，即确定动作与对话、声音相配的一致性。

（4）设计关键帧，这是动画系列中具有动作极限位置的重要画面，通常由经验丰富的动画设计师完成。

（5）设计中间画面，它是位于两个关键帧之间的画面，用于填充关键帧画面中间的空隙，通常由辅助的动画设计者及其助手完成。

（6）测试，关键帧与中间画面的初稿通常是铅笔稿图，为了初步测定动作的造型，可将这些铅笔稿图输入动画测试台进行检测，这一过程叫作铅笔稿测试。

（7）描线，把铅笔稿图手工描在透明片上，然后描线上墨。

（8）上色，在透明片上给各幅画面涂上染料，这个工作需要耐心和准确性，透明片要有良好的透明度。

（9）检查，拍摄之前进行各种检查。

（10）拍摄，这一工序在动画设置台上完成，动画摄影师把动画系列通过拍摄依次记录在胶片上。

（11）后期制作，如编辑、组接、配音、字幕等。

2. 计算机二维动画

从以上过程可以看出，二维动画的制作是一项非常复杂细致的工作，需要耗费大量的人力，因此，二维动画的制作需要较长的周期才能完成。计算机辅助动画的出现可以大大提高制作效率，它主要用在以下几个方面：

（1）中间帧画面的自动生成。传统的动画根据两帧关键画面生成所需的中间帧画面，由于一系列画面的变化是很微小的，需要生成的中间帧画面数量也很多，所以插补技术便是生成中间帧画面的重要技术。在计算机辅助动画系统中，只要给出关键帧之间的插值规律，计算机就能给予制作人员协助。就目前的技术而言，用计算机自动生成中间帧画面的方法制作的动画比较适用于教学片中，一些情节复杂的动画片，主要还是依靠手工绘制。

（2）辅助描线上色。这是计算机在二维动画制作中的主要应用领域。在这一过程中，将手工制作的全部画面逐帧输入计算机，由计算机辅助完成描线上色的工作，它的优点就是色彩一致，容易控制。

（3）预演。将计算机上色后的一幅幅画面存储在硬盘中，就可以立即进行预演，使设计人员及时观看效果，便于修改。

（4）后期合成。这里包括多层动画画面的合成、剪辑，以及配音配乐工作，在计算机中进行的后期合成优点是能提高效率和方便修改。经过合成处理后的画面用计算机控制记录在胶片或录像带上，最后完成动画片的制作。

综上所述，计算机二维动画是对手工传统动画的一个改进，与手工动画相比具有许多优越性，如容易上色、便于改动、管理方便等。但是，二维动画有它固有的缺点，就是计算机只能起到辅助作用，只能代替手工动画中一部分重复性强、劳动量大的工作，而代替不了最富于创造性的初始画面的生成工作。但随着计算机二维动画软件功能的不断提高，它会越来越多地渗透到动画制作的许多方面。

第三节 三维动画

三维动画又称3D动画，是随着计算机软硬件技术的发展而产生的动画技术。三维动画通过在计算机中虚拟的三维空间内建立模型以及场景，并添加摄像机、灯光、材质进行制作。三维动画具备较强的空间立体感、精确性和真实性，给人耳目一新的感觉，是近年来动画制作的主要手段。

一、三维动画的制作系统

三维动画的制作系统同样由硬件系统和软件系统组成。

1. 硬件系统

（1）三维扫描仪。三维扫描仪是三维动画的辅助建模设备，一般有非接触式和接触式两种。非接触式扫描仪一般是利用光学原理对实物进行采点，获取丰富的色彩、三维以及光泽等信息，非接触式扫描仪又分为早期的激光式和新型的照相式扫描仪。接触式扫描仪是利用探头在模型上进行采点计算从而获取精确的三维模型数据。

图 10－10 激光式三维扫描仪

图 10－11 照相式三维扫描仪

（2）计算机。三维动画与二维动画制作相比，对图像信息处理的要求更高，所以所用的计算机设备也随之配置更高，以满足三维图像的流畅显现和渲染生成。

（3）动作捕捉设备。动作捕捉设备大体上由传感器、信号捕捉设备、数据传输和处理设备构成，它能实时捕捉到真实物体的运动并加以跟踪和记录，以备后期角色使用。

图 10－12 照相式三维扫描仪

2. 软件系统

三维动画的软件系统除了基础的主机操作系统外，主要是指三维制作软件，如 3ds Max、Maya、Softimage XSI、Lightwave3D 等，它们综合了建模、材质、灯光、摄影机、动画、渲染的功能，强大又实用。

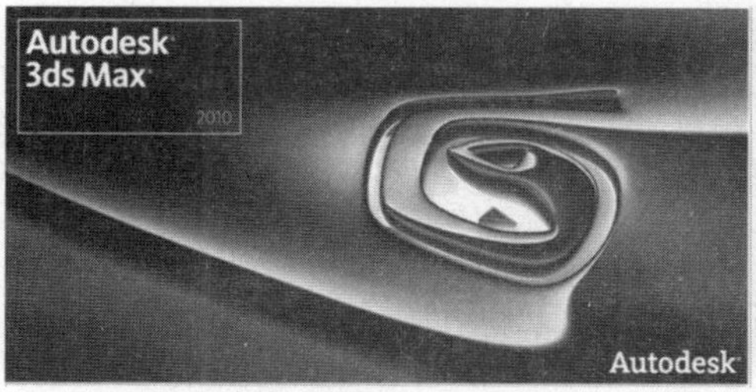

图 10－13　3ds Max 软件

图 10－14　Maya 软件

二、三维动画的制作过程

三维动画的制作流程本质上和二维动画相似，但具体的操作步骤有所不同，按照时间顺序可以分为前期、中期和后期三个阶段。

1. 前期筹备

这一阶段主要是编写剧本、设定造型和确定故事本，过程和二维动画制作相似，这里不再赘述。

2. 中期制作

（1）建模。建模人员根据故事本以及客户、监制、导演等的综合意见，在三维软件中精确制作出故事的场景、角色、道具的模型。

（2）贴图材质。对三维模型进行色彩、纹理、质感等的设定工作，是动画制作流程中必不可少的重要环节。此外根据故事情节，对动画中需要的模型进行一些变形、动作驱动等相关设置也是必须做好的准备工作。

（3）灯光。对动画场景进行照明，并通过不同类型的灯光制造各异的光影效果，渲染每个镜头应具有的气氛。

（4）摄影机。在软件中设置摄像机机位摆放、基本动画、镜头时间定制等，实现画面的不同构图以及摄影机动画。

（5）制作分镜动画。设计参考剧本、分镜故事板，给角色或其他需要活动的对象制作出每个镜头的表演动画。

3. 后期阶段

（1）制作后期特效。一般的三维动画制作软件都包含特效添加功能，这样可以快速地制造出特殊的视觉效果。

（2）动画预演。由于三维动画制作过程非常复杂，在动画最终渲染成片前，一般需要先制作一个低精度的预览动画来检查不足以便调整和设置。

（3）渲染输出。在上述工作都做好以后，也到了动画制作的最后阶段，即渲染输出。按照设定的关键帧，逐帧运算生成最后的成片并进行保存。

第四节　电视字幕

文字是语言的物质形式，而电视字幕是文字传达信息最直接明确、最快速有效的应用。电视字幕作为电视构成的三大元素之一，既丰富了视觉感观，使画面能更直观地向观众传递所要了解的信息，对电视节目的主题画龙点睛，又起到了深化画面主题的作用。

一、电视字幕的形式及种类

字幕是指以文字形式在电影、电视，以及戏剧、歌剧等舞台作品中出现的有各种用途的文字，也泛指影视作品后期加工的文字。电视字幕是电视节目中一个有机组成部分，它不仅能够概括提示画面内容，而且能够直接快捷地解释补充仅从视觉画面难以获取的信息。常见的电视字幕主要有以下四种类型。

1. 说明性字幕

常用于画面的补充性介绍，如人名、地名、时间及事件梗概等，使观众了解基本的事实要素。说明性字幕对艺术性要求不高，但一定要清晰、简洁，便于阅读。

2. 信息性字幕

主要用来补充电视画面内容之外的信息，具有其独立的信息和含义，如一些对比数据、内容提要、同期讲话声的梗概及知识性的字幕。这些字幕既不破坏原本的气氛，又传递了与现场有关的要素和背景。如一些新闻节目画面下方的滚动性字幕，在不影响主体节目播出的同时又能独立发布或插播字幕新闻或讯息。

3. 渲染性字幕

除了传递信息之外，字幕也成为对节目气氛、基调、情绪进行渲染的一种手段。许多电视娱乐节目插入一些带有感情色彩的文字，以夸张的字幕传递不同的情绪，增添节目气氛和情趣，产生不同的感染效果。

4. 结构性字幕

这是用字幕实施转场、结构全片，将整个节目贯串下来，起到对节目或栏目的整合或分段作用。以字幕为结构形式，可以增加节奏感、紧张感、震撼感，起到强化主题、承上启下的作用。

二、电视字幕的作用与应用

电视字幕是电视画面、声音的补充和延伸，在电视节目制作中有着不可替代的地位和作用，作为一种构图元素，电视字幕还可以美化屏幕，突出视觉效果。

1. 电视字幕的作用

（1）补充和传递画面信息，加深理解。由于观众从画面上直接接受的内容是有限的，而以文字符号的方式传递信息，对声音与图像所表达的内容进行强化和补充，不仅可以弥补电视第一语言表现上的弱点，同时也可以进一步增加电视节目本身传播的信息含量。比如同期声素材里面，被采访者可能说的是不被广大观众理解的方言，如果在屏幕上配有同期声内容的字幕，就会避免因方言或口语而造成的理解偏差。

（2）增强新闻动感和收视效果。在电视新闻节目中，字幕的适当出现可增强新闻的动感和可视性，受众也能获得更多的信息。例如，一些会议的报道中，在单调的画面上打一些与会议相关的字幕，可增强画面动感，突出主题，弥补不足。

（3）介绍节目的情节、内容。介绍电视节目内容的电视字幕，可以帮助电视观众简单地了解电视节目的基本内容、情节，同时还可以在一部电视节目的开头或结尾引导观众的思路，或便于节目中实际内容的展开，或便于为观众留下思索的空间与时间。

（4）提示归纳教学中的重点和难点问题。在教学类电视节目中，为了突出某一重点问题以及提醒学生需要注意的地方，除了可以在画面上采用大景别以增强视觉冲击力，突出这部分内容的方式外，还可以利用电视字幕配合某些特技功能来体现重点、难点问题，从而不断加深观众的记忆。

2. 电视字幕的应用

（1）电视片头标题。为取得先声夺人的视觉效果，片头字幕的设计往往具有较强的视觉冲击力。

（2）电视片字幕旁白，如被采访者身份说明、配合声音的字幕、球赛的信息等。

（3）电视片尾的演职员表、电视广告的标版等。

三、电视字幕的制作

目前的电视字幕制作可以分为两类：第一类是电视字幕机系统的字幕制作，另一类是非线性编辑系统的字幕制作。

1. 电视字幕机系统字幕制作

早期电视屏幕上的字幕是先由美工将文字写在纸上，用黑白摄像机摄取后，再通过键控特技将其嵌入背景中。随着计算机技术的广泛运用及节目制作中大量叠加字幕的需要，电视字幕机应运而生。

电视字幕机是指在电视节目制作和播出过程中产生字符、图形等的专用电视信号发生器和处理器。它是电视节目制作和播出中不可缺少的设备。随着电视字幕机技术的发展，电视字幕机的功能也越来越强大。狭义的电视字幕机只有字幕功能，满足在电视画面上叠加字幕的需求。广义的电视字幕机也可以叫电视形象创作系统或图文创作系统，包括叠加文字及图形、制作二维与三维动画、对电视画面进行整体形象创造等功能。

电视字幕机的基本工作原理是用微处理机产生多种字符、汉字及图形，然后把它们转换成符合国家标准的 PAL 制电视信号，叠加到电视画面上。利用电视字幕机进行节目制作时，有两种工作方式。一种是将电视字幕机产生的字符信号作为信号源，通过视频切换台上的下游键，将字幕信号叠加到摄像机、放像机等输出的视频信号上，如图 10－15 所示。视频切换台输出的黑场信号作为电视字幕机的基准信号，电视字幕机输出键信号和视频信号给视频切换台。这种工作方式将字幕机并联在制作系统中，所产生的信号质量较好，不会影响整个制作系统的质量。另一种方式是将电视字幕机串联在视频通道中，把摄像机、放像机的信号输给电视字幕机，经锁相、键控等处理后，输出视频信号至录像机记录，如图 10－16 所示。这种方式充分利用了字幕机的字幕和键控混合功能，但由于有的字幕机视频指标不高，因此会影响视频信号质量，而没有直通功能的字幕机，在关机或出现故障时还会影响系统视频通道的安全。因此，在没有切换台的情况下可以用这种方式，否则，应采用第一种方式。

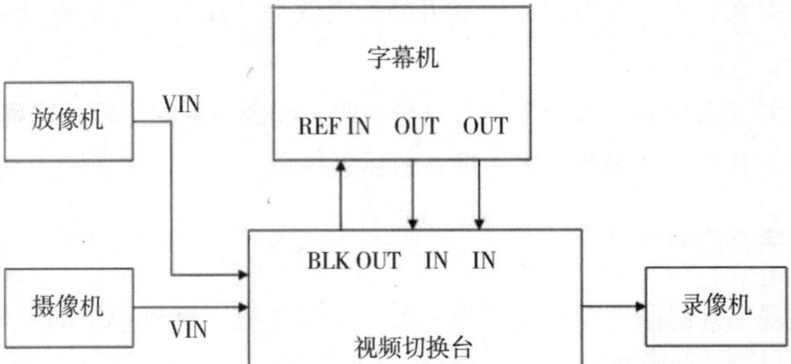

图 10－15　电视字幕机工作方式一

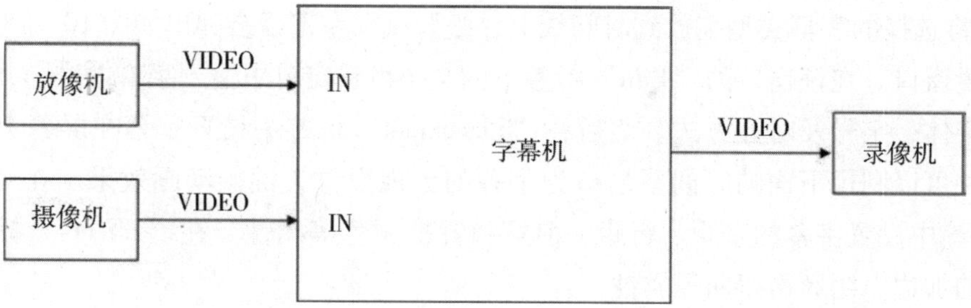

图 10－16　电视字幕机工作方式二

在录像机编辑系统中，通常无法在不翻版的情况下把字幕叠加在画面上，而不影响电视节目的制作质量。在编好的母带上叠加字幕的方法是把它放在放像机中，通过键混器转录到另一盘磁带上，或者找出想叠加字幕画面的原始素材，放在放像机中，通过键混器叠加字幕替换母带上的画面。电视字幕机有视频输入与输出、键控信号输出（KEY OUT）、同步信号输入（SYN）等端口。

2. 非线性编辑系统字幕制作

随着数字化时代的发展，今天的后期字幕制作一般都在非线性编辑软件中完成设计制作，再与视频图像进行叠加。非线性编辑的软件很多，操作方法各不相同，下面以 SONY Vegas7.0 非线性编辑软件的字幕添加操作为例进行介绍。

（1）标题字幕的添加。

①在 Vegas 软件右下角的组件区域选择“Media Generators”标签，在其中选择左侧窗口中的“Text”，之后在右侧的“Preset”窗口选择一种字幕类型，如图 10－17 所示。

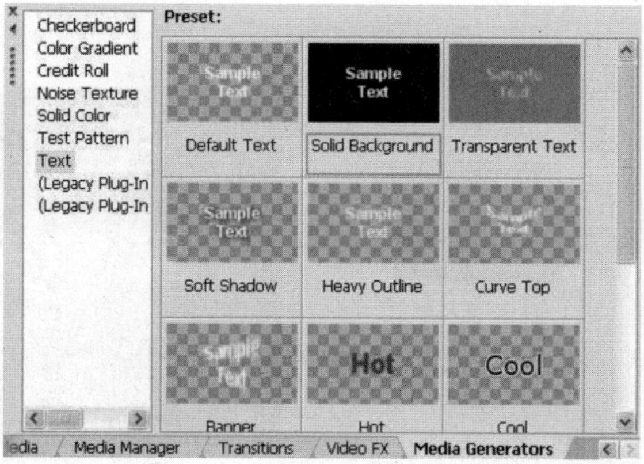

图 10－17　字幕添加窗口

②将选择的字幕类型拖放到时间线上，松开鼠标左键后会弹出如图 10－18 所示的字幕设置窗口。在该窗口的“Edit”标签下的文字编辑窗口中输入字幕内容，并设定好字幕的字体、字号及对齐方式。之后在“Placement”标签中设置字幕在屏幕上放置的位置，并可以利用下面的时间线窗口为字幕的出现设置关键帧动画效果。在“Properties”标签中设置字幕的字距、行距、前景和背景颜色等属性。在“Effects”标签中设置字幕的加边、阴影、扭曲等属性。

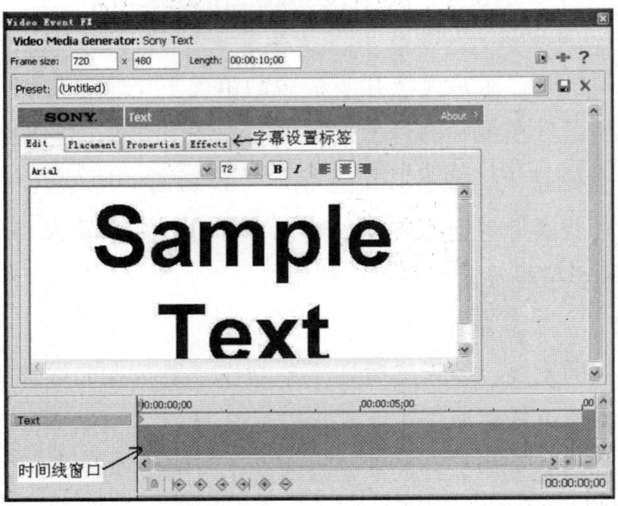

图 10－18　字幕内容和效果的设置

③完成字幕设置后，字幕在时间线上的状态和预览窗口中的状态分别如图 10－19、图 10－20 所示。

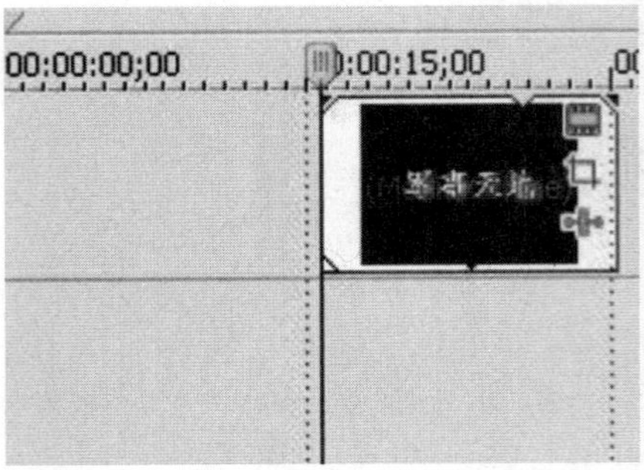

图 10－19　字幕在时间线上的状态

图 10－20　字幕预览状态

（2）片尾字幕的添加。

①片尾字幕一般为滚动字幕，首先在 Vegas 软件右下角的组件区域选择“Media Generators”标签，在其中选择左侧窗口中的“Credit Roll”，之后在右侧的“Preset”窗口选择一种滚动字幕的类型，如图 10－21 所示。

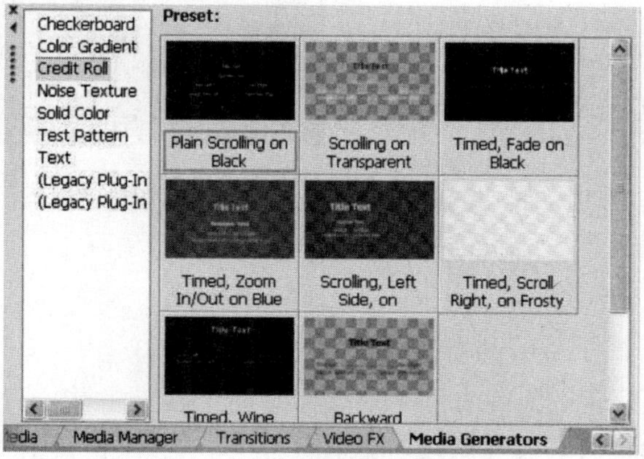

图 10－21 滚动字幕选择

②将该字幕拖放到时间线上，松开鼠标左键就会弹出如图 10－22 所示的窗口，在窗口的左侧文字编辑区域编辑滚动字幕的内容，在窗口右侧的“Properties”标签和“Styles”标签中对该滚动字幕的左右画幅、滚动方式、滚动效果、字体、字号、字距等属性进行设置。

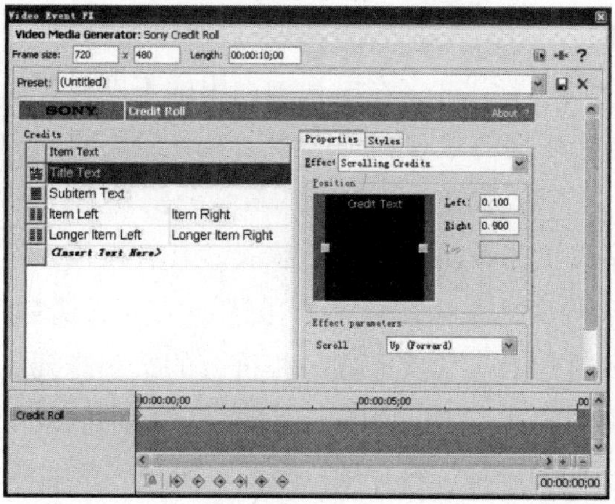

图 10－22 滚动字幕内容和效果设置窗口

③将字幕调整到合适的长度，即可在时间线上预览字幕的效果，如图10－23所示。

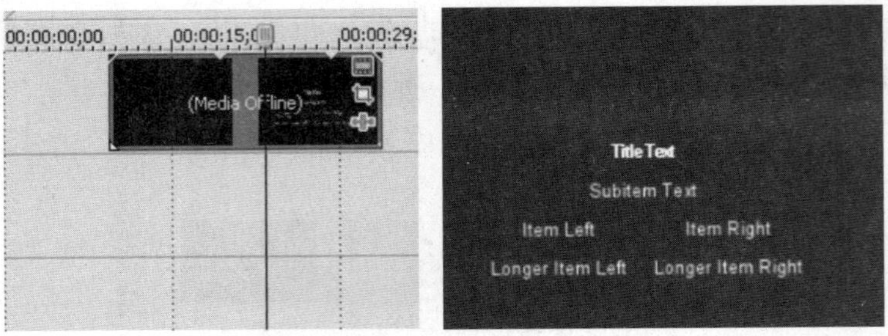

图10－23　滚动字幕在时间线和预览窗口中的效果

（3）画面中说明性字幕的制作。

制作方法与片头字幕的制作方法类似，但有两点需要注意：一是在Vegas中，叠加在画面上的说明性字幕需要放在被叠加画面上方的一个视频轨道；二是这种字幕需要在“Media Generators”所提供的字幕模板中选择背景透明的字幕模板。

四、电视字幕设计艺术

电视字幕虽然形式简单，但作用不容小觑。电视字幕除了传递说明信息之外，也是美化屏幕的一种重要手段。通过对电视字幕进行巧妙设计，不仅能让观众获取信息，还能让其获得愉悦的视觉享受。电视字幕艺术主要集中在对文字的设计编排和色彩选择两方面。

1. 电视字幕的编排

（1）文字在画面上的位置。文字在电视画面中的不同位置会产生不同的视觉效果和象征意义。文字放置于画面的最顶部，产生上升、轻快的视觉效果，同时也具有愉悦、适意的象征意义。文字放置在画面上部的黄金分割线上，具有安全、平稳、高雅、大方的视觉效果。文字放置在画面的正中心位置，具有极端安定、平稳、视觉强烈的表现效果。文字放置于画面的最下端，具有下降、沉重的视觉效果，有时也有哀伤、消沉的象征意义，比较适合于与其象征意义相符合的文字排列。文字放置在画面的左端或右端具有极不平衡的感觉，但这种不平衡感对于文字的突出也极其有效。

（2）文字的疏密。因为电视屏幕范围有限，一般只可容纳横排文字12个，所以字幕必须少而精。在设计字幕时还要分清主标题与副标题，要考虑标题的字体、字数，字的大小、粗细、比例、尺寸、色彩等关系。在排列时应该有适当空白，错落有致。

(3) 字幕与图案的协调统一。字幕与图案的结合，首先要有统一的基调，这种基调是确立在电视的内容基础之上的。对于一些内容较为严肃的、政治性强的节目，应多采用简单的编排，屏幕中的字幕不宜出现太多的样式，字体、颜色、边、面等属性应保持相对统一，排列相对工整、自然。为了避免呆板，可以采用灵活、典雅的字幕运动方式和与节目主题协调的字幕衬底等方法给观众带来视觉上的愉悦。对于一些商业性强、受众主要是年轻人的节目，应采用灵活多变的字幕。这种专题片能表现创作人员的聪明才华、充分发挥创作人员的创意。文字可随机放置，大小、颜色、边和面等在字幕制作时需要经过多次挑选、修改。

(4) 电视字幕出入方式的选择。电视字幕的切入方式主要有三种：硬切、慢转换和特效。硬切中切入和切出的方式最简洁，较少主观色彩。直接的切入由于缺少中间过程，具有较强的突然性。连续的快速切入会形成闪动的效果，吸引人们的注意力，常用于节奏较快的节目内容。慢转换，即化入化出、淡出淡入等，这种出入方式过程完整，感觉较为舒缓流畅，常用于节奏较慢的节目内容。特效，主要通过软件来增加屏幕文字的艺术效果，如排队、生长、二维特技等。这一类屏幕文字艺术手法多样，表现效果好，能给观众较大的视觉冲击，常用于艺术性较强的节目内容。

2. 色彩的选择

(1) 色彩的冷暖。色彩分为冷暖两大类：红、橙、黄色和倾向于此类色彩的为暖色；蓝、蓝绿、白色和倾向于此类色彩的为冷色。暖色系列给人以温暖、快活、兴奋的感受；冷色系列则给人以清凉、寒冷和沉静的感觉。冷暖两色给人的感觉是：暖色向外扩张、前移，冷色向内收缩、后退。

(2) 色彩联想及应用。红色，醒目而令人兴奋、激动、紧张，但同时易造成视觉疲劳；黄色，光感最强，给人留下光明、辉煌、灿烂、轻快、柔和、纯净的印象；绿色，使眼睛能得到休息，让人觉得充满希望；蓝色，易给人忧郁、冷静、沉思、智慧之感；紫色，眼睛对紫色光细微变化的分辨力弱，容易感到疲劳；白色，明亮、干净、畅快、朴素；黑色，使人产生安静、深思、考验、严肃、庄重的感觉，或产生阴森、恐怖、沉睡、悲痛甚至死亡的感觉。

电视节目中的字幕色彩与衬景的运用要尽量符合配色原则，一般是明色前，暗色后；明色轻，暗色重。为了增强电视节目的色彩艺术效果，制作人员应该选择与电视节目主题、风格相一致的色彩基调，力争做到色彩对比和谐统一，修饰效果适度。所谓色彩基调，就是指画面中某种色彩占主导地位并形成画面色彩的总体倾向，例如在制作历史传记类电视作品时，应该注意到在中华民族的历史长河中，文明的发展、人们的生存和劳动创造均是在广袤的黄土地上展开的，要表现凝重、沧桑的画卷，唯有黄色、棕褐色才是与之相吻合的主题色彩；农业生活类的电视作品，绿色是植物、和平、希望的象征，也是这类电视节目的首选色彩；而综合文艺类电视节目用色较为丰富多样、注重变化，结合节目特点、背景光色的变幻，并运用色彩的渐变，以达到与节目类型相一致的色彩效果，进而烘托出节目的气氛。

思考题

1. 简述动画的实现原理。
2. 结合实际，谈谈动画在电视中的运用。
3. 简述电视字幕的种类。
4. 用非线性编辑软件进行一项字幕的制作活动。

第十一章　电视的声音

学习目标

- 了解声音的基本属性，掌握电视声音的地位与作用
- 掌握录音设备（传声器、调音台、数字调音台、数字音频工作站）的类型、功能、性能参数、结构等基础知识，了解常用的录音系统
- 了解电视录音的基础知识，掌握语言、音乐、同期声的录音技术
- 了解电视声音的编辑制作原则，掌握几种常见的声音处理技术
- 了解声音蒙太奇的作用，掌握几种常见的电视配音和配乐的处理方式

第一节　电视声音概述

电视声音是自然声通过传声器电声元件的转换将信号传送到调音台，经过调音台对声音信号的频率补偿和音量调整后，被记录在一定的储存媒介上，经过电视台的广播，由电视接收机扬声器重新放出的声音。电视声音源自自然声，但又不是自然声的简单复制，而是从自然声中经过选择、加工之后与画面结合的艺术声。

一、电视声音的地位与作用

相比电视视觉语言，电视声音语言具备更为丰富的表现形式和表现要素，声音语言的运用对于电视节目内容的传播、情感的表达和气氛的营造具有决定性作用，因此掌握声音语言的运用能力和掌握画面语言的表达能力同样重要。

电视声音由语言、音乐和音响效果组成。这三个元素相互依存、相互渗透和相互作用，共同形成电视艺术的声音。语言又称为人声，包括剧情片中的对白、旁白、独白，纪录片中的旁白和解说词，新闻的解说等，它与镜头画面的结合能够起到叙述内容、刻画人物、扩充画面信息量、展开故事情节等作用。音乐包括器乐和声乐，音乐素材的使用有客观音乐和主观音乐两种情况，客观音乐是画面中有声源的音乐，而主观音乐则是为了表达特定的情绪起伏而随镜头画面同时播出的音乐。音响也叫音效、效果声，是人声和音乐之外所有声音的统称，它几乎包括了自然界中所有的声音和镜头画面中的人、物活动所发出的所有非语言声音，如脚步声、水流声、风声等。

声音在电视中不仅补充了电视传播的信息量，提炼升华了主题，渲染了环境气氛，增强了节目的现场感，还成为连接画面的手段，具有起承转合的作用。另外，声音能发挥蒙太奇的功能，使画面连接顺畅自然。声音能够连接不同时间、不同空间的镜头，在前一个镜头中用后一个镜头的同期声或效果声可进行时空转场，即声音的蒙太奇结构。

随着录音技术的迅速发展和人们对声音认识的不断深化，音频制作已发展成一门综合性的学科，它包括对声音信号的拾取、处理、记录（存储）及还原，涉及物理学、建筑学、心理学、电声学等与声学有关的领域。如今在节目编辑过程中，对声音语言的运用和处理已不再单纯地局限于各种后期配音，对前期拍摄现场同期声的收录也提出了更高的要求，而相关研究的深入和应用要求的提高为各种声音元素综合效能的发挥创造了更为广阔的天地。

二、声音的基本属性

1. 声音的物理属性

（1）声音的产生和传播。

声音是由于物体振动引起空气振动产生的，它通过空气或其他介质传播，在空气中的传播速度大约是340米/秒。传播介质的密度越大，声音的传播速度越快，例如，声音在水中的传播速度比空气中更快。声音的计量单位是分贝（db）。

物体发生振动时使与它相接触的周围空气质点受到振动，由于空气是弹性介质，受振动空气质点又会使与它们相邻的空气质点受到振动，于是在空气质点的相互作用下，振动物体周围的空气相继产生与物体振动相应的压缩与稀疏的交替变化。图11－1为声波分子的压缩与松弛跟周围正常大气压“A”点的压力增减的示意图。

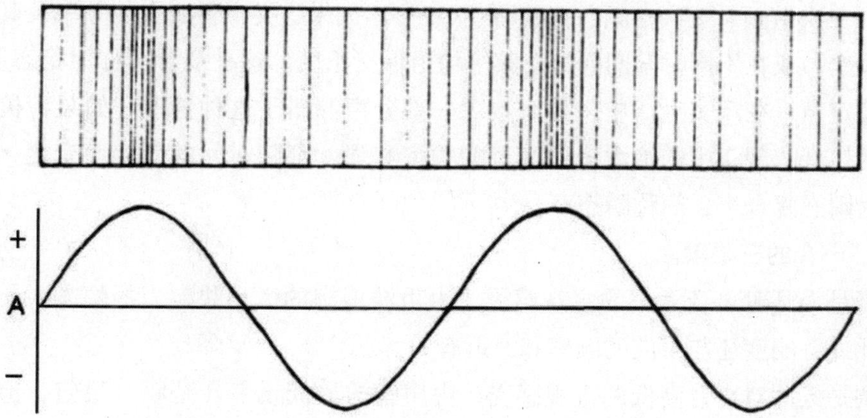

图11－1　声波分子的压缩与松弛跟周围正常大气压“A”点的压力增减示意图

（2）声音的度量。

声音由振幅、频率、波长、相位来度量。如图11－2所示。

振幅是物体在振动时离开平衡位置的最大值，振幅决定声波的强弱。

频率是声波在单位时间内完成振动过程的次数，单位是赫兹（Hz）。频率越高说明声波振动次数越多。周期是物体完成一次完整的振动所需要的时间。周期和频率互为倒数关系。

波长是声波在一个周期的时间内传播的距离，当声波的传播速度一定时，频率越高，其波长越短；频率越低，其波长越长。

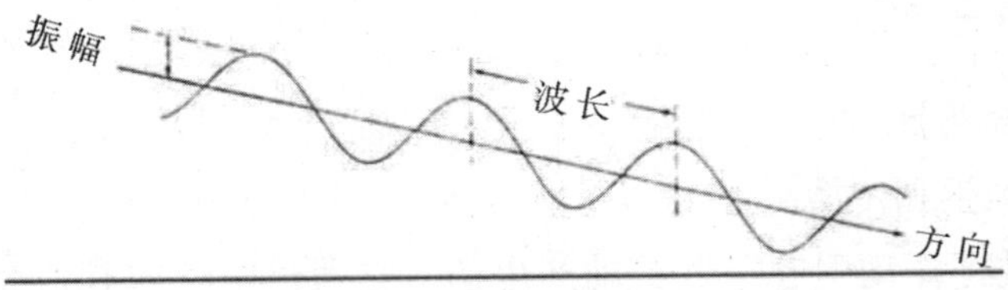

图 11－2　基本波形

相位是指同频同样波形的周期信号之间，在时间上的相对位置关系，通常用圆周的度数来表示。在两个同频同波形的声音信号叠加时，相位相同的信号叠加可相互加强，相位相反的信号叠加则相互抵消。

在实际问题中，大多数声音都包含许多频率成分，即由许多强度不同的频率成分组成复合声。在这些频率中，最低的频率称为基频，其他频率都是基频的整数倍，称为谐频（二次谐频、三次谐频、四次谐频……）。如果这类声音所含的频率及其强度不随时间改变，或在不同时间间隔内，其平均值保持不变，这种复合声称为稳态复合声，简称为稳定声。在现实生活中，只有很少一部分声源属于这种情况，如某种机器或车辆发出的声音。现实中的绝大多数声音的频率和强度都随时间的变化而变化，这类声音则称为瞬态复合声，简称瞬态声。

（3）声音的三要素。

响度是人耳对声音大小的主观感受，由声波振幅的大小决定。振幅越大，响度就越大。此外，响度还与声波的频率和波形有关。

音调是人耳对声音高低的主观感受，由声音的最低频率（基频）决定，但与频率并非成正比关系。

音色是人们用于区别同样响度、同样音调的声音时所依据的声音特性。音色由声音信号携带的谐波成分的多少和相对大小决定。

2. 人的听觉特性

（1）听阈。

声音的频率范围很宽，但人耳所能听到的声音约为 20Hz～20kHz，超出或低于这个范围的声音叫超声波或次声波，这些声波人耳是无法听到的。在整个听阈范围内，由于人耳的特殊结构将进入人耳的声音频率范围调节在中高频段，因此人耳对于中高音频声音比较敏感。人耳能够听到的最低音量值叫作听阈，人耳能够承受的最高音量值叫作痛阈。一般情况下，人耳能够承受的声音的最大强度为 120db。

（2）等响曲线。

人耳结构和声音传递过程使人对于不同频率的声音感知灵敏度不同。假设每条曲线代表的声音对人耳来说是一样响的，曲线上的数值称为响度级，等响曲线表明了声音的频率、声音的强度与人耳听觉的响度之间的关系。例如，人们在感受声强同为40dB，而频率分别是1 000Hz 和100Hz 的两种声音时，人耳能够感受到的前一频率比后一频率高出20db，而在感受声强同为100db 的1 000Hz 频率和100Hz 频率的声音时，会感受到两者的音量几乎相同。

从等响曲线可以看出，人对声音的响度感觉是随着声音强度的大小而变化的。声音强度越大，响度级越大；同样声音的频率不同，响度级也不一样，人耳对高频信号和低频信号的敏感程度比对中频信号的敏感程度低。

（3）方位感和聚焦效应。

方位感是指人耳对声音传播的方向及距离具有辨别能力，无论声音来自哪个方向，都能准确无误地辨别出声源的方位。

聚焦效应又叫鸡尾酒会效应，是指人耳的听觉可以聚焦到众多声音中的某一个声音上。人耳在特别注意某个声源时，感觉到关注的声源所发出的音量是其他同音量声源的三倍。例如，我们听交响乐时，把精力和听力集中到小提琴演奏出的声音上，其他乐器演奏的音乐声就会被大脑皮层所抑制，使听觉感受到的主要是小提琴演奏声。多做这方面的锻炼，可以提高人耳对某一频谱的音色、品质及层次的鉴别能力。与此同时，在为前期拍摄进行同期录音时，也要注意避免因人耳的聚焦效应而忽略环境噪声，从而破坏同期声录音效果。

3. *声场*

声音传播的空间称为声场。一般来说，声音所处空间可以分为自由空间和封闭空间。在自由空间中，声波可以自由传播而不被反射，无限宽广的室外空间可以看成是自由空间；任何室内空间都是封闭空间。因此声场分为室外声场和室内声场。

（1）室外声场。

声音在自由空间中形成的声场为室外声场。声音在室外声场中传播时，声音复杂，很多声音是随机出现的，对声音的控制也有较大难度。室外声场中，大的障碍物会产生回声，也会出现各种环境噪声。

（2）室内声场。

声音在封闭空间中形成的声场为室内声场。声音在室内声场中传播时，会受到房间墙壁、各种用品道具等因素的影响，使到达听音点的首先是直达声，然后是经过一次、二次……反射的反射声，最后是混响声。直达声是由声源直接抵达听音者耳朵的声音，混响声是人耳感知到的因直达声在周围环境中反复交替反射而形成的反射声。

混响是在室内声场达到稳定的情况下，声源停止发声后仍然存在的声延续现象。混响对房间的音质有重要影响，是决定房间音质的必要条件。混响是室内声场的一个重要特征，描述这一特性的客观量称为混响时间。声源停止发声时，声音并不会马上消失，这是因为虽然直达声没有了，但声源停止发声之前的直达声所形成的反射声不会因为声源的停止发声而消失，仍然继续存在，每反射一次损失一部分能量，直至声能减小至零。目前，国际上公认的是以室内声场的声能密度衰减到原始值的百万分之一时所经过的时间作为混响时间，也就是室内声音已达到稳态后停止声源发声，平均声能密度自原始值衰减60db所需的时间，用T60或RT表示。

一个声音的空间建立，必须通过混响时间来建立，混响时间的长短影响声音的清晰度，也直接影响室内音质效果。房间的混响时间长短是由它的吸音量和体积大小所决定的，体积大且吸音量小的房间，混响时间长；吸音量大且体积小的房间，混响时间短。混响时间过短，声音发干，枯燥无味，显得不够亲切自然；混响时间过长，会使声音含混不清，只有合适的混响时间才会使声音圆润动听。

第二节　录音设备与录音系统

一、传声器

传声器又称为话筒或麦克风（MIC），是一种能够将声音信号转换成电信号的设备。话筒是最重要的录音器材之一，是录音工作的第一步，话筒拾取信号质量直接决定完成的声音作品的质量。在单机采访的情况下，主要使用话筒录音。

1. 传声器的功能

传声器/话筒的主要功能是捡拾实地声音并导入电视录制系统，即拾音。拾音是音频制作的第一道关口，也是最重要的一个环节，因为后期一切声音处理都是在此基础上进行的。如果话筒质量低劣或使用不当，所产生的不良后果很难在后期进行校正和改善，因此，话筒的选择和使用在电视声音的录制过程中十分关键。

2. 传声器的种类

传声器/话筒的分类方法很多，从不同的角度有不同的分类方法，下面介绍三种常见的分类方法。

（1）按能量转换原理分类。

按能量转换原理，话筒分为动圈式与电容式话筒，分别如图 11－3、图11－4所示。

图 11－3　动圈式话筒

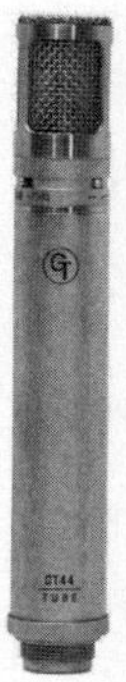

图 11－4　电容式话筒

动圈式话筒是一种通过磁场内导体的运动来产生音频信号的话筒。动圈式话筒的构造一般都比较结实耐用，性能稳定，能够承受较高的声压电平，指向性好，使用简便，噪音小。其构造的特点决定了它对瞬时信号不是特别敏感，因而对高频的再现效果在精细度和准确度上不如其他类型的话筒。在价位上，动圈式话筒一般会比电容式话筒稍低一些，但个别较高端的动圈式话筒也比较昂贵。在用途上，动圈式话筒适合外出采访、现场演出等环境中使用，也可以在工作室里用来录制电吉他、电子鼓等乐器的声音。

电容式话筒是历史最长的话筒类型之一，其核心是一个电容传感器。电容式话筒的构造最为简单，把一片拉伸得薄薄的能够导电的振膜张贴在一块叫作后板的金属薄片上，形成一个简单的电容器，然后利用外部电压源向电容器供电，当声压作用于振膜时引起电容变化，电路中电流也产生变化，然后输出电压的变化构成了话筒的输出信号。电容话筒具有灵敏度高、噪音小、音色柔和，输出信号电平比较大、失真小、瞬态响应性能好、指向性高的特点，但工作特性不够稳定，其低频段灵敏度随着使用时间的增加而下降，寿命比较短。在用途上，电容式话筒不适合室外使用，一般用于各种专业的音乐、影视录音，在录音棚里很常见。

（2）按指向性分类。

话筒的指向性是指与话筒主轴成一定角度的入射声波的频率响应特性与电平变化。按指向性的不同，话筒分为无指向性话筒、双指向性话筒、心形指向性话筒和超心形指向性话筒。如图 11－5 所示。

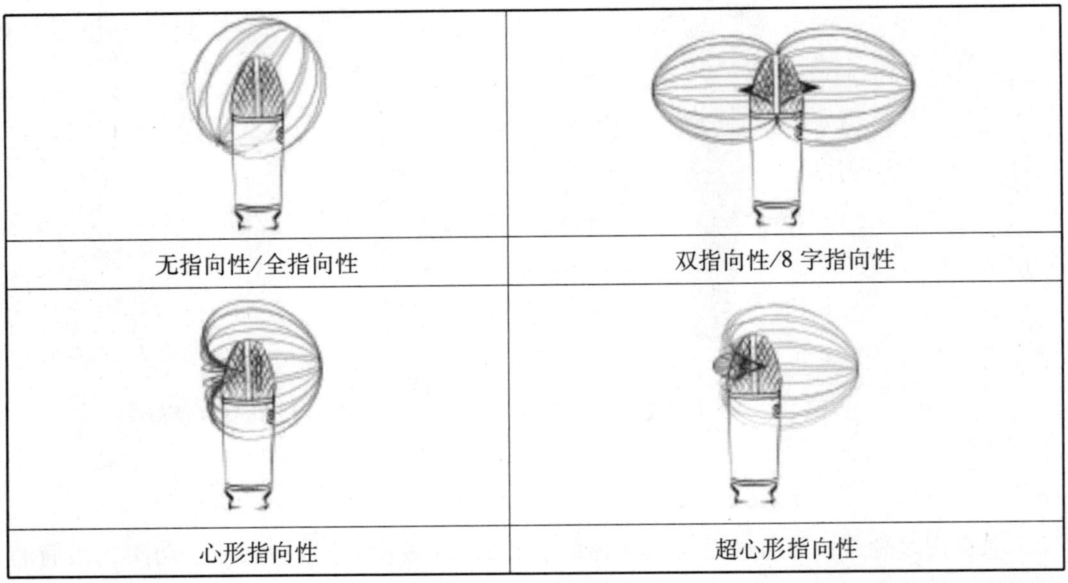

图 11－5　传声器的指向性

无指向性话筒也叫全指向性话筒，它的拾音范围是全方向性，以话筒为中心的球形范围内的声音均可拾起，能接受来自各个方向的声音，音质均不会受到影响。其拾音质量只与声源距离有关，而与声源方向无关。

双指向性话筒又叫 8 字指向性话筒，它的拾音范围是话筒的正前方和正后方，左右两侧灵敏度为零，拾音效果最差。

单指向性话筒的拾音范围是单方向的，只拾取话筒正前方一个角度范围内的声音，而这个角度范围以外的声音几乎不能拾取，可以抑制串音，摒除环境噪声，提高节目信号的信噪比。

单指向性话筒按照指向性尖锐程度不同，又可以分为心形指向性和超心形指向性话筒。心形指向性话筒对于正面角度大约 160°范围内的声音灵敏度比较高，对该范围以外的声音基本不拾取，在正后方 180°灵敏度最低。超心形指向性话筒只拾取正面很小角度范围内的声音，对该范围以外的声音抑制很强，多用于新闻采访。

（3）按信号传递方式分类。

按照信号传递方式的不同，话筒分为有线话筒和无线话筒。有线话筒的特点是传输信号信噪比高，抗干扰能力强。无线话筒的特点是摆放位置灵活，机动性强，适合用于演讲、演唱等移动拾音的场合。

（4）按使用方式分类。

按照使用方式的不同，话筒分为鹅颈式、手持式、领夹式、头戴式等。

3. 传声器的特性参数

选择话筒时需要正确识别话筒的特性参数，包括灵敏度、频率特性、指向性、信噪比、动态范围和输出阻抗。

（1）灵敏度。灵敏度是表征话筒声电转换能力的一个指标，是在单位声压作用下的输出电压或电功率。灵敏度由录制声源强弱与拾音距离决定，高灵敏度话筒的输出电压可达每微巴 5 毫伏左右，远距离拾音时，能够拾取微小的声音；低灵敏度话筒的输出电压为每毫巴 0.1 毫伏左右，超近距离拾音时，用来抑制功率过强的声音与低频噪声。

（2）频率特性。话筒的频率特性指话筒的主轴自由场的灵敏度随频率变化。一般话筒在高频时，声波振动速度快，话筒膜片振动难以同步，使高频输出少，响应差；低频时声波振动速度慢，话筒膜片不易受振，较难产生有效输出，低频响应不好；中频时，话筒响应良好。话筒的理想频率响应曲线较为平坦，使人耳能听到从 20Hz ~ 20kHz 的声音。人说话的声音以中频为主，录制语言时要选用中频响应好的话筒，音乐和效果声的频率比较宽，录制音响要选用高、中、低频响应都好的话筒。

（3）指向性。指向性又称为方向性，是指话筒对不同角度入射的声波所表现出的灵敏度不同。当声波以不同的角度入射振膜上时，振膜所受到的作用力也不同，因此相应的输出也不同。

（4）信噪比。信噪比是指话筒的信号输出与话筒固有噪声之比，信噪比越大，说明话筒输出的信号越干净。话筒的动态范围指话筒能够处理的最大声强到最低声强之间的范围。

（5）动态范围。话筒的动态范围是以其最高声级与等效噪声级之差表征的，表示话筒能够处理的最大声强到最低声强之间的范围。

（6）输出阻抗。话筒的输出阻抗要与输入设备（如调音台等）匹配。高阻抗话筒的输出阻抗在几万欧姆左右，容易被噪声干扰；低阻抗话筒的输出阻抗在几十至几百欧姆，抗干扰能力强。专业级话筒的输出阻抗为 50 ~ 200Ω。话筒输出阻抗必须符合或接近录音机、调音台等设备的输入阻抗，否则就会产生失配现象。

4. 传声器的选择

（1）话筒选择与声源。声源有语言、音乐、音响。语言录音往往比较注重清晰度，希望排除各种对语言造成危害的干扰，拾取声音时采用心形单方向电容话筒。音乐录音则对话筒的频率响应、频带范围的要求比较高。音响录音主要根据声音的响度来选择话筒。

选择话筒时应先了解声源的强度。电容式话筒比动圈式话筒的灵敏度高，难以承受过强的声音信号，容易造成声音失真，甚至损坏话筒的膜片，造成录音中断。在录响度较大的声音时，一般选用动圈式话筒，而在录制细小的声音时（如虫鸣、鸟叫），大多选用灵敏度较高的强指向性电容式话筒。声源所处的状态不同，话筒也有不同的选择。声源在固定或小范围活动时，话筒可以固定在支架或吊杆上。而对运动的声源进行录音时，一般选择比较轻、指向性强的话筒。

在一个话筒难以覆盖众多声源时，需要多个话筒，而且话筒的标准尽量一致。如果要录取的声源是一个点，应选择单指向性话筒，排除多余的干扰声。而当录取的声源是一片时，应考虑声源的宽度，选用全指向性的话筒。

（2）话筒选择与声场。声场分为室内和室外两种环境。在录音棚、演播室或实景拍摄时所用的各种空间中录音，称为室内录音。室内录音时最关键的是如何处理好多余的混响，应利用话筒的指向性来排除多余的混响声。在录音棚中常选用心形指向性话筒，在实景拍摄中常选用强指向性话筒。

在室外录音时，最关键的是如何处理噪音干扰。在繁华的大街上或公共场所，常使用指向性话筒或无线话筒来拾取语言。在使用多个话筒录音时，要注意声场的情况，如果声场的条件差，应使用灵敏度低的话筒，可以靠近声源，提高声音的清晰度。

二、调音台

调音台又称调音控制台，它是将多路输入信号进行放大、混合、分配、音质修饰和音响效果加工的一种音响设备。大量使用于广播电台、电视台及音像出版部门的节目制作和播出中。调音台是专业音响系统中最重要的设备，一套专业音响系统往往是以调音台为核心的。

1. 调音台的类型

调音台的类型多样，按使用情况可以分为便携式调音台和固定式调音台；按输出可以分为单声道、双声道立体声、四声道立体声及多声道调音台；按对信号的控制方式可以分为手动控制调音台和自动控制调音台；按信号处理方式可以分为模拟式调音台和数字式调音台。不同类型的调音台在输入通道数、面板功能键数量以及输出指示等方面都存在差异，但基本功能是相同的，即对各个输入的音频信号进行控制调整、音质加工，然后混合输出到所需声道上。图 11－6 为多声道调音台。

图 11－6　多声道调音台

2. 调音台的功能

调音台可以对节目信号进行放大。当各种不同节目源的信号进入调音台后，其不同的信号所需的放大量也不尽相同，所以调音台必须能分别处理不同的信号。如各种乐器的音乐信号与人声信号在幅度上就不相同，需要分别进行处理。

调音台可以分别对各种信号进行频率调整（即调音），使高、中、低音的音调均衡。不同的信号，由于其频谱分布、谐波成分等，形成不同的音色，建筑物对声音的影响也使音色产生很大的变化。音响师要根据不同的扩音环境，对进入调音台的不同声音信号分别进行加工，使其声音尽可能接近原声。调音台的每个声道都具有相同的处理手段，如三段均衡、增益控制、高通滤波等。

调音台可以进行声音信号的合并。调音台对各路信号进行调整后，要将各种信号合并成标准的左右声道（立体声）形式输出，作为下一级设备的输入信号使用。

调音台可以分配声音信号。调音台除了立体声的主输出外，还能提供两路以上的辅助输出信号，可以进行音响室监听或舞台返听，还可以作效果器的激励信号。

3. 调音台的结构

调音台由输入部分、母线部分（主控部分）、输出部分三大部分组成。母线部分把输入部分和输出部分联系起来，构成了整个调音台。

（1）调音台的输入部分。

调音台的输入部分由输入接口、电平调节、相位调整等功能键组成，如图 11 –7 所示。

图 11 –7　输入部分

输入接口是指调音台输入部分的每一个通道上信号源进行连接的插座，一般由低电平输入（MIC：传声器输入或低阻输入）和高电平输入（LINE IN：线路输入或高阻输入）组成。

调音台输入接口所要接收的信号来自具有不同输出阻抗、电平相差悬殊的各种信号源，所以调音台的输入接口对外呈现的输入阻抗与所接入的输入信号源的输出阻抗，要满足高阻抗跨接的要求，即调音台的输入阻抗至少要比所接设备的输出阻抗大 5 倍。调音台的输入配有不同输出阻抗的接口及传声器输入口和线路输入口。因为演播室中使用的专业话筒的输出阻抗大多为 200Ω 以下，所以传声器输入口的输入阻抗一般为 1kΩ。

电平调节是对输入调音台的信号进行调整，通过电平调节旋钮 GAIN 来实现。当输入信号的幅度超过电平调节旋钮所能调节的范围时，可按下预衰减键 PAD，使输入电平的幅度预先衰减 20db，再进行电平调节。虽然调音台的输入部分有高电平和低电平两类输入插座，但在调音台工作时，一个输入通道只能选择一个输入信号。

相位调整是调整输入调音台的信号与调音台其他输入通道信号的相位，通过相位调整键 PHASE 来实现。按下 PHASE 键，能使输入信号的相位翻转 180°，使输入的多路信号相位一致。

（2）调音台的主控部分。

调音台的主控部分由频率平衡、混合输出控制、信号分配和辅助开关组成。频率平衡由均衡器 EQUALISER 来完成，可以调整声音频率达到理想的声音音色，如图 11－8所示。

图 11－8　频率平衡功能键

输入部分每个通道的信号，经过衰减器 FADER 调整控制后输送到不同的输出母线，以此来控制输入通道在母线上的电平大小。

信号分配用来控制每一个通道信号输出的方向。

辅助开关指调音台的每个输入通道上常装有的哑音 MUTE、通道开关 ON、衰减器前监听键 PEL 等。

（3）调音台的输出部分。

调音台的输出部分由主输出、编组输出、矩阵输出、辅助输出和一些相关控制键组成。

主输出 MIX OUT 有左（L）右（R）两个输出通道，有些还有中间 C 声道。这些输出信号的大小由各通道上的通道衰减器来控制，如图 11－9 所示。

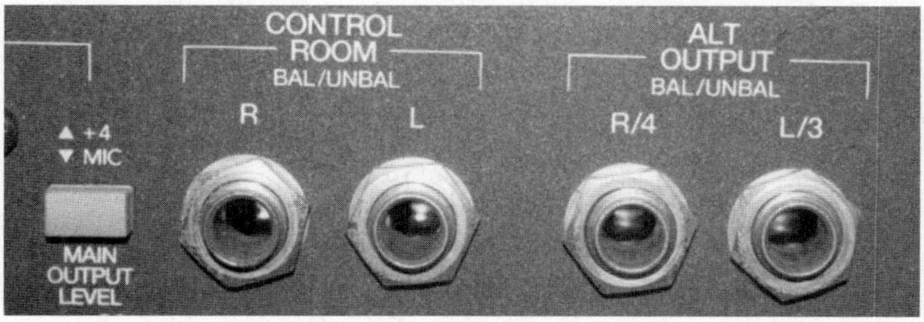

图 11－9　输出功能键

编组输出 GROUP 是调音台除主输出通道以外的重要输出通道，可以通过编组输出的接口向外输出各自独立的编组信号，还可以通过编组上的主输出开关和声像旋钮将编组信号输送到主输出通道上。编组输出的信号大小由各编组输出通道上的通道衰减器来控制，如图 11－10 所示。

图 11－10　编组输出功能键

矩阵输出 MAXTRIX 对各主要输出通道上的信号进行再次分配，可以控制信号的去向，还可以对分配到不同矩阵通道上的信号大小和分配比例进行控制。

辅助输出 AUX 用来控制各辅助输出母线向外的信号输出，如图 11－11 所示。

图 11－11　辅助输出功能键

4. 调音台的工作流程

声源信号从话筒输入或从线路输入，经增益调节，进入均衡处理作音质补偿，利用衰减器（推子）进行混合比例调节。再通过声像调节，进入左右声道母线和编组母线，同时，在推子前后引出声音信号，分别进入辅助母线。从母线出来的混合声信号，经过混合放大、大小幅度调节、隔离分派，进行相应的各种输出。从辅助母线送出的声信号或外部设备的信号，经过效果机处理或其他方面的处理后，从辅助返回端进入调音台，经过大小调节和声像调节后，与左右声道上的信号叠加，再一起输出，这便是声源信号加工制作的整个流程。

5. 数字调音台

数字调音台即数字调音控制台的简称，其信噪比和动态范围高，具有简单化、小型化、集成化的特点。数字调音台可对多路输入信号进行放大、混合、分派、音质修复和音响效果加工处理，是一种对所录制节目的声音信号进行控制和艺术加工的数字音频设备，常用于广播电台、电视台等音像节目制作机构以及电视节目的制作和播出中。

数字调音台的各项功能单元基本上与模拟调音台一样，不同的是数字调音台内的音频信号为数字化信号。艺术创作者使用数字调音台对原始声音进行技术加工、艺术处理等再创造。

数字调音台的类型多样，按照使用情况不同分为便携式数字调音台和固定式数字调音台；按照输出声道不同分为单声道、双声道、双声道立体声、四声道立体声及多声道立体声调音台；按照对信号的控制方式不同分为手动控制数字调音台和自动控制数字调音台；按照使用目的不同分为立体声现场制作调音台、录音调音台、音乐调音台、带功放的调音台、无线广播调音台、剧场调音台、扩声调音台、有线广播调音台等。虽然数字调音台的类型很多，但基本功能与模拟调音台相似，即对各路输入的音频信号进行控制调整、音质加工，然后按照一定比例混合输出到指定声道上。

数字调音台作为音频设备的新生力量已经在专业录音领域占据重要的席位，特别是近两年来数字调音台开始涉足扩声场所，可见调音台由模拟向数字转移是一股不可忽视的潮流。小型的数字调音台就能够实现大型模拟调音台的功能，有些数字调音台的功能甚至已经超出调音台的功能，具备数字录音功能和支持第三方效果处理、环绕声处理，可与音频工作站媲美。

三、数字音频工作站

数字音频工作站是一种集数字音频处理技术、数字存储技术、计算机技术于一身的高效音频处理工具，是由主机、音频处理软件、音频接口和存储器组成的非线性数字音频工作系统。它基于计算机的强大数据处理能力、以计算机硬盘为主要存储媒介，借用声卡或数字信号处理器，在软件的支持下实现声音录放、加工处理、非线性编辑及管理等节目制作功能。数字音频工作站往往需要和外部设备（如调音台、合成器、效果处理器、多轨录音机和视频编辑机等）连接在一起。

1. 数字音频工作站的功能

数字音频工作站是一个集计算机、录音机、调音台等功能为一体的数字音频录制、处理、合成系统。在节目制作中能够完成多音轨录音、监听、放音、多音轨的缩混、编辑记录存储、调音、多种声音效果处理。

数字音频工作站的录音、放音、合成与普通制作多音轨节目一样，能够同时播放多个音轨。数字音频工作站对于录入的声音素材，能够进行删除、静音、复制、移位、拼接、移调、伸缩等操作。播放时既能听到声音，同时还可以看到屏幕上描绘出的彩色信号波形。从屏幕上可以看到精确到帧的声音波形，需要补录时，可根据显示器波形精确地选择入出点。

数字音频工作站通过数字处理器提供许多数字信号处理手段，在 PC 机控制下可以实时完成调音、实时均衡、声音压扩、声像移动、电平调整、混响、延时、降噪、变速变调等多种操作，对声音进行时域和频域的处理。

数字音频工作站有模拟信号接口，通过 A/D、D/A 转化器来连接模拟信号的输入、输出。数字音频工作站还设有 AES/EBU 和 S/PDIF 标准的数字输入、输出接口，可用于模拟磁带录音机对录，也可用于 MD、CD、DAT 等进行数字对录。数字音频工作站设有 MIDI 专用接口，可用于同步录音。在节目录制过程中，数字音频工作站对数字音频信号进行压缩、扩张、限幅、声像调节、音质调整等处理。

2. 常见的数字音频格式

数字音频按格式通常分为波形音频文件和 MIDI 文件。波形音频文件指的是直接记录了原始真实声音信息的数据文件，分为压缩格式和非压缩格式两类。常见的非压缩格式音频文件是 Wave 文件（. wav）、Voice 文件（. voc）。常见的压缩格式音频文件有 MP3 文件、RealAudio 文件（. ra /. rm）、WMA 文件等。MIDI 文件则是一种乐器演奏指令序列，因此又称为非波形音频文件。

（1）Wave 文件。Wav 格式可通过增加驱动程序而支持各种各样的编码技术，常用于音频原始素材的保存，质量高、音质好，但是占用空间大。

（2）MPEG 文件。MPEG（Moving Picture Experts Group）音频文件（MP3、MP4）指的是 MPEG 标准中的音频部分，MPEG 音频文件的压缩是一种有损压缩，根据压缩质量和编码复杂程度的不同可以分为 3 层，即 MPEG Audio Layer 1/2/3，分别对应 MP1/MP2/MP3 三种声音文件。MP3 的压缩率为 10：1～12：1，CD 质量音频经过 MP3 压缩编码后音质基本保持不失真。MP4 采用的是美国电报电话公司开发的音乐压缩技术，压缩比达到 15：1，体积比 MP3 更小，但音质不变。

（3）RealAudio 文件。RealAudio 文件的最大特点是可以实时传输音频信息，尤其是在网络速度较慢的情况下，仍然可以较为流畅地传送数据，因此 RealAudio 主要适用于网络上的在线播放。

（4）WMA 文件。WMA 文件的特点是同时兼顾了保真度和网络传输的需求。WMA 格式压缩的音频文件比 MP3 文件要小得多，压缩比一般可以达到 18：1，而且音质也比 MP3 好。另外，WMA 的内容提供商可以通过数字版权管理方案加入防复制保护，可以限制播放时间、播放次数等，有利于防止盗版。

（5）MIDI 文件。MIDI 文件是数字音乐/电子合成器的统一国际标准，定义了计算机音乐程序、电子合成器和其他电子设备之间交换信息与控制信号的方式，还规定了不同厂家生产的电子乐器与计算机连接的电缆和硬件及设备间数据传输的协议，可用于不同乐器创建的数字声音，可模拟常见乐器。MIDI 文件记录的不是乐曲本身，而是一些描述乐曲演奏过程的指令。计算机将这些指令发送给声卡，声卡按照指令将声音合成出来。

3. 数字音频传输标准

目前数字音频传输标准还没有统一，常用的有 AES/EBU 标准和 S/PDIF 标准。AES/EBU 即音频工程师协会/欧洲广播联盟的标准，是美国和欧洲录音师协会制定的一种高级专业数字音频数据格式，已经成为较为流行的专业数字音频标准。大部分数字调音台、数字音频工作站等专业音频设备都支持此标准。S/PDIF 是索尼和飞利浦公司制定的一种数字音频格式，被广泛采用，如 CD 机、MD 机、计算机声卡数字接口等都支持 S/PDIF 标准，一些专业数字音频设备也支持该标准。AES/EBU 标准和 S/PDIF 标准在原理上是兼容的，但是一般不直接连接，避免产生失配现象。

四、录音系统

录音系统的构成有简单的，也有复杂的，主要根据声音录制的要求和现有的设备条件进行安排和取舍。如果是专业的电视配音录制，就需要采用质量较高的话筒，配接调音台、必要的效果处理器、数字录音机（或者直接输入音频工作站的硬盘）、监听音响等设备，如图 11－12 所示。

图 11－12　专业的电视录音系统

如果只是业余的制作，则可以选择普通的话筒（甚至立体声耳机附带的话筒），通过电脑声卡的输入端口（或者 USB 接口）实现声音的录制和数字化，并用通用的音频处理软件编辑即可。

最简单的专业录音系统为 ENG 同期声录音系统，由一个传声器和一台带时间码的便携数字录音机组成。现场录制时，图像由 ENG 摄像系统记录在录像带上，声音则由 ENG 录音系统记录在录音带上。为了使声音和图像保持同步，录音带和录像带上都必须记录时间码，以便在后期录制时，利用时间码连锁系统把它们编辑在一起。

功能较全的专业同期录音系统为 EFP 录音系统，该系统可以同时采用多个传声器拾音，现场完成调音及声音效果录制。

第三节　电视录音工艺

一、电视录音的基础知识

电视节目常用的录音工艺有前期录音、后期配音和同期声录音。

前期录音是指在声学条件较好的环境中录好声音，然后边放音边拍摄相应的画面，最后合成为声画同步的完整电视节目。由于其声音是前期录制的，在录制时没有其他因素的影响，所以可以追求声音的完美，因此它的音响效果比较好。前期录音多用于一些音乐节目的录制。

后期配音又称为后期录音，这是在电视节目中使用最广泛的一种录音工艺。后期配音是在拍摄并编辑好画面之后，在录音棚里对照画面上的内容录制人声及相应的音响声。后期配音的特点是可以选择优越的声学环境，精确设置传声器的位置，并可反复录音直到满意为止。尽管后期录音可以模拟现实声音，遗憾的是在许多情况下仍给人一种失真的、人为的感觉。

同期录音是在拍摄画面的同时，把现场中所需要的声音记录下来。这种录音工艺既保留了现场声音的真实，又体现了现场声学环境的特性，而且可以使声音与画面严格同步，从而营造一种近似现实的感觉，还可以减少节目制作周期。这种录音工艺对录音技术及相应环境条件的控制要求比较严格。

二、语言的录制

语言指人类的语言活动，是最基本的、最直接的电视声音表现手段。语言声源的频带相对较窄，为100Hz～8kHz，中心频率在400Hz左右。由于不同的电视节目采用不同的制作方式，如新闻节目、访谈节目、综艺节目等分别采用EFP（电子现场制作，Electronic Field Production）、ESP（电子演播室制作）和ENG（电子新闻采集）制作，不同的制作方式对语言的录制有不同的要求。一般来说，语言录音采用近距离录音以保证声音的清晰度、明亮度、自然度。由于语言声源的方向性强，动态范围小（50db），所以在语言录音时，应注意语言与周围环境的信噪比。另外，语言录音时还要注意声画统一。

解说词和对白是电视声音语言的重要部分。解说指的是直接用语言来解释、说明或评价画面内容或补偿画面无法表现的信息的一种画外音表达方式。解说词可以丰富画面信息，提升电视节目的表现力，还可以增加电视节目的文学性与纪实性。解说词主要运用于电视新闻、专题片、纪录片。解说词录音一般在配有语言录音用话筒及图像监视器的解说录音室内进行。录音人员按照图像和台词脚本将解说员的解说录入录音设备或录像机。

解说词的录音一般是后期录音，属于二度创作，受画面的限制，但在现代音响技术条件下，后期录音对声音进行艺术加工的手段十分丰富。解说词的基本表现手段是通过语言的重音、停顿和语调来体现的。语调有高、低、轻、重、迟、急、顿、挫等，蕴含着丰富的语言表现。所以，在解说词录音时，应特别注意语调的变化。

解说和旁白多采用低语调，声音音质宽厚、柔和、沉重、谐波丰富。低语调录音主要采取近距离拾音的方法，具体由解说员的发音特点和话筒性能来决定。低语调的动态范围不大，在100Hz左右要衰减，以解决话筒的进场效应并减少低频噪声，提高声音的清晰度；中频段在1Hz～300Hz略提升，以增加声音的响亮度。低语调时，男声容易出现喉音，女声容易出现呲音，所以拾音时要注意发音控制，最好加上防风罩。

对白主要用于电视剧和谈话类节目中。对白一般采用同期声的录制方式，但在科幻片、动画片等电视节目中，对白通过后期配音来录制。对白使用中等语调，要求清晰、明亮，并有一定力度。中等语调录音时也采用近距离拾音，如果要求有距离感或环境感时，则使用中距离拾音，具体根据声场环境和语言发声大小决定，一般距离在30～50厘米。高语调的解说一般用于渲染气氛，声级大，但由于高语调的声音缺乏高、低频，音域较窄，使声音缺乏响度，实际听感上音量并不大。高语调录音采用远距离拾音，一般距离声源1米，有时采用话筒预衰减的方法近距离拾音，增强低频，减少室内混响，最好使用压缩器以提高其平均音量。在音质补偿上要适当衰减中频，增加高、低频，使声音频谱展宽，避免尖硬刺耳。

三、音乐的录制

音乐录音比其他录音的专业性更强，对录音师的要求更高，不但要掌握专业的音乐录音设备，而且要有较高的音乐素质及录制能力。根据音乐在电视节目中的表现形式，音乐有独立的音乐节目形式，有作为编辑手段的音乐（如栏目片头音乐等）形式，也有体现艺术表现力的音乐形式。音乐电视节目的音乐有在录音棚里录制的，还有节目现场录制的。音乐电视节目以外的其他音乐形式通常有两种，即音画同步和音画对位。音画同步指用音乐语言来复述、强调画面语言的视觉内容，音乐与画面节奏一致，视听高度统一。音画对位指音乐语言与画面语言不相统一的组合方式，音乐远离画面，多角度、多层次地表现主题。音画对位根据音乐在电视节目中的作用可分为现场性音乐、背景性音乐、抒情性音乐。音乐能够强化画面的感染力，既与画面相互交融，也受到画面编辑的制约，孤立于画面之外的音乐是没有意义的，也是不存在的。

音乐录音有两种：一种是利用话筒对自然声直接实时地进行拾取以获取节目制作素材，即现场录音；一种是在专业的录音场所，根据作曲要求利用录音设备进行录制。由于录音环境与记录方式不同，所以这两种录音方式各有特点。现场录音的声音是摆放好话筒，经过调音台调整后得到的，声音信号不能进行二次加工，所以准备一定要充分。而录音室是按照录音的要求而建立的专业录音场所，环境设备使用方便，录音内容记录在录音机上，可以进行二次加工，对声音的艺术性要求较高。录音机连接调音台，对录音进行整理加工。电视音乐类节目常采用现场实况的录音制作方法，直接以音乐作为信息传播，所以电视音乐录音应采用立体声录音的方法。

目前，经常利用计算机音乐系统 MIDI、话筒拾音、数字声音合成来共同完成音乐作品，主要运用于电视节目的前期制作和后期配音。

四、同期声的录制

同期声是指在拍摄画面的同时记录下与画面有关的现场声音，包括人物发出的声音和自然环境中的音响。同期声是电视节目中较常使用的要素之一，广泛应用于新闻节目、谈话节目、娱乐节目中，能够增加节目的现场感和真实感。在电视剧的制作过程中，为了防止后期配音所造成的不便，一般采用同期录音的方式。对于初学摄像的人，应该养成录制同期声的习惯，避免只有画面没有声音的情况。

录制同期声时，最常使用的声音拾取设备是话筒，所以话筒的选择尤为重要，直接影响到节目的声音效果。现场录音时，需要配备几种不同指向性的话筒，一般选择强指向性话筒，因为现场环境总是会有噪声。在现场录音时，根据现场的实际情况和声音效果的需求选择适当的话筒，根据话筒的拾音范围选取最佳的拾音位置。当同时使用一个以上话筒时，应尽量使用同一特性的话筒，以保证声音信号音色的一致性，如都使用无线话筒，避免一个使用有线话筒，另一个使用无线话筒。同期声录音时，无论是内景还是外景都要使用防风罩或防风毛衣，以防止录入噪声。

在室内录制同期声的时候，一定要注意混响时间和噪声。在声场条件好的专业场所，如演播室、剧场、音乐厅、体育馆等录音，一般使用具有心形指向性的电容式话筒；像电视新闻这种要求声音非常细腻的节目录音，选择灵敏度较高的话筒；而在较大的演播厅中录娱乐类节目，则应选择移动性较强的无线话筒。在封闭空间录音时，要特别注意话筒的位置。在室外录音时应注意信噪比以及空间感，比较大型的场面一般采用多机位拍摄，需要多个不同角度的话筒录音，位置应该在中近景的位置，不能太近或者太远，使用心形指向性的微型无线话筒来拾音，信噪比提高了，但损失了空间感，所以加一个辅助的强指向性话筒来收录环境声，并通过调音台调整两支话筒的声音比例。

五、录音的注意事项

在进行录音之前，首先要选择适当的话筒。话筒的选择首先要了解话筒的性能参数，然后还要考虑声源、声场。不同的声源具有不同的发声特点，频率宽度、动态范围、发音的指向性等也各不一样，因此在选择时要针对具体的声源特点来选择相应的话筒。不同的声场对声音的影响不同，如在室外声场录音，其噪声和干扰较多，要选择防风性能好的话筒；在室内声场录音，主要考虑其混响的问题及录音的要求。除了话筒的选择，录音时还要注意以下几个方面：

1. 安装传声器防喷罩、防震架

在近距离录语音时，经常会有气流喷到传声器上，这样录得的声音就会带有明显的喷音音头。因此，在录语音的传声器前面，摆上一个专业的防喷罩，可以有效地避免气流喷到传声器上，同时防喷罩还能对传声器起到一定的防潮作用，如图 11－13 所示。

传声器防震架可套在传声器上，使传声器处于平稳的状态，使拾音更准确，如图 11－14 所示。

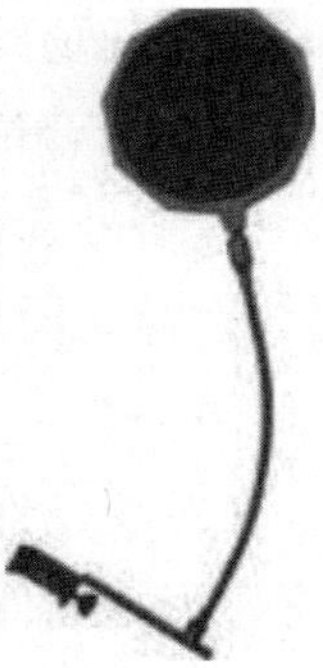

图 11－13　防喷罩

图 11－14　防震架

2. 传声器的位置

在进行录音时，首先遇到的问题是话筒的具体位置。拾音距离的远近决定了话筒拾取声音的直达声和混响声的比例，拾音距离越近，直达声成分越多，声音清晰度越高。拾音距离的远近还可以影响所录声音的空间感大小，拾音距离越远，空间感越强。

制作报道类节目时，如环境不是很嘈杂，话筒应在齐胸高的位置，与身体平行，让讲话的声波横穿话筒；环境很嘈杂，可将话筒靠近唇部一些，但注意不要让话筒挡住脸部。

双人采访或对话时，话筒位于肩部比较合适，如果过低，不利于话筒出现在画面构图中，音质也会受影响。手持话筒应轻拿轻放，不可人为地造出许多噪音。有些场合还应该携带话筒支架。画面不出现话筒时，常常采用吊杆式话筒，它可以使话筒尽量靠近人物，从画框的上部来采录声音。外景采访时，为了防止风吹动振膜而产生杂音，要使用防风罩。

录制前，应当确认连线正确，可能的话进行试录，听一听重放效果，做好充分准备，确认录音电平合理。录制播出时，摄像师、制作人员不能说话，也不能有其他杂音。

3. 过载现象和相位抵消现象

传声器的动态范围必须大于声源的动态范围，传声器的输出信号大小也必须满足后面设备对信号输出大小的要求。传声器的过载现象通常有两种情况：一是大声压级信号使传声器本身产生过载现象。对于灵敏度较高的传声器而言，更容易产生过载现象。因此，在选择传声器时，在这方面就要有所考虑，传声器的选择一定要考虑具体声源的发生特点。二是传声器输出电平过大，使后面的放大电路产生失真。解决的办法除了在选择传声器时结合声源特点进行考虑外，在具体操作时要注意控制传声器的拾音距离，对大声压级信号的拾音要适当增加拾音距离，并在需要的时候给予一定的衰减。

相位抵消现象产生的原因有两种：一是多个传声器拾音时，由于相位不同，在信号混合过程中，会产生一定的抵消；二是由于声音在传播过程中所走的路程不同，到达拾音点时，存在着声学相位差，产生一定的抵消。前者只要用统一的接线方式即可避免，后者的情况相对复杂，在录音工作中要引起注意。

4. 传声器的离轴现象和近讲效应

不同的传声器有不同的方向性，对于不同角度入射的声波，其各个频率成分输出的大小是不一样的，在主轴方向零角度入射的声波，拾音效果最好，当声波的入射方向偏离零度时，要使传声器的活边对准声源方向，如果声源的方向偏离传声器活动范围，其输出大小和音质将明显变差，这一现象称为离轴现象。这就要求我们在实际工作中，在进行传声器设置时，注意调整传声器设置的高低、俯仰和偏正，以使声源方向处于传声器活边范围内，从而避免离轴现象。

任何传声器，特别是指向性传声器，拾音信号的低频成分明显增强，这就是近讲效应。这已被一些歌手演唱时充分利用，通过近讲效应，来弥补发音的低频成分，从而增加声音的浑厚感。但低频成分的增强，有可能使声音的清晰度受到影响。因此，在工作中既要利用又要避免这种效应，这要根据具体情况而定。

5. 传声器与画面灯光的关系

在影视节目制作中，尤其是前期的拍摄和录音中，由于往往要考虑画面因素，传声器的设置不能像纯录音那样自由，在大多数情况下，传声器是不能进入画面的，它应高置或低置于画框之外，但这样又会使所拾取的声音音质发生变化。所以传声器设置尽量靠近声源并辅助调整传声器设置的高低、俯仰和偏正，当声源进行移动时，要尽可能保持拾音距离不变。当距离较远时，可采用超指向传声器进行录音或使用无线传声器进行录音。

在节目的制作过程中灯光是必不可少的，灯光的使用往往会给录音带来一定的困难，主要表现在灯光常常会使传声器产生投影，这一投影如果进入摄像机的取景范围，就会产生穿帮；灯具的使用往往会产生一定的噪音，这种噪音毫无疑问是对录音的一种干扰。对前一种情况，在设置传声器时尽量不要让传声器与主光处在同一直线上，以减少投影或使投影落在画框之外，在能使用柔光灯的情况下，使用柔光也可减少投影的影响，对于后一种情况要尽可能消除灯体的噪声或使传声器的设置与灯体拉开一定的距离。

在传声器的使用中，会遇到各种因素的影响，对这些因素要进行综合考虑，根据具体的拾音目的、所达到的艺术要求及使用的设备性能和录音环境来确定具体的使用方法，在实践中要注意总结录音经验，以提高声音制作水平。

第四节　电视声音的编辑处理

声音制作设备按其性能指标来分类，有专业级、业务级、家用级。专业级声音制作设备包括话筒、音源（录放音设备）、调音台、声音处理设备、功放和音箱等。到目前为止，除了话筒和音箱正在由模拟向数字方向过渡以外，其他设备均以数字设备为主流。数字设备的性能指标要比模拟设备有数量级的提高。在声音制作系统内，设备的配置与选用将会直接影响节目制作的技术质量。常用的声音编辑软件是 Adobe Audition 软件，它集录音、效果处理、混音、编辑于一体，可以完成各种复杂和精细的专业音频编辑，其中声音加工处理包含有频率均衡、效果处理、相位处理、降噪、压扩、变调及变速等多项功能，也可以进行 CD 素材的采集录制。图 11 – 10 为非线性编辑系统。

图 11－15　非线性编辑系统

一、电视声音的制作原则

1. 声画协调

电视节目的多样性，决定了声画结合方式的多样性。声画关系有声画同步、声画分离和声画对位三种形式。声画同步是指画面中的视觉形象与出现的声音处于同步关系中，即声音是由画面中的人、物体或环境产生的，具有很强的真实感。声画分离指画面中的声音和形象不同步，相互分离，即声音不是由画面中的人、物体或环境产生的，增加了画面以外的信息。声画对位指电视节目中的画面与声音按照各自不同的规律，独自表现不同事物的信息，却又表现出同一内容，这是常用的艺术表现手法。新闻类、纪实类、访谈类等电视节目，大多采用声画同步的声画结合方式；在电视剧等艺术类节目中，常常使用声画分离和声画对位的声画结合方式。

2. 音响成分协调

声音和画面是不可分割的，解说词内容应与相应的段落画面呼应，效果声、音乐也同样应与相应段落相呼应，以产生最佳音响效果。解说、效果声、音乐三者要共同组成一个整体。解说词与其他声音共存时，总是突出解说，压低其他声音。当效果声与音乐同时出现时，往往突出效果声，压低音乐。音乐一般用来烘托气氛，突出或弥补不足。但这仅仅是一般规律，艺术创造本身是千变万化的，应视具体节目内容要求来确定音响成分中各成分的地位。

3. 选择合适的剪辑点

在对声音进行编辑时，应选择合适的剪辑点。剪辑点可选在强音头处，即在音乐或效果声中的顿音、重音、打击音等重节奏起始之前；又可选在休止处，即乐曲休止或讲话的句末、停顿换气之处；还可选在变节奏处，即音乐或讲话节奏发生变化的时候进行剪接，接点应选择在变节奏的第一个音头之处。声音剪辑点不适合选择弱音头、长音、连续句、节奏无常的地方。

二、常见的声音处理

1. 降噪

弱信号至少要高于噪声水平 6dB，才可以通过提高弱信号的电平来提高信噪比，信号音量越大，信噪比越高，越能降低噪声。

2. 混音处理

通过音响设备聆听音乐时，混响现象的存在给人以身临其境的感觉。因此，电视音响制作系统也要通过电子手段来模拟出实际的混响效果，并根据节目的需要灵活调整混响时间。例如，对于语言类节目，要尽可能减少混响时间，以保证语言的清晰度；而音乐类节目，则要适当增加混响时间，以产生真实感和层次感。进行混响处理的工具是混响器。

3. 音量调整

音量调整是为了控制声音信号的动态范围和调整各路信号的比例关系。由于音量与频率密切相关，所以音量调整需要与音质补偿结合起来进行。音量小时注意提升低频和高频；音量大时适当提升中频，以增强声音的明亮度。在调音之前，首先要清楚原声信号的动态电平、频率特性以及现场各路信号之间的比例关系，然后进行多次试听、反复调试，同时还要考虑到未来放音的各种条件和放音效果。

音量调整还需调整各路声音信号的比例关系，以实现音量平衡。例如，演唱话筒音量与伴奏音乐之间的比例一般是伴奏音乐占 40%，演唱声音占 60%；如果演唱者音色不错，可适当减小一些伴奏音乐的分量，以突出演唱者的歌声；如果演唱者对歌曲的旋律不很熟悉，容易唱走调、合不上拍，为了掩饰这些缺点，这时可适当加大伴奏音乐的分量。

4. 音质补偿

音质补偿是调音技巧之一，需要结合声源进行加工，这不仅是技术性的也是艺术性的，而且要与听众的听觉心理结合起来。音质补偿就是运用音质补偿器，调整各频段的中心频率来改变声音的音色。音质补偿的原则是平线、适度和必要，不论对哪一频段进行补偿都需结合节目内容和听觉效果，以达到总体上的平衡。音质补偿分为低音补偿、中音补偿和高音补偿。

声音的最低音为16～64Hz，现有乐器中只有管风琴能够奏出16Hz，这样低的频率人耳一般是听不到的，但是身体可以感受到。人耳能够听到20～64Hz的声音，但必须使用高保真设备才能播放出来。

低音区为63～250Hz，这一频段对音乐非常重要，它是音乐的基础，是低音补偿最重要的部分。因此，低频特性要用平线，这样可以使声音圆润而自然。当然，也可根据乐器的要求和特点来补偿。

中低音区为250～2 000Hz，这一频段在传输和录音过程中最不易受到损失，是声音最稳定的部分。中高音区为2 000～4 000Hz，这一频段对声音的清晰度与明亮度有重要贡献，也是中音补偿为最重要的调控对象。如果声音混浊、音色太暗可提升这一频段，声音过硬时可以进行衰减使之柔软，声音发闷时可以进行提升使它明亮，但是，提升过多则声音会刺耳。语言或歌声通常都要调整这一频段。

高音区为4 000～8 000Hz，对这一频段可以保持平线特性，使声音的自然度好。可根据乐曲内容和声源特性来对其进行相应的衰减或提升，但要适度，否则声音会不自然甚至出现金属声。8 000Hz以上为最高音区，这一频段对音色有重要贡献，可结合声源的音色进行适当的补偿。

对于男声来说，大多数人的声音比较低沉，缺少高音，为提高演唱的清晰度，一般可对3 000Hz的频率成分进行补偿；对于女声来说，高音又显得过多，声音过“尖”，为使声音洪亮，不至于太刺耳，一般可对400Hz的频率成分进行补偿。

第五节　电视配音和配乐

一、声音蒙太奇

声音蒙太奇是在画面蒙太奇的基础上进行声音和画面、声音与声音之间的各种形式和关系的组合，即对声音进行选择、创作和组接，从而表现人物感情、环境氛围、故事发展以及主题思想。根据声音蒙太奇在电视节目中的作用，分为叙事性声音蒙太奇和表现性声音蒙太奇。

叙事性声音蒙太奇主要以交代情节和真实声音为主，按照事件的发展、逻辑顺序和因果关系来组接声音，是客观的、写实性的声音蒙太奇。在实际操作中，可以使用声画同步、声音提前、声音滞后、声音转换和声音的淡入淡出等几种方法。声画同步主要表现内容的真实性。声音提前是在画面段落转换时，后一个画面段落的声音提前出现在前一个画面段落的尾部，引起悬念，形成一种特殊的心理效果，经常用来衔接两个画面段落之间的时空关系。声音滞后是在画面段落转换时，前一个画面段落中出现的声音，一直延续到下一个画面段落中，衔接画面段落的时空关系。声音转换是通过找到前后两个画面声音的共性来实现画面的转换，即出现在前一个画面段落结束时的声音，与后一个段落开始时的声音是一致或类似的，用来衔接两个画面段落。声音的淡入淡出是前一个画面段落的声音逐渐消失，后一个画面段落的声音逐渐出现，并在转换中出现部分重叠，制造声音的运动，主要用来表现时空关系的转换和变迁。

表现性声音蒙太奇将现实和非现实生活中的声音进行艺术处理，通过夸张、弯曲、变形，表现人物的精神状态，揭示人物的内心世界和环境的象征意义，突出创造者对声音内容的主观性和写意性。在实际创作中，可以使用主观意图、写意声音、声画对位、声音重复、声音放大、声音沉默等方法。主观意图是不以画面内发声物体为声音出现的依据，如表现幻觉和梦境时采用内心独白、混响、音乐等效果来营造氛围。写意声音是使用现实生活中完全不可能发生的声音来烘托画面内容。声画对位表现在声画平行和声画对立两个方面，声画平行是指画面中的声音不具体解释画面的内容，也不与画面处于对立状态；声画对立是指声音与画面完全相反，两者处于对立状态，通过反衬作用来表现更加深刻的思想意义。声音重复是声音多次出现，造成强调、对比、呼应等艺术效果。声音放大是将真实生活中的细节声音放大，以强调和突出声音细节的重要性，具有强烈的情绪感染力和形象表现力。声音沉默是将画面内容所对应的声音内容突然停止，营造静默的氛围，以达到无声胜有声的艺术效果。

二、常见的电视配音和配乐处理方式

1. 电视配音

（1）人、物的动作和运动的效果声。这种效果声一般要求典型、逼真，与镜头中人、物的行为动作发生的时间准确吻合，方能增强画面的真实感和冲击力。

（2）配合字幕、画面动作和情节出现的效果声。主要用于烘托节目气氛，如配合字幕和图文信息出现的一些非自然的效果声。这些效果声的出现并不会让观众感到不自然，相反如果与节目的主题和气氛配合得好，则会提升节目效果。

（3）与画面相配合，产生声画蒙太奇效果的效果声。通过声画对位和声画的分立，来营造更加丰富的含义，表达作品的主题和作者的主观情感。

（4）效果声素材的获取。由于效果声的录制要求很高，加上一般情况下制作者自己录制的效果声往往不够典型，因此很多时候效果声配音会采用一些专业录音工作室录制的效果声素材库，这些素材库容量大、分类清晰，使用十分方便，但往往需要购买，且价格较高。一些常用的效果声素材可以在网上下载获得。

（5）效果声可以采用的方法。

①同步法：效果声与画面内容完全对应。

②提前法：效果声在镜头画面之前出现，用声音实现镜头转换，带出下面的镜头内容。

③延伸法：用多种效果声的混合来营造相对真实的效果声音，如嘈杂街道的效果声。

④分立法：镜头跟效果声各自独立，又有机结合，加强画面渲染力。

⑤特写法：夸张微弱的效果声，忽略其他的声音成分，用于渲染气氛，如脚步声、钟表的嘀嗒声等。

⑥取舍法：舍去跟主题和气氛无关的效果声。

2. 电视配乐

（1）选配乐的原则。电视配乐应与画面内容、节奏一致。根据节目内容，选择不同的配乐方式。按照画面、解说或效果声的长短和位置，采用不同的音乐编辑技巧。

音乐节奏要与节目的整体节奏相统一。配在电视节目中的音乐起落要自然，要在不引起观众注意的情况下突出节目主题、深化情感和烘托氛围，因此一般的音乐插入都采用淡入淡出的方式。

音乐风格要与节目风格一致。电视节目的题材、节目内容及样式决定了电视节目的风格。在选配音乐时，不同的编导人员对节目存在不同的理解和艺术处理，虽然这方面存在着差异，但一个总的共同点是使音乐风格在总体上与节目风格保持一致。

（2）配乐方式。音乐引入的方法有以下几种：

①淡入法：这种方法就是选择好编辑点后，利用技术手段，把音乐从无到有、从弱到强、从小到大地引入节目中。

②掩蔽法：利用与画面内容有关的声音作掩护，把音乐引入节目中，从而使音乐进入时不会引起观众的注意。

③同起法：在需要加入音乐的段落，使音乐与段落开始的镜头同时出现，这种方法可以利用音乐来更明显地区分不同段落，从而起到转换空间的作用。

④画内法：这种方法是利用画面内的声源所发出的声音作为引子来引出音乐。

音乐结束的方法有以下几种：

①自然结束法：利用音乐的整体性，在音乐结束时很自然地退出。

②掩蔽结束法：同掩蔽引入法一样，利用相关的其他声音作掩蔽来结束音乐。

③画内结束法：利用画内的某一对象对音乐的作用及影响来结束音乐。

④淡出结束法：利用技术手段使音乐逐渐减小至完全消失，从而结束音乐。

在音乐的使用中，特别是在选用素材音乐时，其音乐长度可能并不合适，这就需要对音乐进行编辑。当音乐的长度不够时，可以进行音乐的重复使用，根据需要整体重复或部分重复来增加音乐的长度。当音乐过长时，可根据需要去除部分音乐。无论是增长音乐还是去除音乐，都要使音乐听起来自然流畅，不留痕迹，其关键是精确选择剪辑点。

思考题

1. 简述电视声音的作用有哪些？
2. 传声器有哪些类型及对应的特性参数是什么？
3. 电视录音时如何选择话筒？
4. 简述调音台的工作原理、类型及结构。
5. 数字音频格式有哪些？
6. 电视声音的编辑原则及常见的声音处理方式有哪些？
7. 简述声音蒙太奇的概念。
8. 常见的电视配音和配乐方式有哪些？

第十二章　电视节目制作

学习目标

- 掌握电子新闻采集节目创作的基本方法
- 掌握电子现场节目创作的基本方法
- 掌握电视演播室节目创作的基本方法

第一节　电子新闻采集节目制作

我国是20世纪80年代初期开始运用电子新闻采集节目制作（ENG，Electronic News Gathering）的。首先在中央电视台应用，之后很快在全国各省台普遍运用，以至80年代组建的电视台新闻部，没有经历影片新闻阶段而直接跨入电子新闻的摄录阶段。

在我国，尽管ENG在80年代初期就运用在电视新闻拍摄上，但一段时间以来，由于习惯了影片新闻的拍摄手法，电视记者们并没有充分利用其声音部分，还是把它充当摄影机来用，电视新闻还是画面加解说的影片新闻模式。直到90年代，才开始普遍运用摄录同步的报道手法，采摄合一逐步向采摄分家转化，现场报道、新闻采访等具有电视特色的新闻报道传播手法逐步被推广、运用。

ENG电视新闻采摄技术的进步，更新了电视新闻的报道方式，从而推动了电视新闻的发展。

一、ENG创作的方法与步骤

本节中，学生成立制作小组，进行ENG制作，完成一则校园电视新闻。老师和学生共同确定主题，进行前期策划，学生使用ENG摄像机拍摄，再进行后期编辑，完成电视新闻制作。

（一）ENG摄像机

ENG摄像机通常采用便携式摄像机。本节采用AG-HPX260MC摄像机，如图12－1所示。该摄像机是松下的P2HD手持式存储卡摄录一体机，是进行ENG创作的便携式设备。此外，根据需要选用P2卡、三脚架、连接电缆、电池、充电器、外接话筒、机箱、雨罩、棉衣等作为附件。

图 12 – 1　AG – HPX260MC 摄像机侧面图

（二）校园电视新闻策划

老师和学生根据校园内发生的事件进行电视新闻选题。例如校园欢迎新同学新闻报道、学生社团活动报道、优秀学生事例报道及我最喜爱的老师事件报道等。确定主题后完成电视新闻策划案，填写表 12 – 1。

表 12 – 1　电视新闻策划案

节目名称			
策划人		节目时长	
选题价值			
节目结构			
主要内容			
拍摄安排			
拍摄地点			
人员安排			

（三）前期拍摄

在策划案基础上，开始实施 ENG 制作中的拍摄阶段。运用 ENG 摄像机进行现场拍摄，如图 12 – 2 所示。在采访过程中，还需要运用到采访话筒进行录音，如图 12 – 3所示。

图 12－2　ENG 拍摄

图 12－3　ENG 报道拍摄

ENG 制作中，新闻事实是由记者通过观察、调查而发现的，事实是新闻得以形成的基础，新闻是在事实的基础上通过归纳而获得的，新闻依赖于客观存在的事实而存在。

ENG 制作中的画面不仅需要尽可能地反映事实的过程，更主要的是要以细节反映客观事实的本质内容，为观众对新闻事实的分析、判断提供最直接的依据。除了抓拍好现场外，还要运用好现场声。同期声也能表现新闻的现场感，电视新闻能正确地运用好同期声，会使新闻增强现场感，给观众带来真实感，也能强化新闻的主题。现场的同期声，必须为表现新闻主题服务，记者在新闻事件现场要做相对完整连贯的报道，做到声画同步。同时，要做到与环境声互不干扰、突出主体。现场感强的现场报道是由记者出镜做报道，但更重要的是让观众看到、听到记者在新闻现场的采访报道。记者应当在现场随着事态的发生和发展，边观察、边采访、边叙述，同时还要重视现场采访新闻事件的当事人和目击者，将他们在现场的同期声通过屏幕传送给观众，使观众感到更加亲切、真实、可信，也使观众产生“身临其境”的参与感，从而增强新闻报道的真实性和可视性。

采访时，根据视觉的选择原理及新闻现场的条件（光线、距离、物象、环境、时间）等要素，总是先寻找出其中容易捕捉的单纯构造或“形”加以感觉，以把握物象的主要特点，追求一个“完形”，并随着条件的变化对其加强、减弱或修正，再逐步加深或淡化，这就是单纯性的基本特性。视觉力求以简单、符号的形式表现深刻而丰富的内容，通过精炼集中的形式和易于理解的秩序，传递预想的意义。

（四）后期编辑

拍摄完成后，需进行后期编辑。ENG 制作中，除了要认真拍摄好每一幅新闻画面外，还须一丝不苟地运用动画、特技、屏幕文字等后期制作技术，制作好每一幅与图像新闻相关的画面，以准确的文字、图表等细节语言弥补图像语言叙事含混的弱点，力求使画面中的具象语言与抽象语言达到最佳组合，最终保证信息得以清晰地传播。电视新闻的声画以时序运动的方式传播信息，声画传播的滚动性无疑增大了受众对信息感知与存储的难度。就声画两者比较而言，由于画面含义具有模糊性而播音语言具有逻辑表述的明晰性，显然画面信息具有更大成分的不可知性。因此，努力构造电视新闻画面的突现性，是电视记者、编辑提高电视新闻信息质量的重要工作。

电视新闻应强化后期编辑策划。目前，电视特技手法增多，给电视新闻编辑提供了更多创造的机会。比如，以往在电视新闻编辑操作中比较多地关注“蒙太奇”，而现在，我们能够借助先进的电子编辑技术，达到超出蒙太奇的效果，分割画面与信息，同时传递两路以上的信息：特技与字幕的运用，能在节目播出时插入来不及编排到既定时段节目中的新闻，随时插播传回的消息，强化感观效果等。

二、ENG 创作的注意事项

（1）在节目制作过程中，策划先行，各小组成员根据选材决定内容表现的形式与镜头。现场采访前准备好采访稿、采访的问题，以便在访谈过程中把握全局，既承担引导者的角色，将话题的讨论引向深入，又能顾及采访的气氛，保持相当的灵活性。采访记者也要在现场或者提前联系到最合适的采访对象。

（2）摄像员根据策划部分的拍摄提纲和拍摄计划实施，积极寻找相关的资料，以备后期编辑使用。拍摄时注意观察拍摄现场，重视对现场与主题表现和内容表达有关的细节的拍摄和捕捉，运用远景、全景、中景、近景和特写等景别，突出主体。对于一些特定场景的拍摄，为了确保拍摄内容，画面的稳定性、拍摄质量等可以作适当的牺牲。采访员和摄像员分工协作、共同承担，后期编辑要与前期制作人员沟通协商，形成采、摄、编“一条龙”的格局，使采摄制作的新闻节目整体统一。

（3）编辑在剪辑画面过程中要有明确的组接、整合意识，把握好画面的节奏，掌握画面转换技巧，适当运用各种镜头组接形式。校园新闻在保证画面质量的同时，容量要小，保证浏览流畅。

（4）在使用摄录机时特别需要注意维护和保养。详见本节第四章第二节的“三、摄像机的维护和保养”。

三、ENG 创作记录方式

节目制作完成后，记录本次实验的各阶段工作和讨论结果，对前期策划和后期制作过程进行总结，并采用工作日志、PPT 汇报、视频展示等形式进行分享。

分享总结应包括以下基本内容：①组员分工；②选题确定过程；③前期拍摄的拍摄大纲；④前期拍摄过程及创作体会；⑤后期制作过程及创作体会；⑥小组审片和修改过程纪录；⑦校园新闻简介；⑧小组作品创作体会及作品自评。

最后保存制作的电视节目。

第二节　电子现场节目制作

电子现场节目制作（EFP，Electronic Field Production）是以一整套设备联结为一个拍摄和编辑系统，进行现场拍摄和现场编辑的节目生产方式。EFP 也是电视技术迅速发展的产物，它是一种适用于演播室外制作的电视节目生产方式。随着高清电视播出的日益普及，高清 EFP 的需求越来越广，根据这种需求而发育的系统解决方案，经过多年的积累和努力，终于日渐成熟和完善，给市场带来新鲜的活力。在我国，以电视台为主导的电视节目制作领域，由于无法提供高性价比的商业制作服务，相应地迟滞了新型系统设备的普及和应用。而民间的商用 EFP 应用，受制于市场的竞争和传统 EFP 系统昂贵的价格，对 EFP 系统的价格和应用灵活性提出了超高性能价格比的要求。这种面向中国市场激烈竞争的商业需求，是国外传统强势 EFP 系统供应商无法满足的。EFP 系统要高质，要专业，要灵活，还要便宜。

就当前 EFP 设备而论，从应用的范畴看，小型的概念一般是指六讯道以内的 EFP 系统，直接针对的设备就是转播车和箱载 EFP 系统，这也是当今电视台应用的主流设备。但这类系统设备对商业 EFP 来说，是非常昂贵的。

对于 EFP 系统的商业运作，广播级的摄录设备是最大的成本。由于采用了 ENG 摄像机代替演播室摄像机，这部分成本被大幅度降低了。EFP 应用与一般的单机拍摄使用一样的设备，摄像机的使用效率显著提高。ENG 摄像机可以方便地以租赁形式获得，这就可以减少摄像机的自主保有量，也是提高摄像机使用效率的重要方法。

EFP 的摄制模式已经不是什么高难度的技术，现在市场上除了电视台标准的 CCU（摄像机控制单元）控制的 EFP 方式之外，出现了众多便携 EFP 系统，使用这些便携现场切播设备，就可以借助一台车移动到任何想去的制播现场。其便捷高效的工作流程和现场感强烈的画面风格已经得到广大观众的认可，而我们对 EFP 的成片要求也更上了一层。

一、EFP 创作方法与步骤

EFP 节目制作过程包括节目导播、节目录制、后期节目编辑以及节目的播出发行。本节参照此制作过程，以 EFP 节目制作方式录制一台校园晚会或者学生活动，完成电视节目的制作。

（一）前期准备

1. 策划文案

老师和学生确定拍摄主题，做好拍摄计划，导演、摄像、录像、照明、录音等人员需要共同磋商，充分了解拍摄内容，根据拍摄要求与目的拟订出拍摄提纲。填写表 12－2。

表 12－2　电子现场节目制作策划案

节目名称			
策划人		节目时长	
主要内容			
节目结构			
拍摄提纲			
拍摄安排			
拍摄地点			
人员安排			

2. 设备调试

做好策划文案后，全体制作人员进行实地调查，了解拍摄场地，依据摄制提纲合理安排摄像机机位和切换台的位置，以及灯光设置、音响配置，尤其是切换台的位置，要能统观全局。本创作采用摄像机 HPX600（如图 12－4 所示）、录像机 AJ－PD500（如图 12－5 所示）、切换台 HS410（如图 12－6 所示）、音响操作台及其他辅助设备（灯光、话筒、录像机运载工具等）。

图 12－4　摄像机 HPX600

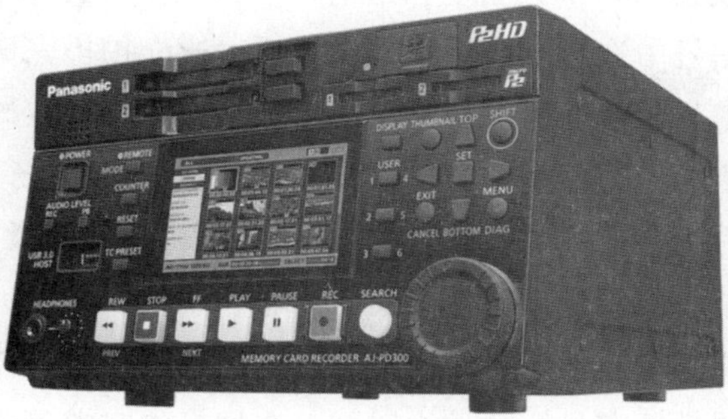

图 12－5　**录像机** AJ－PD500

图 12－6　**切换台** HS410

全体制作人员要按照规定时间进入摄制现场，进行设备安装调试工作。在调试工作中，摄像机的技术准备至关重要，准备工作充分与否直接影响到整个摄制过程。

切换台是最主要的技术设备，是整个直播现场的核心，其技术性能决定着现场直播的水准，对于要进行同步连接的切换台，要确保系统的三统一（定时统一，相位统一，幅度统一）。对带有帧同步功能的切换台，要对摄像机进行调整，保证各摄像机色调统一，尤其要确保通话系统畅通。

（二）节目导播

1. 导播的职责

在 EFP 节目制作的拍摄中，各台摄像机都不挂带。各路视频信号通过信号线传输到一个被称为“视频切换台”的设备上。由电视节目制作人员操作视频切换台，根据电视表现规则从多路信号中选择一路输出到录像机。这样拍摄完成后，也就完成了电视节目的初编。在多信号导播过程中，对于不同镜头、不同机位的选择，也决定了影视作品画面呈现的表现力。这种现场切换工作就是导播，这个进行选择信号的电视节目制作人员通常也被称为导播。导播的责任是指挥摄像师进行拍摄，并进行现场切换。

在整个制作过程中，摄像师要始终盯着寻像器。对运动画面，要求快速反应，恰当构图，主体突出。听到导播的指令后，要根据情况及时判断物体运动方向，提前做好跟镜头的准备，为导播留有足够的切换时间，在切换的空隙里应主动灵活地去拍摄一些与节目内容有关的事物。摄像师的主动性是有限的，总体上要听从导播的指令，因为导播是唯一知道其他摄像机正在做什么的人，听从导播指令才能使镜头与镜头、摄像机与摄像机协调起来，避免镜头重复，从而主次分明，整体效果更好。

在直播过程中，导播要把精力用来关心镜头的连续性，即镜头与镜头之间的转换。导播应通过监视器画面来判断摄像机的机位、取景、镜头运动、镜头变焦的情况，从而清楚、准确地发出指令，恰当地使用特技效果，使镜头衔接自然流畅，并将最能表现节目内容的镜头展示给观众，以增加电视节目的感染力和吸引力。

2. 切换台的操作

切换台又叫特技台，是 EFP 制作中多机摄像系统的核心部件，它主要用于现场节目制作时多台摄像机信号的选择、切换和镜头转换特技的添加。在非线性编辑技术还不是很普遍的时代，切换台也是后期编辑中添加特技的主要设备。随着数字切换台的成熟，切换台能够添加的特技已远远超越了淡变、划变等简单的镜头转换特技，出现了 3D 数字特技、色键跟踪等十分丰富的特技效果，但由于现场切换时间十分紧张，切换导演基本无法通过特技台实时添加复杂的特技效果，因此现场切换添加的特技也往往仅限于淡变、划变等简单的特技，而大量的特技效果则要依赖如今已十分普遍的非线性编辑系统来实现。本创作采用松下数字切换台 AV－HS410。

（三）节目录制

1. 录像机 AJ－PD500（如图 12－7 所示）的控件使用

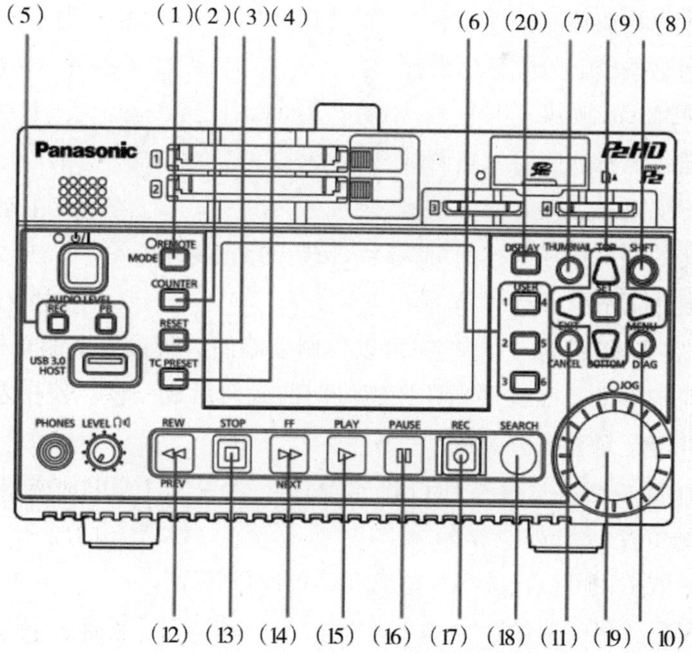

图 12－7　录像机 AJ－PD500 的控件

（1）REMOTE、MODE 按钮。

REMOTE 按钮：该按钮切换为用于通过 REMOTE 连接器控制设备的模式。如果可通过 REMOTE 连接器控制设备，在左侧的指示灯点亮。

MODE 按钮：该按钮切换至 USB 设备模式（USB DEVICE）。

（2）COUNTER 按钮。

该按钮按以下顺序切换计数器显示：TC→UB→CTL→TC。

（3）RESET 按钮。

如果显示面板的计数器显示为 CTL，按下该按钮可将计数器显示重置为“0：00：00：00”。

（4）TC PRESET 按钮。

该按钮用于设置 TC 或 UB 值。

（5）AUDIO LEVEL 按钮。

AUDIO LEVEL－REC 按钮：按下该按钮将显示记录音量调整屏幕。

AUDIO LEVEL－PB 按钮：按下该按钮将显示播放音量调整屏幕。

（6）USER 1～6 按钮。

用户可以向这些按钮分配任何功能。

（7）THUMBNAIL 按钮。

按下该按钮将显示或隐藏缩略图屏幕。

（8）SHIFT 按钮。

按其他按钮的同时按住此按钮可执行该按钮的交互功能。

（9）光标控制按钮。

上/下/左/右光标按钮：这些按钮可以控制缩略图、菜单等上的光标移动。在显示播放静止图像时按下上光标或下光标按钮可向前或向后跳一帧。使用左或右光标按钮可切换声道来调整记录和播放音量。

TOP/BOTTOM 按钮：这些按钮可将光标移至第一个（TOP）或最后一个（BOTTOM）缩略图的位置。

SET 按钮：该按钮可执行选择缩略图和菜单项目等操作。

（10）MENU、DIAG 按钮。

MENU 按钮：该按钮显示菜单。

DIAG 按钮：如果菜单未显示，按此按钮可显示 DIAG 屏幕来查看各种状况。

（11）EXIT、CANCEL 按钮。

EXIT 按钮：该按钮可关闭菜单，或从存储资源管理器返回正常显示。

CANCEL 按钮：此按钮可取消选择、停止复制等。

（12）REW、PREV 按钮。

REW 按钮：该按钮可进行快速倒回播放。可在“FF. REW MAX”菜单项目中选择速度。

PREV 按钮：该按钮在播放期间可提示当前或上一片段或者片段和文本位置。

（13）STOP 按钮。

该按钮可停止播放或记录。

（14）FF、NEXT 按钮。

FF 按钮：该按钮可进行快进播放。可在“FF. REW MAX”菜单项目中选择速度。

NEXT 按钮：该按钮在播放期间可提示下一片段或者片段和文本位置。

（15）PLAY 按钮。

按下该按钮可开始播放。

（16）PAUSE 按钮。

播放期间按此按钮可暂停（STILL）播放以显示静止图像。在播放暂停期间按下该按钮可恢复播放。在记录时按下该按钮可切换至记录待机（PAUSE）状态。在记录待机状态按下该按钮可恢复记录。

（17）REC 按钮。

在输出播放图像期间按下该按钮能以 EE 模式检查视频和音频。除了播放停止之外，按此按钮会激活 EE 模式，此模式会一直保持激活状态，直到按下其他按钮。仅当播放视频格式符合“系统格式设定”菜单项目设置时，EE 模式监控才可用。同时按此按钮和 PLAY 按钮开始记录。同时按此按钮和 PAUSE 按钮以切换至记录待机状态。从菜单可以启用通过摄像机远程记录。可在“同步记录模式”菜单项目中设置远程记录。

（18）SEARCH 按钮。

按下该按钮可切换至搜索模式。

（19）多功能控制转盘。

当处于搜索模式时，该转盘用于检查视频和搜索，每次按下都会在 SHTL（穿梭）模式和 JOG（慢放）模式之间切换。在切换至搜索模式之后操作立即处于 SHTL 模式。

在调整记录或播放音量时，按下 AUDIO LEVEL－REC 按钮或 AUDIO LEVEL－PB 按钮然后转动多功能控制转盘可调整记录或播放音量。

在显示缩略图屏幕时，转动转盘即执行功能和左、右光标按钮一样的操作，按下转盘即执行功能和 SET 按钮一样的操作。

在显示菜单时，转动转盘即执行功能和上、下光标按钮一样的操作，按下转盘即执行功能和 SET 按钮一样的操作。

（20）DISPLAY 按钮。

该按钮可按以下顺序切换 OSD 的显示：“无显示”→“OSD 显示”→“无显示”。

2. 录像机 AJ－PD500 插槽和其他部件（如图 12－8 所示）的使用

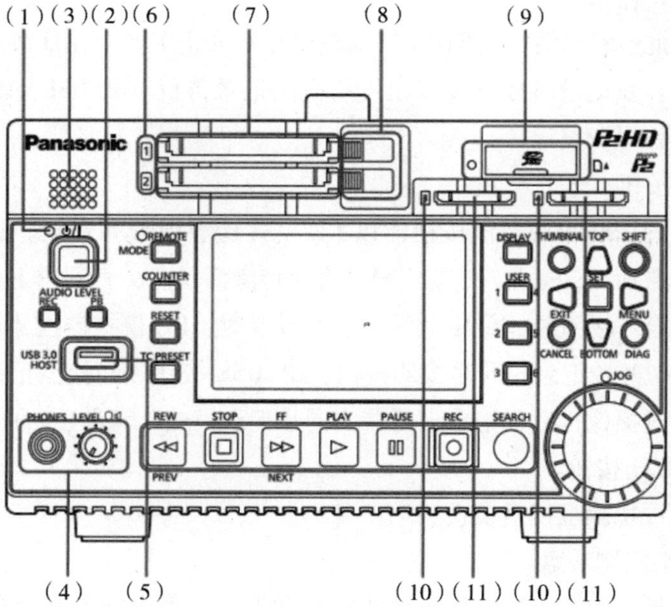

图 12－8　录像机 AJ－PD500 插槽和其他部件

（1）⏻/| 灯。

（2）⏻/| 按钮。

该按钮可打开或关闭电源。

（3）扬声器。

该扬声器输出监视器音频。如果连接了耳机，将禁止从扬声器输出。

（4）耳机插孔/监视器音频音量调整旋钮。

耳机插孔：该插孔用于连接立体声耳机以聆听正在用耳机记录或播放的声音。

监视器音频音量调整旋钮：该旋钮可调整耳机或扬声器的监视器音频音量。在“监听输出电平”菜单项目中可设置是否链接 MON L/R 输出插孔。

（5）USB HOST 端口（USB 3.0，A 型）。

注意：①使用双层屏蔽电缆连接此端口；②使用 USB 3.0 兼容电缆连接 USB 3.0 兼容的存储设备。

（6）P2 存储卡存取指示灯。

（7）P2 存储卡插槽。

（8）EJECT 按钮。

（9）SD/SDHC/SDXC 存储卡插槽和存取指示灯。

使用方式：插入 SD/SDHC/SDXC 存储卡时以切角边插入存储卡并且让标签面向上，直到其锁定到位；要取出存储卡，请确保存取灯未亮起绿色或闪烁橙色，然后再次轻按存储卡以释放锁扣。

注意：使用 SD/SDHC/SDXC 存储卡可进行 CPS 密码加载、菜单设置读写、元数据读写和低码率素材记录。

（10）microP2 存储卡存取指示灯。

（11）microP2 存储卡插槽。

（四）后期节目编辑

在现场录制的节目基础上，再进行后期的编辑、包装。主要包括增加节目的片头、片尾、字幕，对一些现场剪辑不好的镜头进行加工。

（五）节目输出

最后完成节目输出，刻录光盘或者制作播出磁带，完成 EFP 节目制作全过程。

二、EFP 创作注意事项

（一）白平衡的调节

白板应调至屏幕中央，并充满画面，至少得覆盖住屏幕的一半空间。把白板焦点调实。白板的照明光源条件要与被拍摄物相同，并使白板的亮度均匀，其亮度一般控制在 70% 左右。

（二）黑平衡的调节

黑平衡调整无须白板。黑平衡是对摄像机的本机亮度电平进行调试，与镜头的进光量无关，其实是使镜头无光线进入时，所记录的画面为纯黑色。如果黑电平严重偏离，拍出的画面可能会整体偏亮或偏暗。

（三）GAIN 电子增益

在拍摄光线很暗、照度很低的情况下，可提高视频增益和画面亮度，但是画面质量会下降，噪点明显增加，所以一般情况不开此功能。每次开机时检查一下增益是否打在 L 档，以防止误用高增益档拍摄，造成画面质量不必要的下降。

（四）对环境噪声进行有效控制

环境噪声一般来自两个方面：一是室外风声和其他随机声源带来的直接噪声；二是设备附件等的本身特性引入的噪声。由于在露天环境中制作现场节目时，无法设置很好的隔音和防风装置，室外环境中的风声对系统影响较大，甚至会造成强烈的干扰，严重时导致节目正常声音无法拾取和录制。对此，现场的每个传声器都要加套泡沫塑料的防风罩，而且尽量背对风源，尤其是灵敏度比较高、指向性强的传声器，正对着不太大的风都会产生很大的“轰轰”声。

（五）电平的调整

在现场节目录制过程中，电平的调整很重要，为了获得最佳的信噪比，充分保持原信号的动态范围并引入尽可能小的失真，要充分利用标准音量表和峰值表监测。节目电平的调整还应根据节目的特点来掌握。对于一般响度变化不大的节目，可以把节目电平的平均值调在接近 UV 表上 -3dB 指示处附近；对于现场响度变化大、冲击性很强的节目，则要充分利用峰值表监测，控制信号的最大电平不超过 +3dB，在数字录音机上要求信号的最大幅度小于 0dB，否则会造成失真。

三、EFP 创作记录方式

（1）形成 EFP 节目制作策划案。

（2）详细记录现场节目录制过程、所遇到的问题以及自己的感想和体会。

（3）记录常见的摄像机、录像机和切换台的操作步骤、使用技巧。

（4）保存制作的电视节目。

第三节　电视演播室节目制作

ESP（Electronic Studio Production）即电子演播室制作，主要是指使用演播室系统，在演播室内进行节目制作。20 世纪 50 年代以前，由于缺乏简捷实用的电视图像记录手段，绝大部分电视节目都是直接播出的。为此，电视台必须提供节目演出人员进行表演和摄像机摄取图像所需要的场地、灯光、电视设备等，这些总称为电视演播室。50 年代中期，磁带录像机问世。70 年代以后，由于录像技术的发展，绝大部分电视节目转而采用重放录像带的方式进行播出，因此必须有一个电视节目制作过程，把电视节目记录在磁带上。此后，大部分演播室不再直接播出电视节目，而转向从事电视节目制作。

电视演播室是专门用于室内电视节目制作的一种综合性技术设施。它具有适合电视节目制作的场地和空间，良好的声学特性和音响效果，先进的灯光照明系统（包括高效能的灯具和自动化的调光布光系统），高流量、低流速的空气调节系统，一定库容量的布景道具仓库，供演员化妆、休息、候播的场所和防火及紧急状态处理设施。制作节目用的设备主要有3~4台摄像机、多台高质量录像机、传声器以及视频、音响处理设备等。

演播室节目制作一般使用几台摄像机同时工作。每台机器的位置、角度、距离、镜头的景别都能根据分镜头剧本和导演的要求进行变换。经镜头摄取的光学图像在摄像机内转换成电视图像信号，由电缆送到控制室进行处理加工。电视导演操纵视频切换开关来切换信道，进行画面的选取和组接。处理后的图像信号输入录像机。与此同时，演播室的对白和音响效果，通过传声器转换成音频信号，经过调整、混合后也送到录像机，与图像信号一起记录到存储介质上。某些节目由于艺术上要求较高，后期制作工艺复杂烦琐，所以先在演播室内录制所需要的各种镜头（包括图像和声音），其他工作放在后期制作机房中进行。

一、ESP创作方法与步骤

ESP节目制作过程包括：节目导播、节目录制、后期节目编辑以及节目的播出发行。本实验参照此制作过程，以ESP节目制作方式录制一次活动，完成ESP电视节目的制作。

（一）前期准备

1. 策划文案

以6~8人为一组，策划一个班级活动，选定主题，制定活动方案，确定活动时间、地点、对象、内容和目的。根据ESP节目制作要求，拟订出摄制提纲。填写表12-3。

表12-3　电视演播室节目创作策划案

节目名称			
策划人		节目时长	
主要内容			
节目结构			
拍摄提纲			

（续上表）

节目名称	
拍摄安排	
拍摄地点	
人员安排	

2. 设备调试

完成策划案后，制作人员应到演播室进行设备调试。ESP 节目制作系统主要包括：视频系统、音频系统、同步系统、编辑控制系统、灯光系统。

（1）视频系统。

演播室视频系统由下面几个主要部分组成：

①信号源。

信号源主要包括摄像机、录像机、字幕机等给视频切换台提供节目制作源的设备。本实验采用的摄像机为 AK-HC2500MC，如图 12－9 所示。

图 12－9 AK－HC2500MC 摄像机侧面图

图 12－10 和图 12－11 为 AK－HC2500MC 的基本控制键。

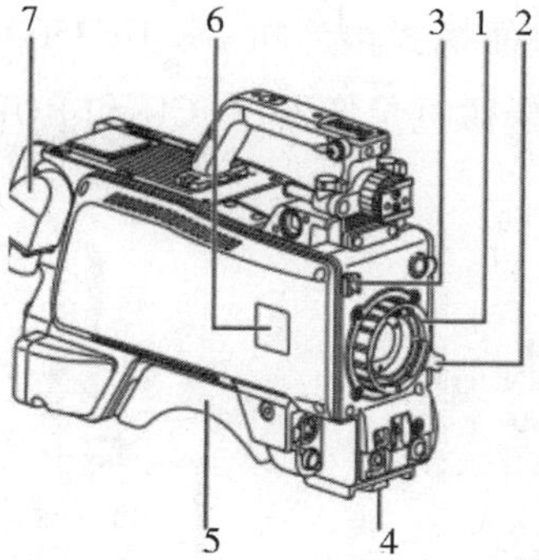

图 12－10 AK－HC2500MC 控制键

图 12－10 中 1 为镜头安装座（卡口式）；2 为镜头夹杆；3 为镜头电缆夹/麦克风电缆夹；4 为三脚架座；5 为肩垫；6 为摄像机编号表底座；7 为光纤接口。

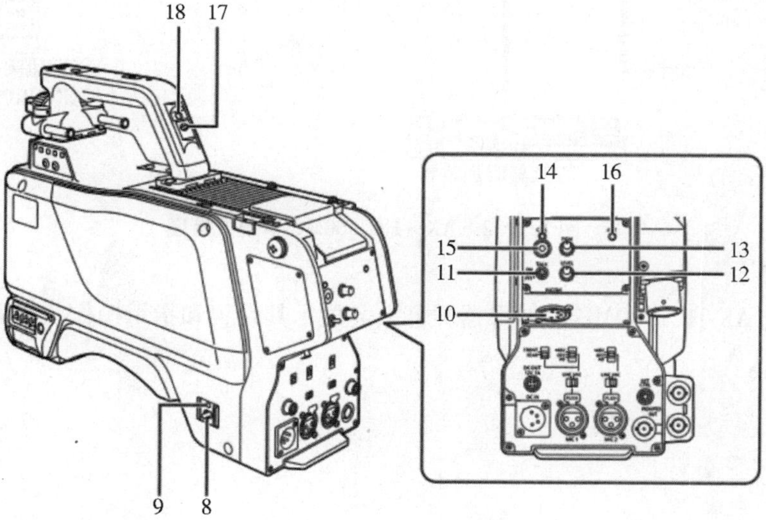

图 12－11 AK－HC2500MC 控制键

图 12－11 中 8 为摄像机电源开关“POWER”；9 为电源指示灯；10 为 INCOM 接口“INCOM”；11 为 INCOM MIC ON/OFF 开关“TALK”；12 为 INCOM 电平控制“LEVEL”；13 为 INCOM/PGM 电平控制“PGM”；14 为 CALL 指示灯；15 为 CALL 开关“CALL”；16 为 OPT 指示灯；17 为后计数指示灯选择开关；18 为后计数指示灯。

图 12－12 为广播级演播室便携式摄像机 AK-HC2500MC 和外围组件的标准系统示例。基本系统配置包括镜头、摄像机录像器、CCU 和 ROP。

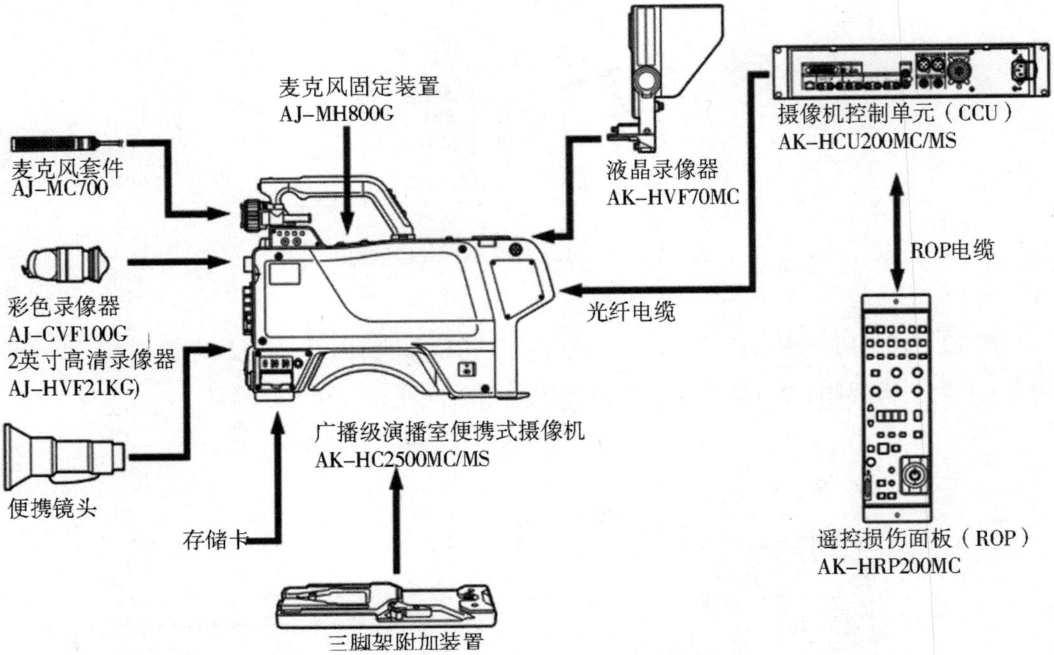

图 12－12　AK－HC2500MC 系统配置图

摄像机 AK-HC2500MC 的寻像器屏幕上会显示其设置和指示操作状态的信息，如图 12－13所示。

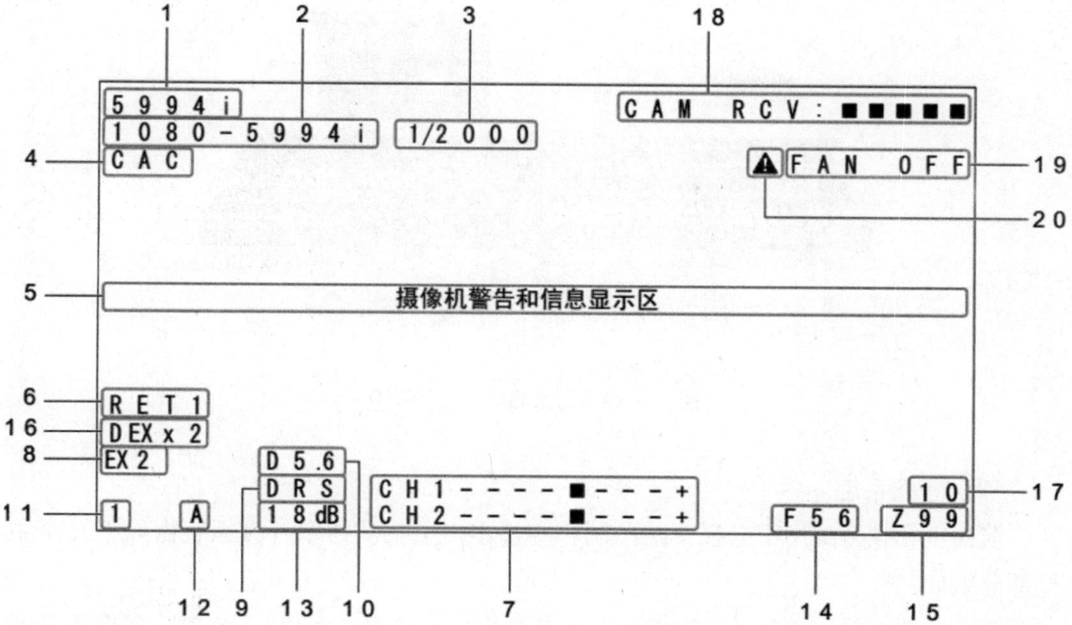

图 12－13　寻像器屏幕上的状态显示

1 为摄像机模式显示（59、94i、50i）；2 为系统模式显示（1080—59. 94i、1080—50i）；3 为快门速度；4 为色彩补偿显示；5 为摄像机警告和信息显示区；6 为 RETURN ID 显示；7 为 AUDIO 输入通道和电平表；8 为增镜距显示；9 为 DRS 显示；10 为 5 600K显示；11 为滤光片位置显示；12 为白平衡存储器显示；13 为增益显示；14 为光圈值显示；15 为变焦位置显示；16 为数字增距镜显示；17 为对焦位置显示；18 为光感电平显示；19 为 FAN OFF 显示；20 为 WARM UP 错误显示。

②特技制作。

演播室系统的核心是对多路图像源信号进行特技加工制作，这主要是由视频切换台来完成的。它通过混、扫、键、切等模拟特技手段实现对图像的合成与切换（或过渡），所有视频设备以它为中心构成系统。本实验采用的切换台为 AV－HS6000，如图 12－14 所示。

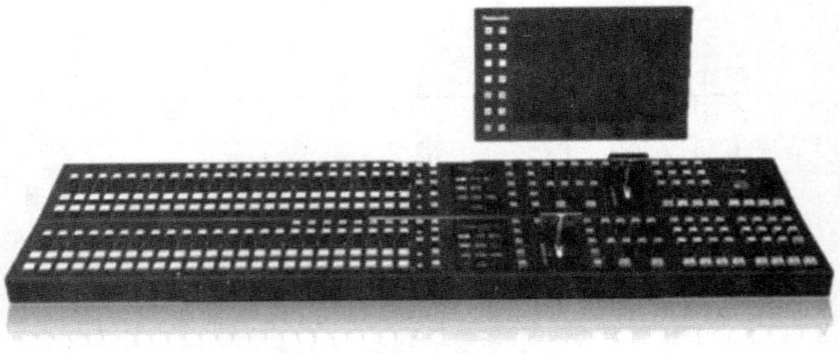

图 12 - 14　切换台 AV - HS6000

（2）音频系统。

演播室音频系统用于电视音响的制作与播出，整个演播室音频系统由以下几个主要部分组成：

①信号源。信号源包括传声器、盒式录音座、二声道录音机、CD 机、多声道录音机等，它们给调音控制台提供音响制作源。

②调音控制与音频效果制作。演播室音频系统的任务是对多路声音信号进行声音效果的加工和混合录音，这主要是通过调音控制台来完成的。

③录制。演播室音频系统的录制分为多声道录音机的录制、二声道录音机的录制和录像机的录制三种情况。在演播室音频系统中，多声道录音机的录制、二声道录音机的录制和录像机的录制，可以说是电视音响制作的三个步骤。为了使这三种录制过程正常进行，多声道录音机、二声道录音机和录像机是用时间码同步联锁在一起的。

④监听。声音监听是演播室制作音频系统正常工作的必要保障，根据监听作用的不同，基本上可分为主监听和返送监听两种情况。

（3）同步系统。

演播室同步系统用于保障全系统的同步工作。视频信号的切换、混合和特技处理要求所有的视频信号源具有相同的同步与相位关系，同步系统使这些信号源及相关设备受控于一个同步信号源，从而满足了节目制作时间统一、相位统一的条件。同步系统由同步机和脉冲分配系统组成，同步机是系统的同步核心，它产生在频率、相位、波形等各方面都符合电视标准的各种同步信号和黑场信号，以此作为系统的同步基础。脉冲分配系统以脉冲分配放大器和视频分配放大器为主组成，它们把各种同步信号（黑场信号或彩条信号）分配输送给各个视频制作和监测设备。

（4）编辑控制系统。

演播室编辑控制系统负责全系统视音频的编辑操作，根据设备选型的不同，其基本组成有以下两种方案。

第一种是视、音频编辑分别控制方案，基本原理如图 12－15 所示。

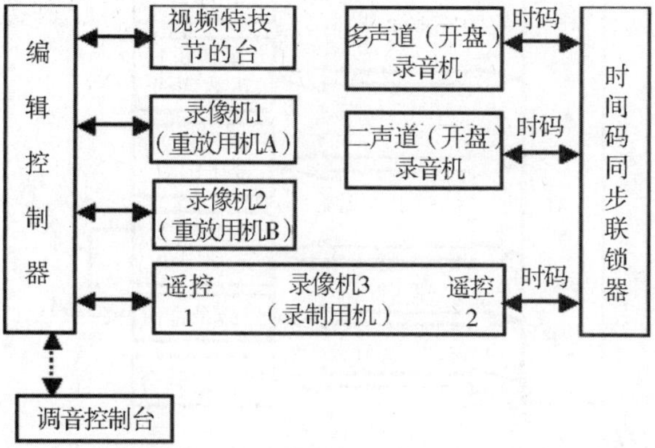

图 12－15　演播室编辑控制系统方案一

图 12－15 的左边，由编辑机、视频特技切换台、录像机 1（重放用机 A）、录像机 2（重放用机 B）和录像机 3（录制用机）构成一个 A/B 画面转换带特技的视频编辑系统。编辑机是视频编辑的操作控制中心，它可控制录像机的走带及工作方式、编辑方式，确定画面的编辑入点和编辑出点，执行自动编辑，它还可以控制视频特技切换台的特技状态和特技持续时间。编辑机也可以对调音控制台进行控制（此时两者通常为同一厂家的产品，图 12－15 中因此用虚线画出），如调整其各通道的参数、音量混合比例等，在录像机上的视、音频都需要编辑时，由编辑机统一完成对它们的控制操作，既方便又迅速。

图 12－15 的右边是一个典型的时间码音视频联锁系统，同步联锁器是音频操作控制和音视同步联锁的核心，它使多声道录音机和二声道录音机同步地跟随录像机 3 工作。图 12－15 的编辑控制系统由于采用了音频、视频编辑分别控制的方法，在设备选型上有很大的灵活性，录音机、同步联锁器和录像机、编辑机不必选用同一厂家的设备，因此，可以根据使用需要，以最佳的设备阵容配成系统。目前，大多数编辑控制系统都采用这种方案。

第二种编辑控制系统如图 12－16 所示，录音机、录像机都受控于编辑机。这种方案要求编辑机有控制多台（至少4台）录像机和录音机的能力，为了保证控制接口的联接和控制功能的妥善实施，编辑机和录像机通常要选用同一厂家的设备，所以，在设备选择上具有一定的局限性。这种方案的优点是操作控制比较方便。

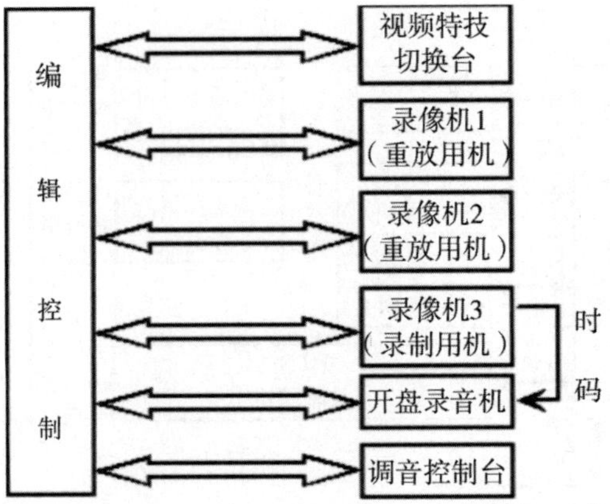

图12－16　演播室编辑控制系统方案二

（5）灯光系统。

电视作为一门综合艺术，它兼容了图像、声音、美术、灯光等艺术手段，电视画面的质量离不开视频技术和灯光技术。电视灯光的好与坏，直接影响着画面的色调、层次、清晰度和艺术效果，灯光技术在电视节目制作中举足轻重。

演播室灯光由“工”字形铝合金轨道（60宽×86高×6厚）和铰链恒力吊杆构成。布光以冷光灯为主，造型光及背景光仍选用热光源，以提高电视画面质量。冷光灯主要指三基色荧光灯，它是利用窄反射带荧光粉，按一定比例配制而成，三种荧光粉即蓝（B）粉、绿（G）粉和红（R）粉，利用这三种荧光粉的总和，不仅可以得到与摄像机相吻合的RGB光谱特性和各种色温的光，更突出的特点是光效高、显色性好，可满足电视照明的技术要求。由于三基色灯的热辐射很低（与卤钨灯相比几乎可以忽略不计），属于一种“冷光源”，故称之为“冷光灯”。国际上广泛用于小型电视演播室，拍摄新闻、谈话、专题、教育等节目。各类演播室灯光配置如表12－4所示。

表 12－4　各类演播室灯光配置

演播室名称	面积（m^2）	可容纳人数	功能描述	设备配置
大演播室	1 300	770 人左右	参考北京台 1 000m^2 演播室、天津台 1 500m^2 演播室的功能定位，用于各种综艺类栏目（如春节晚会、元旦晚会、各种庆祝晚会等栏目）和大型访谈类栏目（如博鳌论坛、对话等栏目），还可用于室内剧和广告栏目的拍摄	3kW 三动作聚光灯 112 台，电脑灯 16 台，追光灯 2 台。国内先进的水平吊杆 45 台，景吊杆 8 台。配备活动座椅 648 位
中演播室	700	200 人左右	参考北京台 600m^2 演播室、天津台 600m^2 演播室功能定位，用于中型的综艺类节目（如百姓故事秀、超级时装秀等有观众参与的栏目）和中型访谈类栏目（如有观众参与的多个专家评财经或多个专家评房地产类的栏目），还可以多个景区同时录制	3kW 三动作聚光灯 25 台，2kW 三动作聚光 74 台，冷光灯 15 台，光束灯 114 台，电脑灯 24 台，追光灯 2 台。国内先进的水平吊杆 50 台，景吊杆 3 台。配备活动座椅 120 位
多功能厅	500	400 人左右	主要用于专家讲坛、学术研讨会和各种会议	200W LED 聚光灯 13 台，变焦成像灯 14 台，冷光灯 13 台，追光灯 2 台，固定看台 4 组 24 排
动漫建模室	144	15 人左右	可用于类似天气预报、少儿节目制作，以及专业教程录制	LED 聚光灯 12 台，LED 柔光灯 14 台
网络互动室	144	15 人左右	用于远程教育课程录制，满足多个景区同时录制的要求	LED 聚光灯 20 台，LED 柔光灯 20 台

（二）节目录制

本案例采用松下高清录像机 AJ－HPD2500，如图 12－17 所示。

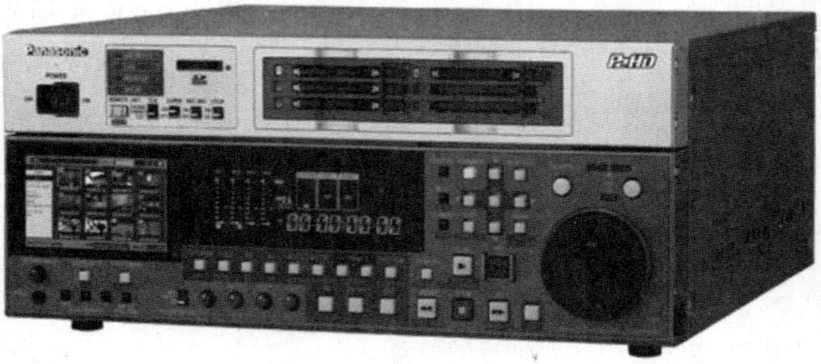

图 12－17　录像机 AJ－HPD2500

（三）后期节目编辑

在 ESP 录制的节目基础上，再进行后期的编辑、包装。主要包括增加节目的片头、片尾、字幕，对一些现场剪辑不好的镜头进行加工。

（四）节目输出

最后完成节目输出，刻录光盘或者制作播出磁带，完成 ESP 节目制作全过程。

二、ESP 创作注意事项

（一）演播室的噪声来源及控制方法

1. 来源

演播室的噪声主要由外部噪声和内部噪声两部分组成。一类来自演播室建筑物之外，另一类来自演播室建筑物之内。内部噪声主要来源于空调系统、灯光系统和演播室工作时摄像机和工作人员移动所产生的噪声等。噪音的大小在很大程度上决定着演播室节目制作的质量，因此要采取必要措施来减少噪音，以保证电视节目的质量。

2. 控制方法

（1）演播室要远离交通干线、远离强噪声源；

（2）观察窗采用三层或双层夹胶玻璃，面向演播室一侧做倾斜安装；

（3）演播室地面铺设地毯或用聚氨酯塑胶等减振吸声材料，无论哪种方式，演播室噪声应低于40dB。

（二）选择演播室灯具时应注意的问题

1. 光斑质量

对于聚光灯来说，光斑质量尤为重要。有的聚光灯的光斑看上去有暗斑（俗称“黑芯儿”）或明显的亮点（俗称“亮芯儿”），这就不符合演播室对灯具的基本要求。这样的灯具，光效再高也不能选用。对于大面积的铺光（例如春节联欢晚会主演区的主光），要求聚光灯具有余弦配光曲线特性，光斑的搭接比较自然。如果光斑边缘过硬（照度变化过快），光斑与光斑之间的搭接就不自然，甚至很困难。因此可以说，光斑质量的好坏是灯具能否选用的重要指标。

2. 灯具效率

灯具效率也是灯具极其重要的指标。灯具效率决定着灯光系统是否节能，决定着灯光系统用电量的大小，决定着演区照度的高低，决定着灯光系统投资的大小。例如，2kW螺纹透镜聚光灯，国际上先进的灯具在保证光斑质量的前提下，灯具效率在70%左右。我国生产的同种灯具，好的灯具效率在60%上下，较差的灯具效率还不到40%。这就是说，用100台效率为60%的灯具达到的照度，如果换成效率为40%的灯具，则需要150台，可见差别之大。事实上，演播室的灯光系统每增加10 000万元灯具费用，整个灯光系统的建设费用要增加50 000万元左右。因为，灯具增加了，变压器容量要增加，电缆数量要增加，吊挂系统要增加，同时由于散热量增加了，空调要增加，各种维护费用也要增加等。因此，灯具效率是一个牵一发而动全身的指标。既然灯具效率这么重要，为什么没有引起重视呢？这是因为，灯具效率是不能用眼睛直接看出来的，它要用仪表测试然后通过计算得到。另外，由于种种原因，目前很多灯具的生产厂家的样本上都没有标注这一指标。

3. 演区照度

演区照度是演播室的一个重要指标。照度过低，会影响电视画面质量。相反，照度过高，会增加灯具数量。如上所述，这会大大增加灯光系统的建设费用和维护费用，也是不合理的。20世纪70年代，国际上通用的演播室演区照度标准为1 500勒。但现在普遍使用的CCD摄像机灵敏度提高了很多，演播室演区照度降低是顺理成章的事。综合考虑标清及高清摄像机的灵敏度、电视画面的景深、画面的色饱和度等因素，通过相关理论和测试都可证明，演播室演区的照度为1 000勒左右较为合理；对于不需要大景深的小演播室，演区照度还可以更低一些。

4. 灯具要便于维护、保养

灯具使用一段时间后，要更换灯泡（或灯管），要除尘，要保养，因此要选择保养起来较为方便的灯具。同时，在灯具带电的情况下，如果打开灯具后盖，灯具应自动断电，以确保人身安全。电视演播室灯具的选择要从演播室的实际情况出发，科学、合理地搭配选型，做好与之匹配的配套设施建设，做到物尽其用，不要铺张浪费。

三、ESP 创作记录方式

（1）将电视演播室节目制作过程和操作方法记录在笔记本上，并详细记录在制作过程中遇到的问题及解决办法；

（2）将通过电视演播室各系统编制的班级活动电视节目保留在录像带上，供案例指导老师评阅；

（3）将制作好的电视节目输出，形成视频文件后，请案例指导老师评阅。

参考文献

1. 李运林，徐福荫．电视教材编导与制作：第二版．北京：高等教育出版社，2004.

2. 付俊，黄碧云，雎凌．广播电视摄、录、编．北京：北京大学出版社，2009.

3. 李晋林．电视节目制作技艺．修订版．北京：中国广播电视出版社，2008.

4. 李焕芹．电视节目制作技术．北京：电子工业出版社，2008.

5. 王润兰．电视节目编导与制作．北京：高等教育出版社，2010.

6. 王润兰．数字化电视制作．北京：人民邮电出版社，2005.

7. 吴玉玲．广播电视概论．北京：中国传媒大学出版社，2007.

8. 方德葵．电视节目编辑与制作技术．北京：中国广播电视出版社，2005.

9. 马晨阳．电视动画制作系统．特技与动画，2007（2）.

10. 刘俊香．字幕在电视节目中的应用．现代电视技术，2010（2）.

后 记

本书是“现代传播丛书”之一，讲述了电视节目制作中的电视用光、电视摄像、后期编辑、后期合成等。每个部分分别从技术和艺术两个维度展开。电视用光主要讲述电视照明的基本设备和布光的基本方法；电视摄像主要讲述摄像机基本原理、操作技巧和摄像构图；后期编辑讲述了线性编辑、非线性编辑的技能操作和镜头剪辑艺术；后期合成主要讲述电视特技、电视动画与图文字幕、电视的声音等内容。全书旨在为学习者解析完整的电视节目制作过程，为学习者进行电视节目作品创作提供指导。

本书的编写基于电视节目制作课程多年的教学经验，并广泛听取了学生对这门课程的评价意见和改进建议。在本书编写过程中，试图体现如下思路：①贴近电视节目制作的实践。本书以电视节目制作的一般流程为编写依据，注重从实践的角度解析，突出对学习者的技能训练。②设定明确的学习任务，确保学习者在学习过程中能明确学习方向，带着问题开展学习，在讲解结束后提出问题，以帮助学习者反思。③强调对新的广播电视技术的研究和实践。广播电视数字化后其发展速度明显加快，高清电视、3D 电视等广播电视制作技术日新月异，技术的进步带来了广播电视制作流程和制作思维的变革，同时也迫使我们重新思考广播电视制作许多现有的艺术规律，因此对广播电视新技术的探讨也是本书关注的重要内容。

本书适合作为本、专科院校传播学、广播电视编导及教育技术学等专业相关课程的教材，也可以作为广大新闻传播、广播电视及教育技术等从业者、爱好者的实践参考资料。

本书的付梓，得到了暨南大学出版社的热心支持和帮助，学院领导和传播系的同事给我们提出了许多宝贵意见。此外，本书在编写过程中得到了华南师范大学教育信息技术学院研究生的大力支持，以下同学参与了资料的收集和部分章节的起草工作：周美英（第一、九章），卢笑（第二、三章），蔡莹（第四、五章），何晓筠（第五、六和七章），俞冠男（第十章），雷代利（第十一章）。在此，谨向他们致以最真挚和热忱的谢意。

黄慕雄　林秀瑜

2017年6月